O DESEJO DO VINHO
CONQUISTANDO O MUNDO

Dados Internacionais de Catalogação na Publicação (CIP)
(Câmara Brasileira do Livro, SP, Brasil)

Pitte, Jean-Robert
   O desejo do vinho conquistando o mundo /
Jean-Robert Pitte ; tradução de Carmen Ferrer. – São Paulo : Editora
Senac São Paulo, 2012.

   Título original: Le désir du vin à la conquête du monde
   Bibliografia.
   ISBN 978-85-396-0201-8

   1. Vinho – Aspectos religiosos 2. Vinho – História 3. Viticultura
– História I. Título.

12-03493   CDD-641.2209

Índice para catálogo sistemático:

1. Vinhos : Bebidas : História   641.2209

Jean-Robert Pitte

O DESEJO DO VINHO
CONQUISTANDO O MUNDO

Tradução de Carmen Ferrer

Editora Senac São Paulo – São Paulo – 2012

Administração Regional do Senac no Estado de São Paulo
Presidente do Conselho Regional: Abram Szajman
Diretor do Departamento Regional: Luiz Francisco de A. Salgado
Superintendente Universitário e de Desenvolvimento: Luiz Carlos Dourado

Editora Senac São Paulo
Conselho Editorial: Luiz Francisco de A. Salgado
Luiz Carlos Dourado
Darcio Sayad Maia
Lucila Mara Sbrana Sciotti
Jeane Passos Santana

Gerente/Publisher: Jeane Passos Santana (jpassos@sp.senac.br)
Coordenação Editorial: Márcia Cavalheiro Rodrigues de Almeida (mcavalhe@sp.senac.br)
Thaís Carvalho Lisboa (thais.clisboa@sp.senac.br)
Comercial: Jeane Passos Santana (jpassos@sp.senac.br)
Administrativo: Luís Américo Tousi Botelho (luis.tbotelho@sp.senac.br)

Edição de Texto: Adalberto Luís de Oliveira
Preparação de Texto: Silvana Vieira
Revisão de Texto: Lilian Vismari, Luiza Elena Luchini (coord.), Vera Ayres
Projeto Gráfico e Editoração Eletrônica: RW3 Design
Imagem da Capa: Abraham Bosse, *Les Cinq Sens: Le goût*, 1638
Impressão e Acabamento: Ibep Gráfica Ltda.

Traduzido de *Le désir du vin à la conquête du monde*
© Librairie Arthème Fayard, 2009

Proibida a reprodução sem autorização expressa.
Todos os direitos reservados a
Editora Senac São Paulo
Rua Rui Barbosa, 377 – 1º andar – Bela Vista – CEP 01326-010
Caixa Postal 1120 – CEP 01032-970 – São Paulo – SP
Tel. (11) 2187-4450 – Fax (11) 2187-4486
E-mail: editora@sp.senac.br
Home page: http://www.editorasenacsp.com.br

© Edição brasileira: Editora Senac São Paulo, 2012

Sumário

Nota da edição brasileira 7
Introdução 13

1. As origens sagradas do vinho 19
   O primeiro vinho. 22
   A chegada do vinho à Mesopotâmia 26
   A conquista do Egito 31

2. O mais fiel companheiro do monoteísmo judaico. 39
   Noé, ébrio de Deus e de vinho. 39
   O sacrifício profético de Melquisedeque 43
   Lot embriagado por suas filhas. 44
   Prudência e responsabilidade 46
   O bom vinho regozija o coração do homem. 50

3. E o vinho tornou-se um deus. 55
   Dioniso, filho de Zeus e pai do vinho 55
   O simpósio no centro do culto dionisíaco. 59
   Dioniso e Ampelos 62
   A videira e o vinho ganham todo o Mediterrâneo e a Europa . . 65
   O prazer grego e romano de beber bem 70

4. O sangue do Deus único. 81
   Canaã ou a invenção do primeiro *grand cru*. 82
   Eu sou a videira; vós, os ramos. 85
   O cálice da salvação. 90

5. A rota da seda, obstáculo ao vinho. 95
   A paixão dos persas e dos turcos-mongóis 95
   Uma curiosidade exótica para os chineses 103
   O Japão, extremo do mundo da viticultura 107

6. O prazer proibido no islã 111
   A proibição do vinho no Alcorão. 112

Negociações com o céu 117
  As mil e uma noites, um hino ao vinho 124
  A permanência da viticultura muçulmana 130

7. Na trilha da expansão romana e cristã .137
  Grandeza e decadência do vinhedo romano 137
  Manutenção de uma viticultura próspera no Oriente sob a
    influência bizantina. 140
  Concentração da viticultura ocidental ao redor das
    abadias e dos bispados 144
  A alegria cristã de beber vinho 152

8. Luxo, calma e volúpia 159
  O vinho, o poder, o dinheiro 160
  Três inovações para grandes vinhos de reserva:
    o enxofre, a garrafa, a rolha 166
  O vinho é uma festa: o incrível sucesso do champanhe 186
  E depois conversamos! 195
  Brillat-Savarin, apologista da união vinhos-alimentos 197

9. Uma bebida universal 207
  A civilização do vinho conquista o Novo Mundo e
    o hemisfério Sul 208
  O lento, mas irresistível, progresso da
    cultura do vinho na Ásia 218

10. O futuro está nos *terroirs* 233
  Do vinho da sede ao vinho do sonho 238
  A invenção das denominações de origem controladas 241
  O que é um *terroir*? 247
  A França deveria acreditar mais em seus *terroirs* 252
  No mundo inteiro, o *terroir* vai de vento em popa 258

Conclusão: A felicidade de beber vinho 263
Bibliografia 269

Nota da edição brasileira

Hoje, os países europeus, como a França, não detêm mais o monopólio da vinicultura. Cada vez mais implicados na obtenção de matizes e texturas, capazes de atrair o exigente público moderno, os novos produtores, como Estados Unidos, África do Sul, América Latina e Nova Zelândia, empenham-se em inovar as técnicas de plantio e elaboração do vinho. Esse cenário, no qual a competição impulsiona a mente criativa, no comércio de um produto tão tradicional, é altamente positivo.

Este livro de geografia cultural propõe ao leitor uma viagem por continentes e civilizações, estabelecendo um paralelo entre as conquistas humanas e a paixão pelo vinho, bebida associada à religião, à saúde, à elegância e à arte. Segundo Jean-Robert Pitte, "os momentos de expansão da vinicultura coincidiram com épocas de prosperidade, de criatividade artística e de paz".

A crescente valorização da denominação de origem controlada (DOC) e a constante busca de aperfeiçoamento do produto, por parte de vinhateiros e enólogos, confirmam que a atual emergência do setor vinícola está fundada sobre uma sólida base cultural.

Este lançamento do Senac São Paulo vem satisfazer os desejos dos leitores no que se refere ao conhecimento da história do vinho e à análise do seu papel, tanto como patrimônio universal quanto como elemento significativo no estado da economia política contemporânea.

A Mayumi, da qual pode se orgulhar o imperador Meiji, que tanto fez para promover o vinho no Japão.

Tu que vais ler meu pequeno livro,
Não franzas a fronte [...]
Eu te aconselho, bebe antes!
Não escrevo para aqueles que estão em jejum;
Lendo meu livro depois de beber, hás de sorvê-lo melhor.

AUSÔNIO, *Idílios*, VII

Introdução

A humanidade tem paixão pelas bebidas fermentadas.

Elas reconfortam o corpo e o espírito, levam à euforia e facilitam a sociabilidade. De sabor sedutor e complexo, jamais estático, essas bebidas evocam a vida, são a própria vida, sempre estiveram associadas ao seu culto, conferindo-lhe um valor sagrado, que nos aproxima do mundo divino. A cerveja é a mais antiga e a mais consumida dentre essas bebidas hoje em dia: aproximadamente 1,4 bilhão de hectolitros frente a 300 milhões de hectolitros de vinho,[1] embora este tenha sido a maior e melhor fonte de inspiração para os artistas e poetas, além de ter acompanhado a longa evolução rumo ao monoteísmo. O vinho é a expressão da extrema liberdade e alegria. Roger Dion escreveu em seu livro mais importante (1959, p. 1):

> O homem, na verdade, ama o vinho como ao amigo que ele escolheu; por opção, não por obrigação. Dessa forma, a história do vinho está, inclusive em suas expressões geográficas, mais fortemente marcada pela decisão humana do que a história do trigo ou a do arroz.

Na verdade, há também predileção e decisão na escolha do plantio do trigo ou do arroz, mas os cereais cozidos ou panificados alimen-

---

[1] Sua graduação alcoólica gira em torno de 6°, enquanto a do vinho varia entre 10° e 18°.

tam, não aguçam, tanto quanto o vinho, os grandes sentimentos, nem o imaginário mais louco nem o questionamento fecundo sobre o destino humano. Sem dúvida porque os cereais estão ligados à fome e não ao inútil e indispensável prazer de beber sem sede, que é próprio da humanidade. Assim o descreveu belamente Roland Barthes (2007, p. 74):

> O vinho é antes de tudo uma substância de conversão, capaz de reverter as situações e os estados e de extrair dos objetos o seu contrário: de fazer, por exemplo, de um fraco, um forte, de um silencioso, um tagarela.

Sem evocá-lo, Barthes pensava talvez na reação dos habitantes de Jerusalém ao constatar o estado dos discípulos de Jesus, convertidos em pessoas eloquentes e poliglotas ao sair do Cenáculo, depois de terem recebido o Espírito Santo no dia de Pentecostes: "Estão todos embriagados de vinho doce!" (Atos dos Apóstolos 2:13).[*]

A vinha, *Vitis vinifera*, é uma das plantas mais difundidas que existe. Ela amadurece seus frutos ao ar livre desde o Equador até as proximidades dos 55° de latitude norte (Inglaterra) e dos 45° de latitude sul (Nova Zelândia).[2] O trigo, seu mais antigo cúmplice, ultrapassa os 60° setentrionais, mas não se aventura entre os trópicos. Pode-se dizer que a vinha sente prazer na companhia do homem, já que a quase totalidade dos habitantes do planeta vive entre as duas latitudes extremas da viticultura e lhe concede uma atenção às vezes displicente, embora cada vez mais zelosa.

Tamanha presença deve tudo ao potencial de sedução do vinho. Aquele que o provou volta a ele. Aquele que experimentou nele o êxtase; aquele que aprendeu a reconhecer nele a complexidade e a infinita diversidade, a suspeitar do ponto crítico, além do qual se perde mais ou menos a consciência, ou a só ultrapassá-lo excepcionalmente, permane-

---

[*] Tradução retirada do *site* Bíblia Católica Online, em www.bibliacatolica.com.br, versão Bíblia Ave Maria. Todas as passagens bíblicas citadas na presente tradução valeram-se dessa fonte. (N. T.)

[2] Nas regiões tropicais, quando a temperatura não desce abaixo de 12 °C, o ciclo vegetativo é contínuo. As videiras não podadas florescem ao mesmo tempo que suas uvas amadurecem. É assim que uma casa situada perto da igreja de São Pedro da Martinica fica coberta, até o terraço, por um único pé de videira. Tão logo um cacho fica maduro, o proprietário o colhe para confeccionar "seu vinho". Ele despolpa as uvas num garrafão de rum... A ideia de plantar uma vinha lhe foi sugerida por um padre de São Pedro.

Introdução

ce unido a ele para sempre. O vírus é perigosamente eficaz devido a seus efeitos deleitáveis. Somente o mundo muçulmano fingiu rejeitá-lo. Pensar sempre nele, não mencioná-lo jamais, salvo por metáforas, beber discretamente à espera do paraíso de Alá. Essa é a filosofia do islã, que tão somente os sufistas transgrediram amplamente, cantando o vinho em poemas voluptuosos (Saverot & Simmat, 2008, p. 9) e representando-o em pinturas sensuais, que juntam os prazeres da carne aos do consumo do bom vinho... para a maior glória de Alá, tal qual eles a imaginam.

Hoje, a vinha ocupa 8 milhões de hectares no mundo, produzindo aproximadamente 300 milhões de hectolitros de vinho, ou seja, 5 litros por ano e por habitante do planeta, que 3 a 4 milhões de pessoas se encarregam de elaborar (*ibid.*, p. 201). Essa realidade faz dessa produção agroalimentar uma das mais povoadoras, como se dizia antigamente, e a isso teríamos de somar ainda os profissionais do comércio, da enologia e de todas as atividades que estão ligadas a ela – vidraria, impressão, transporte, por exemplo, mas também a restauração e... a medicina, ainda que os efeitos maléficos dos excessos da ingestão de vinho sejam anulados pelos efeitos benéficos de um consumo razoável, que retarda o envelhecimento e a intervenção dos médicos.

O vinho é uma das produções agroalimentares mais lucrativas, mesmo que numerosos vitivinicultores, hoje como ontem, se queixem de atravessar uma grande crise econômica. O lucro mundial desse mercado gira em torno de 120 bilhões de dólares. Somente as exportações francesas representaram em 2007 o equivalente a 129 *Airbus*. O fato é ainda mais notável se pensarmos que não se trata de um item de primeira necessidade, como a água, o trigo, o arroz ou o milho, mas, sim, de uma bebida de preferência. A privação enche o amante de tristeza; foi isso que permitiu a expansão planetária do consumo de vinho e, lá onde era possível, a decisão de produzi-lo localmente.

O propósito das páginas que seguem é retraçar a história da paixão que o vinho suscitou, desde que partiu para conquistar o mundo, há sete milênios, saindo das terras altas do Crescente Fértil. O poder de evocação do vinho é a única causa dessa conquista. Ele faz sonhar, proporciona alegria, melhor ainda, esperança, até mesmo a de seguir bebendo-o no paraíso, ainda que seja proibido nesse vale de lágrimas. Na verdade, o vinho é eminentemente religioso. Ele religa a humanidade ao mundo espiritual, manifestando a força do elo entre os homens e seu entorno terrestre, que eles devem domesticar com o suor do seu rosto: "fruto da terra e do trabalho dos homens", diz a liturgia católica. Bebida dos deuses e de seus sacerdotes, bebida dos reis e de suas cortes, dom do Céu e símbolo da Aliança, quando Deus se faz Um. O vinho tornou-se o Deus vivo oferecido a todos os homens, numa tarde, há uns dois mil anos, em Jerusalém.

Nenhum outro elemento ou bem do mundo terrestre desfrutou de tal *status*, de tal prestígio; nem mesmo o fogo, purificador, mas também destruidor, ou o ouro, de uma beleza solar, mas de natureza inerte, e objeto de perdição para aqueles que se deixam seduzir. Se o vinho fascina, é porque tem um aspecto frágil e fugidio. E também porque é perigoso quando bebido em excesso, convidando portanto ao controle de si mesmo. Enfim, ele abre as portas do mundo do amor. Porque a vida, a complexidade, o espectro de nuances, a suavidade, a alegria, a palavra livre e solta, o risco elevam a humanidade na direção do que a sublima: a superação e a capacidade de amar. Todo o segredo da história e da geografia do vinho reside nessa estranha faculdade que toca o essencial, o cerne da condição humana.

Este ensaio baseia-se em uma certa concepção da geografia, que tenta retroceder às fontes mentais da realidade espacial. Privilegia os fatores que contribuíram para colocar o vinho entre as expressões máximas da cultura e, por conseguinte, do espírito de liberdade de algumas das mais ricas civilizações da história da humanidade. Dessa paixão contagiosa originam-se as escolhas agrícolas, paisagistas, comerciais, de consumo e de criação literária e artística, que foram detalhadamente descritas em inúmeras obras. Bem menos religioso do que no passado, o vinho não perdeu nada de sua riqueza cultural. Ele é ainda hoje um dos mais agradáveis mediadores do diálogo intercultural, do comércio espiritual entre os homens de boa vontade.

Introdução

Mapa 1. Distribuição dos vinhedos no mundo

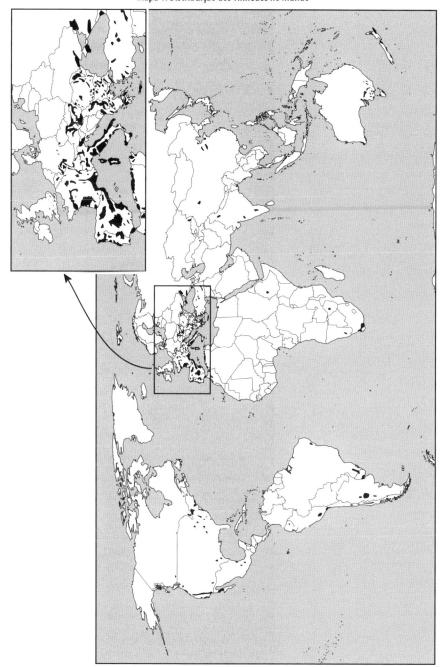

O desejo do vinho conquistando o mundo

Mapa 2. Difusão da vinha e do vinho desde suas origens

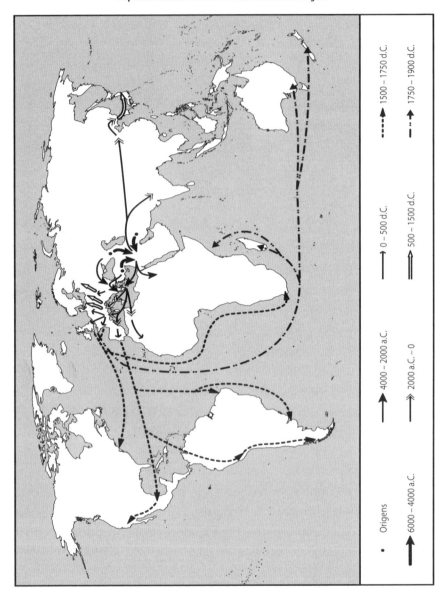

1
As origens sagradas do vinho

Os ancestrais das vinhas atuais, da família das vitáceas, remontam talvez ao Cretáceo, ou seja, a 140 milhões de anos atrás. Existem fósseis em vários lugares do mundo, mas a *Vitis*, seu ascendente direto, aparece somente no Eoceno, primeira época do Terciário, há 65 milhões de anos, e no Mioceno, há 25 milhões de anos (Dion, 1959, p. 66-68; Galet, 2000). Encontram-se fósseis em atuais regiões vinícolas (a *Vitis sezanensis Sap.*, por exemplo, na Champanhe, na China e no Japão), mas também no Alasca, na Islândia ou na Groenlândia, prova das incessantes alterações climáticas ocorridas no curso da história do nosso planeta. Esses fósseis nos levam a uma reflexão sobre as mudanças atuais, que reestruturam a geografia vinícola dos últimos séculos e, também, revisam várias ideias preconcebidas.

A *Vitis vinifera* está presente no Plioceno, há 7 milhões de anos, no Oriente Próximo e na Europa, região do mundo onde se desenvolverá sua cultura posteriormente. Entretanto, outras variedades interessantes estão igualmente presentes. Os caçadores-coletores do Paleolítico recolhem suas pequenas bagas e as consomem; suas sementes podem ser encontradas nos lugares onde se situava o hábitat desses povos, por exemplo, na Terra Amata, perto de Nice, ocupada há 400 mil anos (Testard-Vaillant, 2005, p. 20).

A *Vitis* é uma liana que se espalha pelo chão e trepa ao longo de diversos suportes graças aos seus brotos. Pierre Galet (2000, pp. XXXIV-XXXVII) distingue 11 séries, entre as quais se repartem 62 espécies de origem eurasiana ou americana. *Vitis vinifera Linné* é a espécie que foi domesticada durante a Antiguidade, no Oriente Próximo, e da qual nasceu a vitivinicultura. Mas é possível também vinificar as bagas de um certo número de outras espécies, como a *Vitis silvestris Gmelin*, da qual os lambruscos italianos seriam os longínquos descendentes, a *Vitis labrusca Linné*, no nordeste dos Estados Unidos e do Canadá, ou a *Vitis coignetiae Pulliat*, no Japão. As uvas dessas vinhas têm buquê e sabor acidulado e de grama verde cortada, ou *foxée* (do inglês fox-grape), o que indica que essas vinhas existem ainda em estado selvagem. É somente por comparação figurativa com o animal selvagem raposa que se utiliza a expressão *fox-grape* e se fala de um vinho *foxy* – em francês *foxé*, ou "que recende a raposa".[1] Cultivam-se certas variedades oriundas dessas espécies: a concord, na América,[2] por exemplo, ou a noah, híbrido branco que conheceu um grande sucesso na França no final do século XIX e até uma data recente.[3] Também a *yamabudo* (uva de montanha), do Japão, que serve, por exemplo, para confeccionar uma parte do vinho de Tokachi em Hokkaido. No Guangxi, no sul da China, os Yaos Punus elaboram um vinho de vinhas selvagens, bem reputado e caro (Boucher, 2001). Até 1946, data da introdução da *Vitis vinifera*, cultivava-se no Canadá a *Vitis labrusca* e os híbridos resultantes, cujo vinho tinha um gosto muito "foxé" (Bouvier, 2001, p. 19). É essa também a característica dos vinhos produzidos em 1999 por Robert Plageoles com uvas selvagens, provenientes de vinhas que cresciam sobre árvores da floresta da Grésigne, no Tarn (*ibid.*, p. 21). Mencionemos ainda o vinho produzido desde os anos 1990, em Soy-hières, no Jura suíço, por Valentin Blattner, a partir de vinhas exclusivamente constituídas de

---

[1] O aroma e o sabor desses vinhos é muito particular, mas têm seus apreciadores. Émile Peynaud (1980, p. 172) surpreende-se com isso e expressa a esse respeito um preconceito que não combina com ele: "O aroma é repugnante, mas, por costume, esses vinhos chegam a ser apreciados e até preferidos em certas regiões (no leste dos Estados Unidos, por exemplo). É um caso de aberração gustativa que faz refletir". A paixão pelo vinho proveniente da noah estava ainda viva em várias regiões do interior da França durante os anos seguintes à Segunda Guerra Mundial. Ao contrário do que pensava Émile Peynaud, não existe aberração olfativa ou gustativa. Um dos pratos mais refinados da cozinha coreana não é a asa de raia fermentada, com forte odor de amoníaco? Certos odores corporais não estão carregados de erotismo, sendo por isso utilizados pelos perfumistas em suas composições?
[2] Cultivam-se 30 mil hectares no mundo, principalmente nos Estados Unidos (Galet, 2000, p. 221).
[3] Sua interdição na França data de 1934. Cultivavam-se ainda mil hectares em 1958 (*ibid.*, p. 571).

plantas resultantes de sementes de vinhas selvagens ou cultivadas e recolhidas no mundo inteiro. Esse produtor imaginativo conserva somente as plantas que suportam o clima local; ele as seleciona e transplanta, reinventando assim a vitivinicultura (*ibid.,* pp. 19-20).

A realidade da domesticação da vinha é complexa. Para Roger Dion (1959, pp. 72-76; Marinval, 1997), seguindo nesse caso as ideias de Louis Levadoux, não existe diferença fundamental entre a *Vitis vinifera* e a *Vitis silvestris*, sendo a primeira obtida a partir da segunda. A melhor prova disso é, segundo ele, que a *pinot noir* ou a *petit verdot*, se deixadas à própria sorte e a uma multiplicação por plantio de mudas ou reprodução espontânea, produzem ao término de algum tempo uvas que têm o gosto do lambrusco, ou seja, "foxé". As variedades do norte da França (*pinot*) e da Renânia (*riesling*) seriam mais primitivas, mais próximas das vinhas selvagens, o que confirmaria o caráter mais recente da vitivinicultura, introduzida na Gália setentrional somente na época romana tardia. As vinhas selvagens eram abundantes na Europa antes da filoxera, que as destruiu em parte, o que dificulta conhecer com precisão a história antiga da viticultura e das diversas variedades de uvas. No entanto, há ainda vinhas selvagens ao longo do Reno ou do Danúbio e, especialmente, próximas ao Mediterrâneo, ao mar Negro (Colchide) e ao mar Cáspio, no Cáucaso e no Taurus (altos vales do Tigre e do Eufrates), assim como nos oásis da Ásia central (McGovern, 2003, p. 7).

Roger Dion alia-se assim à tese de Levadoux, segundo a qual é preciso eliminar a diferença entre a *Vitis silvestris* e a *Vitis vinifera*. Mas nada é realmente conclusivo sobre esse tema e a botânica não é mais exata e definitiva do que as outras ciências... Um dos melhores especialistas atuais em história antiga da viticultura, Patrick E. McGovern (2003, p. 1), traz à lembrança uma *Vitis vinifera L. subsp. sylvestris*. Deve-se notar o *y* de *sylvestris*, já que os autores franceses escrevem a palavra com *i*,[4] mas observe-se também a adesão de MacGovern à tese da fusão das duas espécies – matizada, porém, pelo uso do qualificativo "subespécie", que dá a entender que haveria outras.

---

[4] O dicionário Gaffiot recomenda *i* em vez de *y*.

Devemos, por fim, observar que as vinhas cultivadas são todas hermafroditas, enquanto as selvagens só muito raramente têm essa característica (Johnson, 1990, p. 17). São, portanto, os indivíduos dessa categoria que foram selecionados, para evitar a necessidade de plantar vinhas machos, improdutivas, junto das vinhas fêmeas e, assim, obter a polinização. Em contrapartida, as vinhas hermafroditas tornam-se, pouco a pouco, duas vezes menos produtivas que as vinhas fêmeas, mas isso não é problema, já que é preciso diminuir o rendimento para se obterem belas uvas e um bom vinho.

O primeiro vinho

A cada ano, com as novas descobertas arqueológicas, a data de surgimento do vinho recua. Há poucas chances de que um dia ela seja determinada com precisão, porque é fácil e natural extrair sumo das bagas selvagens que se recolhem. Se a temperatura do ar não é fresca em demasia, as leveduras presentes na pele e na atmosfera, especialmente os *Saccharomyces cerevisiae*, penetram imediatamente nesse líquido para transformá-lo numa bebida fermentada das mais agradáveis. Ela é ainda mais euforizante na sua origem, por ser mais doce nesse estágio. É preciso saber qual é o momento propício para bebê-la ou retardar a fermentação acética, que a transforma em vinagre, líquido cuja única utilidade é a de acidificar e temperar os alimentos cozidos para facilitar sua digestão, mas que não pode ser consumido, nem sozinho nem em grande quantidade, tendo em conta suas propriedades corrosivas para o aparelho digestivo. Uma simples cavidade, natural ou escavada, em uma rocha é suficiente para elaborar vinho, mas eventualmente também um recipiente de madeira ou de couro. Isso pode ter acontecido desde o Paleolítico com uvas selvagens (McGovern, 2003, p. 8), em todos os lugares do mundo onde crescem as *Vitis*; é improvável que se encontrem algum dia vestígios arqueológicos dessas uvas. A invenção da cerâmica, no Neolítico, favoreceu evidentemente a emergência do vinho. Ela permitiu sua conservação ao abrigo do ar, às vezes graças a potentes antissépticos, que mudam seu sabor, mas impedem que ele se transforme em vinagre.

As origens sagradas do vinho

Mapa 3. Os mais antigos vinhedos conhecidos no Crescente Fértil

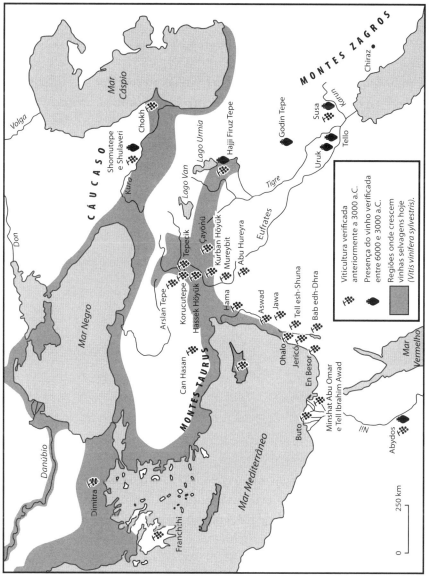

Fonte: Patrick E. McGovern, 2003.

Durante os anos de 1970 e 1980, foram descobertas em Godin Tepe, nas montanhas iranianas dos Zagros, jarras de barro cozido, com 60 litros de capacidade aproximadamente, datadas de 3500-3100 a.C. (*ibid.*, pp. 40-63).[5] Alguns depósitos avermelhados eram ainda visíveis no seu interior. Após a análise, esses depósitos revelaram um forte conteúdo de ácido tartárico, que somente poderia proceder de vinho de uva. Um pequeno orifício localizado a uns 10 centímetros da base de uma das jarras – esta com uma capacidade menor, de mais ou menos 30 litros – permitia talvez decantar o conteúdo por transvasamento. O vinagre teria deixado as mesmas marcas, mas é improvável que jarras de tal volume fossem necessárias para esse fim.

Com essa certeza, o arqueólogo americano Patrick McGovern quis analisar, graças a seus métodos de arqueologia molecular, algumas jarras de cerâmica descobertas, em 1968, por sua colega Mary Voigt em Hajji Firuz Tepe, um sítio neolítico muito mais antigo (5400-5000 a.C.), no norte dos montes Zagros, a 1.200 metros de altitude (*ibid.*, pp. 64-84).[6] Algumas estavam recobertas de vestígios de um resíduo amarelado, que o arqueólogo atribuiu então a um tipo de leite, e outras de um resíduo avermelhado. McGovern encontrou os restos nas reservas do museu onde elas estão conservadas e percebeu que as jarras, com capacidade de 9 litros, haviam também contido vinho.[7] Além disso, ele isolou as moléculas de resina de terebintina (*Pistacia* atlantica Desf.), que revelam a presença desse aditivo no vinho ou que as jarras foram revestidas antes de conter vinho, a fim de preservá-lo da oxidação.

Somente a Grécia continua, sete milênios mais tarde, resinando alguns de seus vinhos (como o retsina)[*] com o mesmo objetivo, mas essa prática era generalizada no mundo antigo, quando era costume adicionar

---

[5] As análises foram realizadas no laboratório de arqueologia da Universidade da Pensilvânia, dirigido por Patrick E. McGovern.
[6] Uma dessas jarras está exposta no museu de arqueologia e antropologia da Universidade da Pensilvânia. A foto de uma delas encontra-se disponível no *site* do museu: http://www.penn.museum/sites/wine/wineneolithic.html.
[7] A vinha selvagem cresce ainda hoje em Hajji Firuz (McGovern, 2003, p. 71).
[*] Vinho exclusivo da Grécia elaborado há mais de 3 mil anos; branco, seco, de cor dourada, encorpado, cujo aroma marcante assemelha-se ao perfume de um sabonete ou da seiva de pinho. (N. T.)

As origens sagradas do vinho

todo tipo de resina a muitos outros produtos (mel, água do mar, ervas aromáticas mediterrâneas, especiarias, etc.). Esses dois sítios dos Zagros sugerem que a arte de vinificar difundiu-se desde o norte até o sul, mas essas escavações já antigas não deram ensejo a coletas e análises de sementes[8] ou pólens que permitissem saber se as vinhas eram selvagens ou cultivadas.

Em 1988, McGovern dirigiu-se à Geórgia, onde trabalhou no museu de Tbilissi, examinando jarras de 5 litros encontradas em Shulaveris-Gora, no centro do país, e datadas de cerca de 6000 a.C. Elas são decoradas com relevos que representam cachos de uvas[9] e em alguns casos, ao que parece, vinhas em pérgulas. Nesses recipientes, com idade aproximada de oito milênios, encontram-se hoje as marcas do vinho mais antigo da história. O fato é ainda mais emocionante se considerarmos que a Geórgia continua sendo, até os dias atuais, um dos países mais afeitos ao vinho e, de longe, aquele cujos habitantes são os maiores consumidores do planeta. O museu de Tbilissi apresenta, aliás, objetos suntuosos alusivos ao vinho, pertencentes a todos os períodos da história do país e provenientes, a maior parte deles, do sítio de Trialeti, datado do II milênio a.C. Há, por exemplo, admiráveis taças de ouro e de prata trabalhada, decoradas com cenas de banquetes regados a vinho ou desenhos de folhas de parreiras. Pode-se ver igualmente, provenientes do mesmo sítio, curiosos bastonetes feitos de hastes de vinha finamente recobertas com bainhas de prata que acompanham suas formas, inclusive os brotos. Colocados em tumbas, tinham talvez a função de permitir ao defunto replantar a vinha no outro mundo[10] e representavam, talvez, uma garantia de renascimento.

É preciso notar, porém, que nas altas terras da Geórgia, que permaneceram até uma data recente no paganismo, todos os rituais utilizavam tradicionalmente a cerveja e não o vinho (Charachidzé, 2001, p. 9). Elas eram, nesse aspecto, comparáveis às planícies e aos vales do Crescente Fértil na Antiguidade. A vinha se adapta perfeitamente aos

---

[8] Aquelas de vinhas cultivadas são mais graúdas.
[9] Um exemplar desse tipo está atualmente exposto no "tesouro" do museu de Tbilissi. McGovern não faz menção a ele. Talvez esse exemplar não estivesse exposto quando de sua viagem, em 1998. Ele apenas comenta as possíveis pérgulas, sob as quais parecem caminhar personagens estilizados, vindimadores ou portadores de oferendas.
[10] É a hipótese de Hugh Johnson (1990, p. 19).

piemontes e às montanhas médias; é lá, em todo caso, que ela fornece as melhores colheitas para o vinho.

Sabemos também que a Bíblia descreve a invenção do vinho por Noé ao término do Dilúvio (Gênesis 9:20-27), catástrofe mencionada em textos mesopotâmios do III milênio a.C. (tábuas de Ebla) e confirmada por uma camada de argila de 2,50 metros de espessura, datada do IV milênio, no sítio de Ur. Bem. O Gênesis situa o desembarque de Noé e sua instalação nos flancos do monte Ararat, nos confins da Turquia e da Armênia, precisamente na região em que foram encontrados os testemunhos mais antigos de vinificação, onde ainda hoje se elabora vinho seguindo técnicas muito arcaicas (dólias* e ânforas) e onde se bebem impressionantes quantidades de vinho em várias ocasiões, ou seja, repetidas vezes ao dia. Enfim, a palavra latina *vinum* deriva do grego *oïnos,* que provém de uma raiz indo-europeia formada na Anatólia ou no Cáucaso (Sillières, 2007, p. 4).

A chegada do vinho à Mesopotâmia

Grandes cultivadores de cereais, havia muito tempo que os mesopotâmios conheciam a cerveja – tanto quanto o pão e, provavelmente, mais ainda. Para eles, consumir bebidas fermentadas era símbolo de civilização (Glassner, 1991, pp. 128-130).[11] Os primeiros documentos que mencionam explicitamente a cerveja foram encontrados em Uruk, perto de Ur. Datam do fim do IV milênio a.C. e a representam, em escrita cuneiforme, como um vaso cheio de água e de grãos (Bottéro, 2002, p. 141), embora a técnica de elaboração dessa bebida fosse conhecida desde muitos milênios antes, sem dúvida. A menção a ela é muito frequente nas tábuas mais recentes. A cerveja é uma divindade, chamada em sumério de *Nin-Ka-si*, que significa "A dama que enche

---

* Recipiente de barro, maior e mais arredondado que uma ânfora. (N. T.)
[11] Sobre o simbolismo da cerveja (fecundação, força vital, renascimento, purificação, etc.), ver Hell (1991). Ele cita (p. 114) um poema épico finlandês no qual a cerveja em processo de fermentação toma a palavra e ameaça a cervejeira que tenta domesticá-la: "Eu quebrarei todos os aros do vaso, me agitarei com tanto furor que as paredes do tonel voarão em estilhaços".

a boca", filha do casal divino Enlil-Nihursag (*ibid.*, p. 143). É muito apreciada por suas virtudes euforizantes, como fica evidenciado em um longo poema sumério que diz (*ibid.*, p. 142):

> Que prazer! Que delícia!
> Ao inalá-la com beatitude,
> Ao fartar-se com exultação deste nobre licor,
> O coração feliz e a alma radiante!

Suas numerosas variedades (Glassner, 1991, p. 130), mais ou menos líquidas, mais ou menos alcoólicas, demonstram um bom conhecimento do processo de fermentação que poderia mais tarde ser aplicado ao suco da uva, o que não foi o caso, aparentemente, na Suméria. Em todo o Crescente Fértil, elabora-se também uma cerveja de tâmaras (Broshi, 2007).

O vinho entra tardiamente na história das grandes civilizações urbanas da Mesopotâmia. A primeira menção feita a essa bebida data da metade do século XXIII a.C. Sobre uma inscrição, o rei de Lagas, OuruKa-Gina, declara ter "edificado uma adega de cerveja, até onde lhe traziam da montanha vinho em grandes jarras" (Bottéro, 2002, p. 148); esse vinho se chamava *gestin*. O texto não diz qual é essa montanha, mas é possível que se tratasse da porção meridional dos Zagros, a cadeia mais próxima do país sumério, onde o vinho é conhecido desde o milênio precedente. Um belo selo cilíndrico do III milênio, encontrado em Malyan, no Irã, representa uma mulher sentada que oferece uma taça de vinho a um homem, sob uma videira em pérgula (Zetter & Miller, 2000, pp. 126-127).[12] O vinho do rei de Lagas pode também ter descido o Eufrates, como registram as tábuas mais tardias, que retratam transações comerciais em Sippar e na Babilônia por volta do século XVIII a.C. (*ibid.*, pp. 149-150).[13] É assim, por exemplo, que o mercador Bêlânum escreve

---

[12] Que a taça contenha vinho é, naturalmente, apenas uma hipótese. No Japão de hoje, por exemplo, é usual no outono fazer um piquenique sob as pérgulas carregadas de uvas na região de Kofou (Yamanashi), mas então bebe-se mais saquê e cerveja do que vinho, bebida cara que conserva uma imagem exótica.

[13] Sobre a questão do transporte de vinho desde as regiões do alto Eufrates até Uruk e a Baixa Mesopotâmia, ver também Algaze (2000).

ao seu empregado Ahûni: "Por que não me compraste nem me enviaste um bom vinho? Compra-o e envia-o para mim! Depois, vem pessoalmente à Babilônia, para me encontrar".

Nessa época, os hititas da Anatólia, especialmente a elite, devotam uma grande paixão ao vinho. Em suas representações religiosas, o vinho é símbolo de vida e da relação entre os deuses e os homens, como nos dizem os textos e inúmeros objetos de arte suntuosos (Gorny, 2000). Um pouco mais tarde, durante o primeiro milênio antes de Cristo, o mesmo fenômeno é registrado na Assíria (Stronach, 2000).

Durante muito tempo, o vinho bebido na Mesopotâmia será chamado "cerveja de montanha" e não se beneficiou jamais do *status* de divindade, à diferença da cerveja de cereais que foi sempre, mesmo bem mais tarde, a bebida favorita. O vinho é caro e raro e, ao contrário do que acontece na Assíria, parece nunca ter sido elaborado na Babilônia, embora aí provavelmente fossem cultivadas algumas vinhas (Powell, 2000, p. 105). No século V a.C., Heródoto (Livro I, 194) descreve o transporte pelo Eufrates de jarras de vinho desde a Armênia até a Babilônia, em barcos redondos confeccionados de troncos de salgueiro e de couro. Em Ur, por volta de 2000 a.C., o litro de uvas custa cinco vezes o preço que se paga pela cevada, e no século V, o vinho custa treze vezes o preço da cevada e quinze vezes o das tâmaras (Powell, *ibid.*; Bottéro, 1997, p. 18). É, no entanto, apreciado como bebida exótica e motivo de descrições enológicas que demonstram já existir uma grande diversidade de vinhos *crus*. Esse vinho é qualificado como forte, suave, cozido (com frutas, açúcar e aguardente) ou amargo, claro ou tinto, de qualidade superior ou inferior, jovem ou velho, etc. É, às vezes, como a cerveja, rebaixado com água ou enriquecido com mel e ervas aromáticas (Powell, *ibid.*, pp. 150-151). Nas representações gráficas, os bebedores o consomem em taças rasas ou mais profundas, neste caso, com a ajuda de um canudo, possivelmente para evitar as matérias sólidas e flutuantes, se não tivesse sido filtrado.

Os efeitos buscados no consumo do vinho são análogos aos da cerveja. Num mito sumeriano, o deus Enki se dirige a Nippour e oferece um banquete abundantemente regado a vinho (Glassner, 1991, p. 132):

Enki fez trazer o vinho, produziu a cerveja,[14]
Verteu o vinho em grandes jarras. [...]
E toda essa gente bebericando a cerveja e inalando o vinho,
As taças cheias transbordantes,
Brindando ao céu e à terra,
Aspirando pausadamente dos cálices plenos,
  [côncavos como botes.

Os sacerdotes, em seus templos, oferecem aos deuses bebidas fermentadas. Por exemplo, cada manhã em Uruk o deus Anu recebe 18 copos de ouro cheios de cerveja e quatro de vinho (*ibid.*, p. 135), proporção que corresponde, sem dúvida, à que consome a alta sociedade mesopotâmica. Os banquetes dos deuses e dos homens são a ocasião de beber juntos consideráveis quantidades de cerveja e de vinho, durante e depois da refeição, frequentemente até a embriaguez. Esta leva à explosão da sexualidade, ao mistério da vida e de sua transmissão, como fica patente na interpretação hebraica dos episódios bíblicos de Noé e Lot, nos quais a embriaguez, claramente provocada pelo vinho e não mais pela cerveja nessa sociedade, contribui para o início da linhagem dos patriarcas, inclusive pela via do incesto (*ibid.*, p. 141).

Mais tarde, o consumo de vinho atinge talvez o nível do consumo da cerveja nos festins assírios, no norte da Mesopotâmia. É o que ocorre no século IX a.C., por ocasião das festas que celebraram a reinauguração da capital assíria, Calah-Nimrud, por Ashurnarsipal II. Dez mil jarras, ou melhor, ânforas de cerveja e 10 mil outras de vinho são oferecidas aos 69.574 comensais; é verdade que as festividades duram dez dias, o que representa, finalmente, pouca bebida fermentada por pessoa (*ibid.*, p. 160; Bottéro, 2004, pp. 161-177). Um pouco mais tarde, no século VII, uma célebre gravura do palácio de Nínive representa o rei Assurbanipal sob uma árvore em companhia da rainha Assur--Sharrat, cada um levando uma taça (de vinho?) aos lábios.[15]

---

[14] Note-se que a cerveja é produzida localmente, enquanto o vinho é trazido de longe.
[15] Essa bela escultura de alabastro está conservada no British Museum.

Mapa 4. Presença atestada de vinho na época do Bronze Médio no Mediterrâneo oriental (II milênio a.C.)

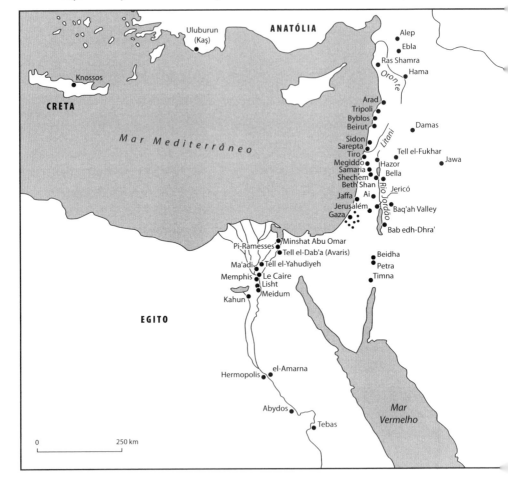

Fonte: McGovern, 2003.

No entanto, o vinho não chegará a destronar a cerveja nos mitos e hábitos dos mesopotâmios, que jamais veneraram Dioniso quando se juntaram à civilização helênica. Eles continuam a trazer o vinho que consomem das regiões montanhosas do norte e do leste, mesmo quando a vitivinicultura já havia se difundido muito além de seus limites originais. No começo da nossa era, a cerveja é ainda a bebida favorita dos habitantes da Mesopotâmia (Bottéro, 1997, pp. 22-23).

A conquista do Egito

Como a Mesopotâmia, o Egito, produtor de cereais, é antes de tudo um país de cerveja. As representações da elaboração do vinho e da cultura da vinha são muito poucas em relação a tudo que alude à cerveja. Não se encontra nas tumbas, por exemplo, nenhum modelo reduzido de adegas, enquanto as cervejarias e as padarias são muito frequentes (Tallet, 1998, 20).[16] Como os mesopotâmios, os egípcios arcaicos começam a consumir vinho proveniente das montanhas do Oriente Médio a partir do IV milênio a.C. Uma nobre sepultura de Abydos, no Alto Egito, datando dessa época pré-dinástica, contém mais de 700 ânforas de vinho importadas da Palestina, cada uma com capacidade de 6 a 7 litros. O vinho em questão está enriquecido com figos – conforme atestam os resíduos encontrados dentro de algumas jarras – para aumentar seu teor de açúcar e de resina *(ibid.*, p. 74; McGovern, 2003, p. 94).[17] Dentro de algumas dessas jarras foram encontradas sementes de uva e até pele e polpa secas. O primeiro vinho elaborado no Egito aparece igualmente em Abydos, no tempo da primeira dinastia, por volta de 3300-3100 a.C., dentro de grandes jarras fabricadas no Egito e cujos selos não deixam dúvidas quanto à procedência local da bebida (Tallet, 1998, pp. 12-13). Nesses selos estão representadas pérgulas, prensas, jarras, o ciclo completo da vinicultura.

A viticultura e a vinificação se expandem sob a terceira dinastia, a partir do século XXVIII, antes da nossa era. Encontramos inúmeras

---

[16] O essencial das informações a seguir provém da bela tese de doutorado de Pierre Tallet.
[17] A resina é de terebintina, como nas ânforas mesopotâmicas.

menções nos textos dessa época, por exemplo, nas mastabas de Giza e de Saqqara. A maioria dos vinhedos se situa então no delta do Nilo e em Fayoum, onde ainda hoje se concentram a viticultura frutífera e as terras vinícolas egípcias. Mas também há vinhedos, geralmente instalados a serviço de um templo, no Médio e no Alto Egito, ao redor de Tebas, Edfu ou Assuan. No Médio e no Novo Império, ou seja, durante o II milênio, a viticultura e a vinificação desenvolvem-se nos oásis situados ao oeste do Alto Egito (Kharga, etc.).

Os vinhos provenientes dessa região são reputados, sem dúvida, em razão de sua graduação alcoólica e de seu teor de açúcar mais elevados.[18] O vinho circula nessa época desde o Egito, e até mesmo do Oriente Médio, até a Núbia, mas essa região árida só começa a própria produção no Novo Império, graças a viticultores vindos do norte, provavelmente do delta. Como se pode constatar no pequeno templo de Abu Simbel (*ibid.*, p. 68),[19] o vinho aí está simbolicamente ligado às cheias do Nilo – daí sua cor avermelhada – e, por conseguinte, à vida. O elo fica ainda mais fácil de estabelecer quando se considera que a vindima das variedades precoces parece começar em junho e julho, ou seja, justo antes da cheia (*ibid.*, pp. 392-393). Sua cor o associa igualmente ao sangue de Osíris (Guasch-Jané *et al.*, 2006, p. 1077), o primeiro deus da história morto e ressuscitado, como mais tarde Dioniso e, naturalmente, o Cristo.

As importações de vinho da região sírio-palestina não cessarão durante toda a época faraônica. As jarras de vinho estão entre os itens mais apreciados nas pilhagens das conquistas realizadas na Ásia – por exemplo, em Meggido (hoje em Israel) e, principalmente, em Arvad, na Fenícia (Líbano), tomada por Tutmés III por volta do século XV a.C. Sabe-se também que produtores de vinho estrangeiros foram feitos prisioneiros para que cultivassem a vinha no Egito.

Graças aos textos e à iconografia disponíveis no Egito, não faltam informações sobre as paisagens, a vinificação, a conservação e o consumo da bebida. A cultura em pérgulas é muito difundida (Tallet, 1998, pp. 397-403).

---

[18] Essa é a hipótese de Pierre Tallet (1998, p. 51).
[19] Pierre Tallet retoma aqui os trabalhos de Christiane Desroches-Noblecourt e Ch. Kuentz.

Mapa 5. Vinhos da Ásia importados ao Egito durante o Novo Império (1570-1085 a.C.)

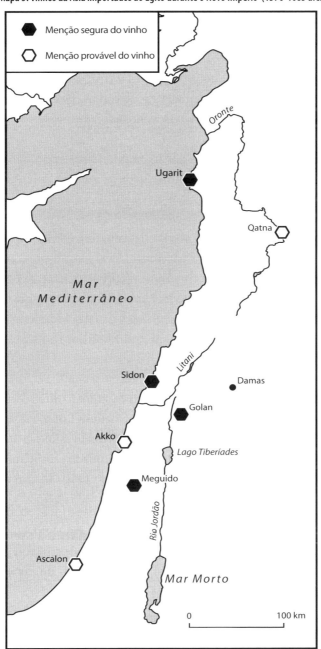

Fonte: Pierre Tallet, 1998.

Ela vem da Ásia e propaga-se em todo o mundo antigo. Os galhos horizontais repousam sobre varas rachadas, dispostas verticalmente.

Algumas vezes a videira é recurvada em arcos bastante baixos, sem varas nem tela, e os agricultores devem então trabalhar de joelhos. Nos dois casos, o que protege as uvas de um sol extremamente forte e dos ataques de pássaros são as folhas. Mas parecem existir também, mais raramente, videiras amarradas em feixes ou enroladas em árvores.

Tendo em conta o clima, a proximidade da água e a irrigação são indispensáveis, mas não são aconselhadas as terras inundáveis (*ibid.*, pp. 244 ss.). No delta, são as planícies aluviais, situadas logo acima do nível da inundação, as que mais convêm. A vinha é cultivada de forma isolada, mas em jardins junto a árvores, principalmente figueiras e, no Novo Império, romãzeiras, tamareiras e oliveiras, embora também ao lado de legumes, tais como pepinos – um tipo de *cultura promíscua* (*ibid.*, pp. 255-260). Toda uma sociedade hierarquizada de intendentes, controladores, capatazes e vinhateiros gravita ao redor dessa nobre cultura (*ibid.*, p. 316).[20] Não sabemos nada, no entanto, das técnicas de seleção, plantio, corte, condução e manutenção da vinha, exceto sobre a irrigação e a proteção das uvas maduras contra os pássaros.

A documentação é abundante, ao que parece, sobre a vindima feita sem a ajuda de um instrumento cortante e sobre a vinificação. Encontramos, por exemplo, uma bela representação na decoração da tumba de Petosíris, sumo sacerdote de Thot, no século IV a.C. Um maravilhoso texto traduz a alegria intensa desse momento. Os jardineiros dirigem-se ao defunto (*ibid.*, p. 392):

> Vem, nosso mestre, que vejas tuas vinhas e que teu coração se regozije com isso! Os jardineiros estão diante de ti vindimando. Inúmeras são as uvas em seus caules, e abundante o sumo que elas contêm, mais que em qualquer outro ano. Bebe, embriaga-te, não deixes de fazer o que te apraz, e que o vinho te sobrevenha como

---

[20] Ver o organograma da viticultura egípcia proposto por Pierre Tallet, tal qual se pode estabelecer com base nos rótulos das jarras de vinho.

tu o desejas, oh, Grande dos Cinco, mestre dos tronos, Petosíris. O senhor de Imet te enriquece de vinho, segundo o teu desejo, para que desfrutes de um bom momento.

Vem a seguir o momento de pisar as uvas dentro de uma barrica. Depois, prensar em um saco de linho aberto dos dois lados, que se torce graças a dois bastões que o fecham. No Novo Império, esse saco é suspendido entre dois pilares de madeira para facilitar a torção. Os egípcios ignoravam a prensa com alavanca e, mais ainda, a de rosca (*ibid.*, p. 407-429). A técnica que permite espremer o suco da uva prensada continuava sendo rudimentar. Ela somente se aperfeiçoa no momento da helenização e da romanização, isto é, da popularização do vinho, sob a influência das culturas vindas do Mediterrâneo. As vindimas transcorrem num clima de alegria, de acordo com a regra em todas as civilizações do vinho; canta-se e dança-se para ritmar o duro trabalho dos pisadores. A deusa da ceifa e das colheitas, Renenutet, está associada a essas atividades. Ela traz abundância e, na maioria das vezes, assume a forma de uma cobra, que combina bem com as cepas e os brotos da videira. Finalmente, o sumo é posto para fermentar dentro de jarras e, uma vez terminado o vinho, elas são fechadas, lacradas e então encaminhadas ao lugar de estocagem e de consumo, que pode ser próximo ou distante.

Falta mencionar os tipos de vinhos. Pierre Tallet dedicou-se ao estudo minucioso dos textos que aparecem nos rótulos das jarras. A maioria delas contém simplesmente vinho, *jrp*, que pode ser branco, rosado ou tinto (*ibid.*, p. 540).[21] O vinho chamado *puur* parece seco e ácido, até mesmo amargo; é uma espécie de zurrapa. Mas os egípcios apreciam particularmente os vinhos suaves e mesmo licorosos, dos quais conhecemos diversas variedades mal diferenciadas. O *shedeh*, bebida conhecida desde a 18ª dinastia (século XVI a.C.), e que foi objeto de longas controvérsias entre egiptólogos, é com certeza um

---

[21] Os egípcios provavelmente desconheciam a incubação do mosto com as peles, mas, devido ao grande calor, as antocianinas contidas nas peles das uvas vermelhas passam rapidamente ao suco no momento da prensagem.

vinho doce de uva, cozido antes da fermentação, a fim de concentrar o mosto, e envelhecido (*ibid.*, p. 444-471).[22] O que é colocado dentro da tumba de Tutancâmon, por exemplo, tem de quatro a nove anos (Guasch-Jané *et al.*, 2006, p. 1077). Todos os textos levam a pensar que é um vinho raro e caro. Por seu alto teor alcoólico, entra na composição do bálsamo utilizado no processo de enfaixar as múmias. Nessa época, o Egito produz também o *ndm*, igualmente doce e caro, de fabricação complexa e talvez confiada a estrangeiros (por exemplo, hebreus, famosos vinicultores e vinificadores), além do *nfr* ou *nefer*, vinho de qualidade superior, também concentrado. No momento de beber vinho, é normal adicionar mel para adoçá-lo, o que, sem dúvida, não é necessário com os vinhos doces que acabamos de mencionar.

Como na Mesopotâmia, o vinho continua sendo, no Egito faraônico, uma bebida de luxo reservada à oferenda aos deuses, ao ataúde de defuntos ricos e ao consumo da elite: o faraó e sua família, os sacerdotes e os altos funcionários. As poucas menções de vendas que se conhecem mostram que o vinho custa de duas a dez vezes o preço da cerveja, ou seja, proporções bastante comparáveis àquelas que se observam na Mesopotâmia.

Os consumidores são mais numerosos à medida que avançamos pelos quase três milênios do período faraônico, mas é somente depois da chegada da dinastia ptolomaica, de origem grega, ao final do século IV a.C., que o vinho conhece um incremento importante. É por excelência a bebida dos dias de festa, e, desde que o vinho seja de ótima qualidade, a embriaguez permite, ao mesmo tempo, purificar-se e aproximar-se dos deuses (*ibid.*, pp. 337-338).[23]

Diz-se que o vinho está estreitamente relacionado ao culto de Osíris, o primeiro deus da História a morrer e ressuscitar. Esse mito será uma constante da história religiosa do Crescente Fértil: o deus do vinho é aquele do renascimento, assim como a videira que cada ano perde

---

[22] O *shedeh* parece ser equivalente ao *defrutum* dos romanos.
[23] O alcoolismo e seus malefícios são descritos e repreendidos nessa obra, sejam eles devidos ao vinho ou à cerveja.

suas folhas e parece morrer, para renascer com mais vigor ainda; e isso à diferença dos numerosos vegetais de folhas persistentes das regiões subtropicais. O vinho e a vida são uma coisa só: essa é uma ideia inculcada desde cedo nas mentalidades do Oriente Próximo.

2

O mais fiel companheiro do monoteísmo judaico

O povo judeu é, ao que parece, oriundo de tribos seminômades vindas da Mesopotâmia durante o III e o II milênios antes da nossa era. Seja qual for a veracidade histórica das peregrinações de Abraão e Moisés, é certo que os migrantes (vindos de Ur e da Babilônia, pela Síria, ou do vale do Nilo, pelo Sinai) que se instalaram na terra de Canaã, no vale do Jordão, tinham conhecimento das virtudes do vinho que eles haviam apreciado antes, na Mesopotâmia e no Egito, a tal ponto que seus textos sagrados, mais tarde revisados, retomam e magnificam os mitos originais associados à vinha e ao vinho. Os egípcios se apropriam desses mitos e os colocam no centro de sua caminhada em direção ao monoteísmo. Mas a videira, e talvez o vinho, é anterior à suposta data de chegada dos hebreus ao vale do Jordão. Marcas de uvas secas e de sementes provenientes de vinhas cultivadas, datando do III milênio (Guilaine, 1994), foram encontradas em Jericó, Aphek, Lakish e Silo.

Noé, ébrio de Deus e de vinho

A primeira menção ao vinho é aquela que descreve a embriaguez de Noé, o justo que Deus escolhe para sua nova aliança com os homens, depois do fim do Dilúvio, simbolizada por um arco-íris. Algumas frases do Gênesis (9:20-27) reúnem um grande número de símbolos que serão retomados abundantemente ao longo de todo o Antigo e o Novo Testamento.

> Noé, que era agricultor, plantou uma vinha. Tendo bebido vinho, embriagou-se, e apareceu nu no meio de sua tenda. Cam, o pai de Canaã, vendo a nudez de seu pai, saiu e foi contá-lo aos seus irmãos. Mas, Sem e Jafet, tomando uma capa, puseram-na sobre os seus ombros e foram cobrir a nudez de seu pai, andando de costas; e não viram a nudez de seu pai, pois que tinham os seus rostos voltados. Quando Noé despertou de sua embriaguez, soube o que lhe tinha feito o seu filho mais novo. "Maldito seja Canaã", disse ele; "que ele seja o último dos escravos de seus irmãos!" E acrescentou: "Bendito seja o Senhor Deus de Sem, e Canaã seja seu escravo! Que Deus dilate a Jafet; e este habite nas tendas de Sem, e Canaã seja seu escravo!" (Gênesis 9:20-27)

O relato do Dilúvio, vindo da mitologia mesopotâmica, põe em cena a vinha e o vinho, logo depois do castigo com que Deus puniu os homens, afogando-os numa inundação. O estatuto da água é ambivalente. Em todas as civilizações, ela está associada à vida, mas aqui é identificada com a morte, como o será mais tarde pelo exército do faraó no momento da travessia do mar Vermelho; como era no começo, antes que a vida aparecesse sobre a terra, quando o espírito de Deus planava sobre ela. Noé, cujo nome significa em hebreu repouso ou consolo,[1] é eleito pelo Criador para salvar a vida. Assim que as águas baixam e ele põe o pé na terra, Noé manifesta a vitória da cultura, nos dois sentidos do termo, sobre a natureza. Depois da oliveira – selvagem, pois o homem não havia ainda voltado à terra firme – cujo ramo é trazido por uma pomba,[2] a primeira planta cultivada a ser mencionada no Gênesis não é o trigo, apesar de indispensável à subsistência humana no Crescente Fértil, mas, sim, a videira, mais propícia ao júbilo que à alimentação, brilhante manifestação de um destino singular, de um valor superior na aliança entre Deus e os homens. É o primeiro texto

---

[1] Invertidas, as duas sílabas que formam seu nome significam graça.
[2] Primeira menção a essa árvore que simboliza aqui a paz que Deus restabelece com suas criaturas.

que associa claramente o vinho à vida, em razão tanto do processo de fermentação (que até Pasteur será um mistério) quanto dos efeitos de seu consumo – que, moderado, desinibe, traz alegria, convida à adoração confiante, além de facilitar todas as transgressões. O vinho é, por tudo isso, um belo resumo da condição humana; da liberdade da qual é possível fazer tanto o melhor como o pior dos usos, ideia central da Bíblia, explorada de todas as maneiras desde o relato do pecado original.

Noé, o justo escolhido por Deus, o salvador da vida sobre a terra, deixa-se surpreender pelos efeitos da bebida da aliança. Depois, vencido pelo calor e pela embriaguez, deita-se na tenda e despe-se, desvelando sua genitália. Não há nenhuma dúvida de que o pecado de Cam não é simplesmente o de ter visto a nudez de seu pai e compreendido o segredo de seu nascimento. Como ele não é em nada responsável pelo estado de Noé, sua punição seria profundamente injusta. Tudo indica que Cam foi mais longe e cometeu um incesto homossexual consciente, escarnecendo assim da fonte da própria vida (Sys, 2004),[3] enquanto a inconsciência lava seu pai de toda culpa. O Levítico não deixa pairar nenhuma dúvida sobre a interpretação da expressão "descobrir a nudez", sinônima do ato sexual: aproximar-se, dar seu leito conjugal, dar sua coberta, deitar-se, oferecer-se, agarrar-se.

Não descobrirás a nudez de teu pai, nem a de tua mãe. (18:7)[4]
[...]

---

[3] Para Santo Agostinho, esse ato é um prenúncio dos ultrajes sofridos por Cristo na noite de sua detenção. A semelhança é ainda mais chocante se lembrarmos que o próprio Jesus comparou-se a uma vinha. Jean-Bernard Paturet (1997, pp. 26-27) opta por uma interpretação mais simbólica: "Noé, ébrio, mostra-se numa posição infantil; o pai está lá deitado, como um recém-nascido, inconsciente e nu. O filho o vê como veria seu próprio filho, como Noé o tinha visto no momento de seu nascimento [...]. Cam, sem se dar conta, ocupa perante sua própria origem um lugar de *voyeur* que desfaz assim sua própria filiação, invertendo dessa forma a ordem natural da história". Para ele, esse é um sinal de que o tempo histórico não é mais reversível, uma vez que Deus concluiu a aliança ao prometer que nunca mais recorreria ao Dilúvio e, portanto, permitir o triunfo definitivo da cultura sobre a natureza.

[4] Outra passagem do Levítico (20:11) permitiria pensar em outra interpretação que me foi sugerida, por exemplo, por Martine Courtois (*in verbis*): o homem que se deita com a mulher de seu pai descobre a nudez do pai. Os dois devem morrer, seu sangue se derramará sobre eles. Mas o texto do Gênesis convida a tomar o relato ao pé da letra, pois são os dois irmãos de Cam que vêm cobrir o corpo do pai após a ofensa, não sua mãe, que não aparece no texto. Ainda mais considerando que o Levítico prevê as duas transgressões incestuosas, com o pai e com a mãe.

> Não te deitarás com um homem, como se fosse mulher: isso é uma abominação. (18:22)
> [...]
> Todos aqueles, com efeito, que cometerem qualquer dessas abominações, serão cortados do meio de seu povo. (18:29)

A punição de Canaã, que não cometeu nenhuma falta, pode parecer iníqua, enquanto o culpado, seu pai, Cam, é protegido pela aliança estabelecida por Deus com Noé, seus filhos e todos os seres embarcados na arca: "Vou fazer uma aliança convosco e com vossa posteridade, assim como com todos os seres vivos que estão convosco [...]" (Gênesis 9:9-10).

Essa primeira representação hebraica do vinho revela a ambiguidade da bebida sagrada: ao mesmo tempo dom de Deus, maravilhosamente bom, mas suscetível de obscurecer a consciência e, portanto, provocar os maiores infortúnios. Uma lenda talmúdica expressa-o de uma bela maneira (Stétié, 2002, p. 37). Vendo a videira que Noé plantou, o diabo lhe pergunta qual é o uso dessa planta. Noé responde: "Seu fruto é bom e doce, o vinho que se extrai dele alegra o coração do homem". O diabo lhe propõe compartilhar a tarefa; degola nesse lugar um cordeiro, um leão, um porco e um macaco e com o sangue deles rega o solo. É por isso que o homem que come uvas é doce como um cordeiro; mas se ele bebe vinho, torna-se forte como um leão; se bebe em demasia, torna-se grosseiro como um porco; se ele se embriaga, torna-se engraçado como um macaco.

Isso nos leva a pensar na árvore do conhecimento do bem e do mal do jardim do Éden. A mensagem do texto do Gênesis seria mais bem compreendida se fosse uma videira em vez de uma macieira, tardia invenção devida a um falso cognato linguístico. Aliás, o comentário do Talmude que faz Rav Hisda, da Babilônia, dá um passo que ultrapassa despreocupadamente esse limite (*apud* Rehby, 2007, p. 99):

> Deus diz a Noé: "Não deverias tu aprender a lição do que aconteceu a Adão? Foi o vinho que o perdeu!" Essa interpretação concorda com a opinião segundo a qual a árvore cujo fruto Adão comeu era a vinha...

O sacrifício profético de Melquisedeque

A segunda menção ao vinho na Bíblia é tão fundadora quanto a primeira. Ela está ligada a esse enigmático personagem que é Melquisedeque, ao mesmo tempo rei e sacerdote, de cuja genealogia não se diz nada, como tampouco de seu destino após o acontecimento relatado no Gênesis. Depois de uma vitória contra os reis do vale de Sidim, próximo ao mar Morto, Abraão, que nesse momento se chama ainda Abrão e que descende diretamente de Noé e de Sem, oferece um sacrifício em companhia do rei de Sodoma. É o rei de Salém quem oficia esse ritual.

> Melquisedeque, rei de Salém e sacerdote do Deus Altíssimo, mandou trazer pão e vinho, e abençoou Abrão, dizendo: "Bendito seja Abrão pelo Deus Altíssimo, que criou o céu e a terra! Bendito seja o Deus Altíssimo, que entregou teus inimigos em tuas mãos!" E Abrão deu-lhe o dízimo de tudo. (Gênesis 14:18-20)

Os exegetas cristãos viram nesse curto relato o anúncio da Encarnação. Com efeito, não se faz nenhuma menção a qualquer genealogia paterna de Melquisedeque, como será o caso de Jesus, concebido, segundo as Escrituras, pelo Espírito Santo no ventre de Maria. Seu nome quer dizer em hebreu "rei de Justiça" e seu reino, "Paz". Alguns viram em Salém a primeira referência a Jerusalém, o que é geograficamente plausível. Além do mais, Melquisedeque oferece a Deus o pão e o vinho, produtos das planícies da Judeia e das montanhas que a rodeiam, representação bastante precoce das dádivas da eucaristia. Pela primeira vez, um sacrifício não contém derramamento de sangue, o que é ainda mais surpreendente, visto que o episódio se situa bem antes da aliança de Deus com Abraão, do nascimento de Isaac e do sacrifício consentido deste, substituído no último momento pelo cordeiro. Trata-se de uma inversão da ordem cronológica na história dos sacrifícios (humano, animal, vegetal). A partir desse instante, faz-se menção ao sacrifício de Melquisedeque, assim como ao de Abel – os primogênitos do seu rebanho (Gênesis 4:2) –, no momento da celebração eucarística: "Como te aprouve aceitar o sacrifício de Abel, o justo, e o de teu sumo sacerdote,

Melquisedeque...". Assim se esclarece o obscuro simbolismo das frases que pronuncia o padre, entre a consagração e a comunhão, diante do corpo e do sangue de Cristo, que adquirem a aparência do pão e do vinho: "Eis o cordeiro de Deus, aquele que tira o pecado do mundo...".

Lot embriagado por suas filhas

Pouco depois, intervém o episódio de Lot, filho de Arão, o irmão de Abraão. Esse outro justo vê igualmente sua vida transformar-se pelo vinho em uma aventura complexa e sutil, que gira também em torno do castigo de Deus, da transmissão da vida e de seu escárnio. Lot vagueia como nômade ao redor das cidades de Sodoma e Gomorra, ao sul do mar Morto, cujos habitantes são tidos por "perversos, e grandes pecadores diante do Senhor" (Gênesis 13:13); transgressores, como Cam,[5] de uma das interdições sexuais que o código levita descreve. Desejoso de assegurar-se da realidade da culpa desse povo, Deus envia dois anjos a Sodoma. Estes descem até a casa de Lot, à qual acorrem todos os homens da cidade, gritando: "Onde estão os homens que entraram esta noite em tua casa? Conduze-os a nós para que os conheçamos" (Gênesis 19:5).

Lot tenta negociar e proteger seus hóspedes, oferecendo-lhes o que tem de mais precioso, e ao mesmo tempo levá-los de volta ao bom caminho da transmissão da vida:

> Ouvi: tenho duas filhas que são ainda virgens; eu vo-las trarei, e fazei delas o que quiserdes. Mas não façais nada a estes homens, porque se acolheram à sombra do meu teto. (Gênesis 19:8)

A abominação que representaria a violação de suas filhas é um mal menor em comparação com a violação, pelos sodomitas, dos dois anjos que haviam tomado uma aparência humana sedutora e aceitado sua hospitalidade. Na Bíblia, os mensageiros de Deus, que são os anjos, têm frequentemente a missão de anunciar a vida. Justo antes de se dirigirem a Sodoma, estes vinham de anunciar a Abraão e a Sara o nascimento de

---

[5] Elas se situam ao sul do país de Canaã, que leva o nome do filho maldito de Cam.

Isaac. Sua outra função é a de anunciar o castigo de Deus, como fazem em Sodoma e Gomorra. Outras vezes, esses anjos encarregam-se de empunhar a espada de Deus e punir os homens por suas faltas, como o fará mais tarde o anjo exterminador no Egito. A história da destruição de Sodoma e da salvação de Lot apresenta, aliás, outra analogia com a da saída do Egito: Lot faz preparar e cozinhar para seus hóspedes pães sem fermento e, nos dois casos, a videira e o vinho estão ausentes. Eles vão aparecer ao fim de uma perambulação, que lembra a navegação de Noé: a peregrinação de Lot nas montanhas e a dos hebreus no deserto, que termina quando eles encontram a videira de Escol.

Finalmente, os anjos escapam da concupiscência dos habitantes golpeando-os com seus mantos, e rogam a Lot que abandone a cidade com os seus, para os quais Abraão havia previamente obtido a salvação, ao cabo de uma negociação difícil e pessoal com Deus. Lot previne apressadamente seus futuros genros, que não creem na ameaça e preferem permanecer na cidade do pecado onde, evidentemente, também encontram prazer. Então, o patriarca foge e as cidades são destruídas; dessa vez, não pela água, mas pelo fogo do céu. Para agravar a situação, a transformação de sua esposa em estátua de sal impede-o de prosseguir a obra da vida e, particularmente, de assegurar uma descendência masculina.

Refugiados nas montanhas da Judeia, Lot e suas duas filhas se instalam em uma caverna. É então que entra em cena o vinho, dom de Deus, produzido desde muito tempo antes, em todas as montanhas ao redor das planícies do Crescente Fértil.[6]

> A mais velha disse à mais nova: "Nosso pai está velho, e não há homem algum na região com quem nos possamos unir, segundo o costume universal. Vem, embriaguemos nosso pai e durmamos com ele, para que possamos nos assegurar uma posteridade." Elas fizeram, pois, o seu pai beber vinho naquela noite. Então, a mais velha entrou e dormiu com ele; ele, porém, nada notou, nem quando ela se aproximou dele, nem quando se levantou. No dia seguinte, disse

---

[6] Alguns dos melhores vinhos de Israel provêm hoje dessa região, onde o frescor das noites convém bem a uma boa maturação da uva, assim como à exaltação das virtudes do terreno.

ela à sua irmã mais nova: "Dormi ontem com meu pai; façamo-lo beber vinho ainda uma vez, esta noite, e dormirás com ele para nos assegurarmos uma posteridade." Também naquela noite embriagaram seu pai, e a mais nova dormiu com ele, sem que ele o percebesse, nem quando ela se aproximou, nem quando se levantou. Assim, as duas filhas de Lot conceberam de seu pai. (Gênesis 19:31-36)

Mais uma estranha história de embriaguez e de incesto no seio da linhagem dos patriarcas! Nenhum desses dois casos de desregramento intrínseco é apresentado como uma boa ação, agradável aos olhos de Deus. No entanto, à diferença de Canaã, as duas filhas de Lot não sofrem nenhuma maldição pessoal após terem abusado de seu pai. E isso somente porque, em plena consciência de seus atos e em plena liberdade, elas levam seu pai a se embriagar com o único propósito de transmitir a vida. Essa é uma interpretação da teologia agostiniana da *felix culpa*: "Feliz pecado original que mereceu um tão grande redentor!" De um mal necessário, pode nascer um grande bem. Além do mais, graças às virtudes maravilhosas do vinho, apenas as filhas de Lot cometeram um pecado; não seu pai, que estava inconsciente. Finalmente, a vida triunfou sobre a morte, enviada por Deus para punir os pecadores. Desde o Gênesis, o vinho se encontra, assim, no coração da relação entre os homens e o Criador; ele é o símbolo e o sustento da vida terrestre, como da vida eterna. Contudo, dos filhos nascidos desse incesto descendem os povos idólatras do leste do Jordão: os moabitas e os amonitas.

Prudência e responsabilidade

Ao longo da Bíblia, a videira e o vinho são onipresentes.[7] O vigor da planta, sua rusticidade e a abundância de seus frutos dotam-na de todas as virtudes. Mas o vinho conserva sua ambiguidade devido ao grande poder de seus efeitos, em alguns casos devastadores. Ele convida os homens a exercer sua liberdade, aprendendo a usá-la sem abusar, a rebaixar o vinho com água, segundo o costume civilizado antigo, como

---

[7] Sobre esse tema, ver Meslin (2007).

recomenda o Segundo Livro dos Macabeus (15:39): "Assim como é nocivo beber somente o vinho ou somente a água, mas agradável e verdadeiramente proveitoso beber a água e o vinho misturados [...]".

É preciso também saber abster-se em certas ocasiões, por espírito de renúncia e sacrifício, da mesma forma que com os alimentos sólidos ou os atos da carne.

As recomendações de prudência, até mesmo de abstinência, são abundantes, por exemplo, no Livro dos Provérbios:

Zombeteiro é o vinho e amotinadora a cerveja:
quem quer que se apegue a isto não será sábio. (20:1)
[...]

O que ama os banquetes será um homem indigente;
o que ama o vinho e o óleo não se enriquecerá. (21:17)
[...]
Não te ajuntes com os bebedores de vinho,
com aqueles que devoram carnes,
pois o ébrio e o glutão se empobrecem
e a sonolência veste-se com andrajos. (23:20-21)

[...]

Para aqueles que permanecem junto ao vinho,
para aqueles que vão saborear o vinho misturado.[8]
Não consideres o vinho: como ele é vermelho,
como brilha no copo,
como corre suavemente!
Mas, no fim, morde como uma serpente
e pica como um basilisco!
Os teus olhos verão coisas estranhas,
teu coração pronunciará coisas incoerentes. (23:30-33)
[...]

---

[8] Talvez uma alusão ao hábito antigo de misturar o vinho com especiarias, resina, mel ou água de mar, para conservá-lo. O Salmo 74:9 evoca esse costume: "Há na mão do Senhor uma taça de vinho espumante e aromático".

E no Eclesiástico:

Que é a vida do homem a quem falta o vinho? [...]
No princípio o vinho foi criado para a alegria não para a embriaguez.
O vinho, bebido moderadamente, é a alegria da alma e do coração.
A sobriedade no beber é a saúde da alma e do corpo. [...]
O vinho, bebido em demasia, é a aflição da alma.
A embriaguez inspira a ousadia e faz pecar o insensato;
abafa as forças e causa feridas. (31:33-40)

Isaías lança as maiores imprecações à intenção dos ébrios:

Ai daqueles que desde a manhã procuram a bebida,
e que se retardam à noite nas excitações do vinho! (5:11)

[…]

Mas também estes titubeiam sob o efeito do vinho, alucinados pela bebida;
sacerdotes e profetas cambaleiam na bebedeira.
Estão afogados no vinho, desnorteados pela bebida,
perturbados em sua visão, vacilando em seus juízos.
Todas as mesas estão cobertas, de asqueroso vômito,
não há sequer um lugar limpo. (28:7-8)

Um dos principais perigos desencadeados pelo vinho é a idolatria, associação que encontramos no Corão. No banquete do rei Baltazar, relatado por Daniel, os mil convidados embriagam-se com o vinho contido nas taças de ouro e de prata que Nabucodonosor, pai do soberano, havia roubado do templo de Jerusalém: "E, depois de terem bebido vinho, entoaram o louvor aos deuses de ouro e prata, bronze, ferro, madeira e pedra" (Daniel 5:4).

O profeta Oseias chama a atenção para outro distúrbio causado pela bebida: o recurso à adivinhação, pecado que o Corão associará também ao consumo do vinho. "[...] o vinho e o mosto abafam a razão.

Meu povo consulta seu pedaço de pau, e o seu cajado lhe faz revelações." (Oseias, 4:11-12)

Essas passagens severas são, apesar de tudo, excepcionais. A proibição do vinho somente é absoluta por ocasião das cerimônias que têm lugar na tenda de reunião, montada no primeiro dia do mês, com a finalidade de ali depositar a Arca da Aliança. "O Senhor disse a Arão: 'Não beberás vinho nem cerveja, tu e teus filhos, quando entrardes na tenda de reunião, para que não morrais'." (Levítico 10:8-9)

Mesma proibição feita, mais tarde, aos sacerdotes que deviam aproximar-se do Santo dos Santos: "Nenhum sacerdote beberá vinho quando tiver de penetrar no átrio interior" (Ezequiel 44:21).

Uma lei revogada do Corão proíbe também beber perante o sacerdote. E o *Catecismo do Concílio de Trento* prescrevia estar totalmente em jejum, de bebidas alcoólicas em particular, desde o meio da noite que precedesse a comunhão eucarística. Apenas o consumo de água não era considerado uma ruptura do jejum.

A interdição veterotestamentária[*] mais estrita diz respeito àqueles consagrados a Deus. E refere-se não somente ao vinho, mas também à uva e a tudo que provém dela, confirmando o *status* muito particular da vinha no Antigo Testamento. Ela representa para os cristãos a apoteose do Novo Testamento.

> [...] quando um homem ou uma mulher fizer o voto de nazireu, separando-se para se consagrar ao Senhor, abster-se-á de vinho e de bebida inebriante: não beberá vinagre de vinho, nem vinagre de uma outra bebida inebriante; não beberá suco de uva, não comerá nem uvas frescas, nem uvas secas. Durante todo o tempo de seu nazireato não comerá produto algum da vinha, desde as sementes até as cascas de uva. (Números 6:2-4)

Sansão, que é um consagrado enviado por Deus para libertar os hebreus escravizados pelos filisteus, não deve nem cortar os cabelos, nem comer nada impuro, nem tomar bebidas fermentadas, como acon-

---
[*] Relativa ao Antigo Testamento. (N. T.)

tecera tempos antes com Sara – mãe de Sansão, mulher de Manoá. Ela era estéril e, advertida pelo anjo de que teria um filho a ser consagrado, viu-se assim admoestada: "Toma, pois, muito cuidado; não bebas doravante nem vinho, nem bebida forte, e não comas coisa alguma impura, porque vais conceber e dar à luz um filho" (Juízes, 13:4).

O bom vinho regozija o coração do homem

Ao lado dessas advertências e recomendações de abstinência, o Antigo Testamento está repleto de louvores à videira e ao vinho. Este é fonte de alegria, além de permitir esquecer a efemeridade da condição humana, como o proclama Isaías (16:10):

A alegria e a animação desapareceram dos pomares, nas vinhas não há mais cantos nem vozes alegres; já não se pisa a vindima nas cubas, e o grito do pisoeiro cessou.

Ou os Provérbios (31:6-7):

Dai a bebida forte àquele que desfalece e o vinho àquele que tem amargura no coração: que ele beba e esquecerá sua miséria e já não se lembrará de suas mágoas.

No Livro dos Juízes, a parábola das árvores é uma maravilhosa história que põe em cena os três senhores da arboricultura mediterrânea. As árvores procuram um rei e pedem sucessivamente à oliveira e à figueira que reinem sobre elas. Diante da recusa destas, elas se voltam para a vinha, que hesita, ainda que se saiba desejada: "Poderia eu renunciar ao meu vinho que faz a alegria de Deus e dos homens, para colocar-me acima das outras árvores?" (Juízes 9:12).

A videira e o vinho convidam à generosidade: "Não respigareis tampouco a vossa vinha, nem colhereis os grãos caídos no campo; deixá-los-eis para o pobre e o estrangeiro" (Levítico 19:10). E à sociabilidade: "Naquele dia, diz o Senhor dos exércitos, convidareis uns aos outros para debaixo de sua vinha e de sua figueira" (Zacarias 3:10).

Eles representam também o poder e a força. Na sua bênção a Judá, fundador da tribo de Israel, da qual nascerá Jesus, Jacó compara seu filho a um leão e lhe dedica esta poética saudação báquica:

Amarra à videira o jumentinho,
à cepa o filho da jumenta.
Lava com o vinho suas vestes,
com o sangue das uvas o seu manto.
O vinho aumenta o brilho de seus olhos,
seus dentes são brancos como o leite.

O Cântico dos Cânticos é um hino à videira e ao vinho, que convidam ao amor humano e ao amor de Deus:

[...] e a vinha em flor exala o seu perfume [...]. (2:13)
[...]
Sejam-me os teus seios como cachos da vinha.
E o perfume de tua boca como o odor das maçãs;
teus beijos são como um vinho delicioso [...]. (7:9-10)
[...] pela manhã iremos às vinhas,
para ver se a vinha lançou rebentos,
se as suas flores se abrem [...]. (7:13)
[...] dar-te-ia a beber vinho perfumado. (8:2)

No ápice de sua função simbólica, a videira e o vinho são várias vezes associados à Terra Prometida e ao Reino de Deus. Quando Moisés envia ao país de Canaã um homem de cada tribo, com a missão de explorar sua geografia, é nas montanhas da Judeia, perto de Hebron, que eles encontram umas vinhas, lá onde elas são, há muito tempo, cultivadas e onde, recentemente, renasce a vitivinicultura israelita de qualidade:

"Era então a época das primeiras uvas. [...] Chegaram ao vale de Escol,[9] onde cortaram um ramo de vide com um cacho de uvas, que

---

[9] Escol significa cacho em hebreu. Hoje, durante a festa do *biou* (celebrada na região do Jura), cada primeiro domingo de setembro, os habitantes de Arbois constroem um cacho de uvas gigantesco (de mais de 80 kg), que transportam sobre um tronco, para lembrar esse primeiro contato dos hebreus com a Terra Prometida, ao escapar da escravidão no Egito.

dois homens levaram numa vara; tomaram também consigo romãs e figos" (Números 13, 20:23).

Assim como acontece quando Noé volta a se instalar sobre a terra firme, a vinha do país de Canaã é o símbolo da aliança. Podemos ler no Livro dos Reis esta descrição da trilogia mediterrânea que caracteriza a Terra Prometida: "terra de pão e de vinhas, terra de olivais, de óleo e de mel" (II Reis 18:32).

Muitas outras passagens do Antigo Testamento revelam o lugar central que a vinha e o vinho ocuparão no Novo. Ali está representado o povo de Israel, eleito para a Aliança e beneficiário da Terra Prometida:

Uma vinha do Egito vós arrancastes;
expulsastes povos para a replantar.
O solo vós lhes preparastes;
ela lançou raízes nele e se espalhou na terra.

As montanhas se cobriram com sua sombra,
seus ramos ensombraram os cedros de Deus.
Até o mar ela estendeu sua ramagem,
e até o rio os seus rebentos.

[...]

Voltai, ó Deus dos exércitos;
olhai do alto céu, vede e vinde visitar a vinha.
Protegei este cepo por vós plantado,
este rebento que vossa mão cuidou.
Aqueles que a queimaram e cortaram
pereçam em vossa presença ameaçadora. (Salmos 79:9-17)

E especialmente a bela profecia de Amós (9:13):

Eis que vêm dias – oráculo do Senhor –
em que seguirão de perto o que planta e o que colhe,
o que pisa os cachos e o que semeia;
o mosto correrá pelas montanhas,
todas as colinas se derreterão.

A vinha ocupa, naturalmente, um lugar central no templo de Jerusalém, reconstruído por Herodes. Flávio Josefo descreveu o pórtico de entrada desse templo, recoberto de ouro e decorado com videiras douradas, de onde pendem cachos de uvas do tamanho de um homem (Meslin, 2007, p. 62),[10] recordando o cacho do vale de Escol. A videira é Israel, inclusive em sua ingratidão para com Deus, que às vezes a cobre de cuidados zelosos e outras a pune por suas faltas, como no terrível canto da vinha de Isaías (5:1-7):

> Eu quero cantar para o meu amigo
> seu canto de amor a respeito de sua vinha:
> meu amigo possuía uma vinha num outeiro fértil.
> Ele a cavou e tirou dela as pedras;
> plantou-a de cepas escolhidas.
> Edificou-lhe uma torre no meio,
> e construiu aí um lagar.
> E contava com uma colheita de uvas,
> mas ela só produziu agraço.
> E agora, habitantes de Jerusalém,
> e vós, homens de Judá,
> sede juízes entre mim e minha vinha.
> Que se poderia fazer por minha vinha,
> que eu não tenha feito?
> Por que, quando eu esperava vê-la produzir uvas,
> só deu agraço?
> Pois bem, mostrar-vos-ei agora
> o que hei de fazer à minha vinha:
> arrancar-lhe-ei a sebe para que ela sirva de pasto,
> derrubarei o muro para que seja pisada.[11]
> Eu a farei devastada; não será podada nem cavada,
> e nela crescerão apenas sarças e espinhos;
> vedarei às nuvens derramar chuva sobre ela.

---

[10] A arte barroca retomará esse tema, mostrando preferência por erigir seus altares sobre colunas douradas, ao redor das quais se enrolam ramos carregados de uvas.

[11] Testemunho dos cuidados dedicados à viticultura, particularmente para proteger as vinhas dos animais selvagens ou domésticos.

A vinha do Senhor dos exércitos é a casa de Israel,
e os homens de Judá são a planta de sua predileção.
Esperei deles a prática da justiça, e eis o sangue derramado;
esperei a retidão, e eis os gritos de socorro.

Com 141 menções no Antigo Testamento (Broshi, 2001, p. 144), o vinho está no coração da espiritualidade judia, mas também expressa o prazer de viver do povo eleito. Esse prazer ainda é o mesmo, e a brilhante retomada da produção de vinho em Israel é o símbolo incontestável desse fato. Porém, o avatar cristão dessa religião ultrapassou de forma evidente o modelo, integrando com o tempo as representações religiosas greco-romanas.

Fílon de Alexandria, judeu influenciado pela cultura platônica que viveu perto dos primeiros cristãos do princípio da nossa era, expressa de maneira magnífica essas similitudes religiosas, comparando o êxtase divino à embriaguez provocada pelo vinho, sem dúvida, mais perigosa (*apud* Lombardi Satriani, 1991, p. 93):

> Não somente a alma daquele que é possuído por Deus é exaltada como se estivesse fora de si, mas o corpo também se sente inflamado, transbordante e aquecido interiormente pelo gozo, que se aproxima da paixão exterior; um grande número de fracos de espírito é induzido erroneamente a crer que essa gente sóbria está embriagada. Aliás, estão num certo sentido verdadeiramente ébrios, pois no vinho que eles bebem estão reunidas, como numa festa, todas as coisas boas. E eles recebem a taça do amor, graças à virtude que acumularam. Em contrapartida, aqueles que estão sob os efeitos do vinho viveram, na verdade, em jejum de conhecimento e seus lábios, secos por essa carência, nunca provaram a sabedoria.

3
E o vinho tornou-se um deus

Como os hebreus, todos os povos do Oriente Próximo e do Mediterrâneo oriental dedicam um lugar cada vez mais especial ao vinho, no decorrer dos últimos séculos antes de nossa era. Entre eles, os gregos ocupam um lugar privilegiado, que perderão mais tarde ao ser ocupado pouco a pouco pela visão cristã do vinho, que conjuga com alegria as heranças judia, grega e romana.

Dioniso, filho de Zeus e pai do vinho

Muito antes de entrarem na História, desde o III milênio a.C., os gregos tiveram acesso à vitivinicultura e ao gosto pelo vinho por meio da Ásia: Anatólia, Frígia, Lídia e Fenícia já haviam aderido ao fermento divino. Durante o primeiro milênio, eles dão um grande passo na história sagrada do vinho: este não é mais somente a bebida dos deuses ou o símbolo da aliança entre o Deus criador e os homens, uma promessa. Ele se eleva ao panteão; torna-se um deus por inteiro, ou melhor, é uma das formas materiais que toma Dioniso, filho de Zeus. Esse culto tardio nasce na Frígia (Jeanmaire, 1951, p. 479) e na Trácia, vindo do Oriente mais longínquo, talvez dos confins da Índia. Exemplo disso é a boina frígia com a qual Dioniso aparece às vezes em suas representações antropomórficas e as semelhanças entre sua mitologia e a de Soma, deus védico nascido duas vezes e, ele também, associado a uma bebida embriagante extraída de uma planta na qual habita o próprio Deus.

Dioniso nasce do amor de Zeus e Sêmele, filha do primeiro rei de Tebas.[1] Ela morre vítima de um raio de seu divino amante, ao ser atendida em seu pedido de contemplá-lo em todo o esplendor, já que ele prometera conceder-lhe todos os desejos. A criança não havia chegado a termo e Zeus o costurou dentro de sua coxa[2] até o fim da gestação. Essa é uma das possíveis origens etimológicas de seu nome: duas vezes nascido. Para protegê-lo dos ciúmes de Hera, sua esposa legítima, Zeus manda Dioniso passar a infância no monte Nisa ou Nisos, situado em alguma parte do Oriente, de onde vem a outra origem de seu nome: deus de Nisos. Boccaccio interpreta essa gestação dentro da coxa de Zeus como uma metáfora da incubação da uva, necessária à sua transformação em vinho (Huet-Brichard, 2007, p. 37).

A infância de Dioniso é marcada por muitos dramas, entre os quais seu martírio e sua morte nas mãos dos titãs, que o desmembram, assim como se talha a videira e se cortam as uvas. Zeus opera então sua ressurreição (Jeanmaire, 1951, pp. 372-390),[3] fato que evoca, guardadas as proporções, a história de Osíris e a do próprio Cristo. Dioniso é, por isso, o deus do renascimento, em particular da vegetação após o inverno, da fecundidade, da sexualidade triunfante e liberada. Rendem-lhe culto em Atenas ou em Delos, passeando-o alegremente ou erigindo um gigantesco falo ereto (Detienne, 1998, p. 52).[4] Ele é nômade, não se sente em casa em nenhum lugar e visita seus templos durante as chamadas epifanias.

Dioniso é ambivalente, associando em si os contrários: o homem e a mulher, a juventude resplandecente e a velhice decrépita, a vida e a morte – temas sobre os quais poetas, escultores e pintores divagam até

---

[1] É neta de Agenor, rei de Tiro, na Fenícia.
[2] É provável que a "coxa" designe os órgãos sexuais.
[3] Essa paixão de Dioniso é central na tradição de Creta.
[4] Uma estatueta antiga dos séculos IX e VII a.C., encontrada na Geórgia, em Melaani, Kakhéti, retrata uma divindade que poderia ser aparentada de Dioniso e, por que não, talvez até seu ancestral. É representada por uma figura em estado de ereção, brandindo uma taça na mão direita. Lembremos que Príapo, deus dos jardins, é filho de Dioniso e Afrodite e que o culto rendido a ele é igualmente fálico.

hoje. Ele é, ao mesmo tempo, "o mais terrível e o mais brando para os homens". É o deus do elemento úmido, de todos os líquidos vitais: a seiva, o leite, o sangue, o esperma, a urina e, naturalmente, o vinho, que transcende a todos. Em Eurípides, as bacantes cantam o seguinte hino, que lembra o Antigo Testamento: "O solo emana leite, emana vinho, emana néctar das abelhas" (versos 142 e 143).

Num poema datado do século II da nossa era, Oppiano descreve os prodígios realizados por Dioniso (*apud* Jeanmaire, 1951, p. 263):

Com uma vara de roseira que ele cortava
Perfurava as rochas mais duras
E dessas feridas o deus fazia jorrar um vinho delicioso.[5]

A embriaguez é um transe sagrado; permite uma comunhão com Dioniso que pode levar até ao mimetismo: o objetivo é chegar ao delírio, do qual o próprio deus deu o exemplo (Frontisi-Ducroux, 1991, p. 164). O problema é que o êxtase está próximo da loucura e que o vinho provoca tanto alegrias quanto tristezas. Como a automutilação do rei Licurgo, na *Ilíada*, a quem a embriaguez fez perder a razão, a ponto de confundir seu pé com a cepa de vinho que ele queria cortar. Ou ainda o assassinato de Icário por seus pastores ébrios, e o posterior suicídio de sua filha Erígone, pela qual Dioniso está apaixonado. Toda a mitologia dionisíaca gira em torno da ambiguidade do vinho, de seus poderes maravilhosos e seus perigos, unindo-se nesse ponto à mensagem bíblica.

Dioniso é apresentado, antes de tudo, como o deus do vinho e da embriaguez. Mas não fica bastante claro que não é só o vinho que o caracteriza. Sua imagem também está associada aos sátiros, mênades e centauros de seu cortejo, ao asno, à cabra, à pantera, ao touro, à hera,[6] à figueira ou ao tirso.[*] Ele é o próprio deus em toda sua ambiguidade,

---
[5] Esses versos fazem lembrar o episódio bíblico em que Moisés faz brotar água do rochedo de Horeb com um golpe de sua vara, mas remetem também aos bons terrenos vitícolas, que são necessariamente pedregosos e precisam, às vezes, ser quebrados para que a vinha se desenvolva.
[6] Planta semelhante à vinha.
[*] Bastão encimado por uma pinha e rodeado de pâmpanos e de hera, atributo de Dioniso e das mênades. (N. T.)

fonte inesgotável de vida, de força e de alegria, mas também capaz de semear a loucura e a morte ao seu redor. Eurípides assim o canta nas *Bacantes* (versos 274 a 285), peça escrita em 405 a.C.:

> Da divindade nascente, que ora tu escarneces,
> não poderei relatar quanta magnitude
> na Hélade alcançará! Duas são, ó jovem,
> entre os homens as coisas primeiras: a deusa Deméter
> – é a terra; por um destes nomes invoco-a, a teu grado –
> aos mortais os alimentos secos proporciona.
> Vem depois o seu êmulo, o filho de Sêmele,
> que da uva o fluído líquido achou e trouxe
> aos mortais; aquieta aos homens míseros
> suas penas, quando do suco da vinha estão saciados,
> o sono e o olvido dos males cotidianos
> lhes concede; para as dores outro lenitivo não há.
> Ele, que nasceu deus, aos deuses em libação se entrega[7]
> e, graças a ele, dos homens o bem é pertença.

Quando os homens bebem em crateras,[8] bebem o deus que intercede pelos homens junto a Zeus e aos outros deuses, invocados no momento de fazer circular a primeira cratera do simpósio. No entanto, não se faz nenhuma invocação ao próprio Dioniso, já que o deus está dentro da taça e é ele mesmo que está sendo bebido (Kourakou-Dragona, 1999, p. 62).

Nos relatos mitológicos, Dioniso (Baco) é acompanhado por suas bacantes, mulheres que celebram seu culto cantando e dançando em estado de embriaguez. Entre os prodígios que realizam durante seus transes, elas são capazes de transformar a água em vinho (Jeanmaire, 1951, p. 24). Aliás, na véspera da grande epifania de Dioniso, na noite de 5 para 6 de janeiro, colocavam-se nos templos três jarros de água, que na manhã seguinte encontravam-se cheios de vinho. É fácil imaginar que o relato evangélico do milagre das bodas de Canaã fará especial

---

[7] Esse ato de fé dionisíaca é um prenúncio da doutrina eucarística cristã.
[8] Grande taça com duas asas, onde os antigos serviam o vinho.

sentido para os gregos e os romanos, assim como, naturalmente, a ideia tardia de festejar a epifania de Jesus no mesmo dia que a de Dioniso.

O simpósio no centro do culto dionisíaco

O deus do vinho, o deus-vinho, ocupa um lugar privilegiado na prática religiosa grega. Em Delfos, ele é honrado até mesmo em lugares próximos ao templo de Apolo. Se o culto deste último ocupa uma grande parte do ano litúrgico, o de Dioniso domina os meses de inverno no hemisfério norte, de dezembro a março, precedendo, evocando e assegurando a renovação da vegetação (*ibid.*, p. 37). Acontece que em Atenas, cidade de marinheiros, esse é o momento do repouso e das festas, durante as quais se consome com gozo o produto das colheitas, da salga e dos abates. Plutarco descreve um cortejo numa aldeia, portando em procissão um falo gigante, uma ânfora de vinho, uma cesta de figos,[9] vários ramos e uma cabra destinada a ser sacrificada e consumida (*ibid.*, p. 42).

Esse costume se manteve na Europa cristã durante as festas de Natal, da Epifania, da Candelária e do Carnaval. Não podemos deixar de identificar os festejos de Carnaval com os ritos dionisíacos, particularmente devido à sua propensão ao travestismo, às confusões de gênero, ao excesso de bebidas fermentadas e de comidas, levando à desinibição, aos cantos obscenos, às danças lascivas e aos desmandos sexuais, tolerados pela Igreja. Marie Daraki descreve a bacanal como uma "transgressão oficializada que tem o poder de consolidar o grupo humano" (*apud* Huet-Brichard, 2007, p. 205). Essa definição serve até hoje para o Carnaval, que cumpre igualmente uma função identitária para os habitantes de uma sociedade.

Outro elemento impressionante do culto de Dioniso, adaptado de cultos egeus muito mais antigos, são as mulheres que saem à noite à procura do bebê-deus que acaba de nascer. Às vezes elas escolhem um bebê verdadeiro, que colocam num balaio (Jeanmaire, 1951, pp. 74-77). Não é possível evitar a comparação desse ritual com o episódio

---

[9] Símbolo sexual frequentemente associado a Dioniso-Baco.

bíblico da infância de Moisés e, especialmente, com as tradições cristãs do Natal e a manjedoura. Se pensarmos também na descida de Dioniso aos infernos à procura de sua mãe Sêmele, que ascende ao Olimpo graças à intercessão de seu filho, tornando-se imortal, a conexão com o cristianismo é completa.

Além do seu consumo popular, cotidiano ou festivo, o vinho é bebido com solenidade – ao menos no início do ritual – durante as reuniões masculinas, por ocasião dos banquetes, ao longo do simpósio (*symposion*), do verbo grego *sympotein*, "beber juntos". Os participantes são todos adultos e cidadãos. O vinho é rebaixado com água, como é aconselhável entre homens civilizados. Somente os bêbados e os bárbaros (Ando, 1991, pp. 171-172) bebem o vinho puro que os deixa loucos. Os macedônios têm uma sólida reputação de intemperança. Éfipo de Olinto confirma isso:

> Eles praticavam imensas libações, desde o início da refeição; tanto que estavam já embriagados quando o primeiro serviço estava ainda sobre as mesas e eles já não se encontravam em condições de apreciar os pratos (*apud* Battistini, 2007, p. 183).

Seus soberanos não traem essa reputação. Conta Ateneu:

> Felipe estava louco e adorava lançar-se de cabeça sobre os perigos, em parte por natureza e em parte por causa da bebida. Era um beberrão e estava frequentemente embriagado quando ganhava uma batalha (*ibid.*).

Inúmeros testemunhos referem-se à devoção de Alexandre pelo vinho puro e às suas longas bebedeiras, seguidas de fases melancólicas (Brèthes, 2007).

As únicas mulheres presentes são as cortesãs e escravas. Isso não impede as mulheres de beber entre elas, até mesmo de embriagar-se de vinho puro; e Aristófanes não poupou gracejos ao falar desse tema (Frontisi-Ducroux, 1991).[10]

---

[10] Em muitas civilizações, a tradição não admitia que as mulheres casadas ingerissem bebidas fermentadas, como vinho, cerveja, saquê, vinho de palma, etc., e menos ainda álcool destilado. Até data recente, na

E o vinho tornou-se um deus

No momento em que as crateras, nas quais é efetuada a mistura de vinho e água (*krasis*), circulam de conviva em conviva, a bebida torna-se realmente divina. O próprio Dioniso é absorvido pelos participantes desse rito, presidido pelo simposiarca.[11] Mais uma vez, não podemos deixar de pensar na instituição da eucaristia na véspera da paixão de Cristo e no ritual da comunhão em torno do altar no momento da missa ou das ceias solenes concelebradas. Hoje, aliás, a missa é o último rito que conserva os costumes antigos de beber o vinho: em taças de metal precioso e rebaixado com água, lembrando também a água misturada ao sangue que escorre do flanco de Cristo que acaba de morrer, quando o centurião romano, para verificar se ele expirou, perfura-o com a lança.

Alceu descreveu um simpósio. Tendo em conta a proporção de água misturada ao vinho, é preciso beber muito para chegar ao esperado esquecimento, como sugere, aliás, o poema (*apud* Kourakou-Dragona, 1999, p. 44):

> Bebamos; por que esperar pela iluminação?
> O dia não tem mais que um dedo de duração;
> traz grandes taças, meu amor,
> taças bem ornamentadas;
> o vinho, para o esquecimento,
> foi-nos dado pelo filho de Sêmele e de Zeus.
> Enche-nos as taças, até o borde, com uma parte de vinho
> para duas partes de água, e que uma taça compense a outra!

Tomando a precaução de prolongar ao máximo o consumo de vinho, falando e aguçando o espírito por meio de profundas reflexões, cantando de quando em quando, é possível suportar longas horas, até o amanhecer (*ibid.*, p. 59).

Europa, tampouco era permitido que as mulheres entrassem nas vinícolas no momento da vindima e da fermentação do mosto. Há uns vinte anos, isso ainda era comum na Borgonha, principalmente nas propriedades mais antigas! E o mesmo acontecia nas cervejarias do mundo germânico.

[11] O simposiarca é eleito pelos convivas no início de cada simpósio (Kourakou-Dragona, 1999, p. 66). Essa prática sobrevive na Geórgia, com a eleição do *tamada*, no começo de cada refeição. É ele quem pronuncia os primeiros brindes, passando em seguida a palavra a cada conviva, durante todo o banquete.

O vinho e a filosofia combinam-se muito bem. Eles dialogam com elegância no *Banquete* de Platão, onde se demonstra a deslumbrante clareza de pensamento de Sócrates e, ao mesmo tempo, sua resistência ao excesso de bebida fermentada. O escritor Filocoro – cuja obra foi perdida – teria sido o primeiro a afirmar que o vinho e a verdade são um só. Ateneu explica essa ideia: "Filocoro diz que os bebedores não apenas deixam ver o que eles mesmos são, mas também revelam-se, uns aos outros, num acesso de franqueza. Daí os ditados: 'Vinho e verdade' e 'O vinho manifesta o pensamento do homem'." (*Deipnosofistas*, I, 9).

Entre os temas de discurso e conversa favoritos no decorrer dos banquetes, o amor ocupa o primeiro lugar, como vemos em Platão. O próprio Platão, em seu texto *As Leis,* enfatiza que a participação no simpósio constituía uma educação cívica importante, ensinando ao conviva "comandar e obedecer de acordo com a justiça", a livre obediência às leis, sem pressão, a coragem, o autocontrole, a aprendizagem do pudor, a alegria e o otimismo (Kourakou-Dragona, 1999, p. 66).

No século II a.C., Dioniso integra o panteão romano sob o nome de Baco, com o essencial de sua mitologia e dos rituais de seu culto, sendo o *convivium* a versão romana do simpósio. Essa transferência acompanha a expansão da vitivinicultura, que segue aquela de Roma. A integração dos povos bárbaros está, em todos os lugares, marcada pela adoção do vinho e do culto a Baco. O vinho, artigo de luxo importado, torna-se então a bebida habitual, signo de cultura e uma das marcas da romanização, da mesma forma que a língua latina.

Dioniso e Ampelos

As literaturas grega e romana tardias embelezarão a mitologia do deus a seu gosto. Assim o demonstram as *Dionisíacas,* de Nono de Panópolis, autor grego de origem egípcia, que viveu no século V e que atribui o aparecimento da vinha à metamorfose de um amante de Dioniso. O mito evoluiu e foi alterado (Jeanmaire, 1951, p. 476), pois essa história está ausente dos textos e das representações artísticas da época clássica. Ele integra e ultrapassa os relatos de Noé e Lot, nos quais o vinho é apenas o instrumento e o símbolo do renascimento da vida, através do fio sustentado por dois pequenos grupos de eleitos, salvos das águas ou do fogo. É possível que se inspire também nos relatos do Evangelho sobre a instituição da eucaristia e sobre a morte e ressurreição de Cristo. De fato, acredita-se que Nono tenha se convertido, em seguida, ao cristianismo. Não há dúvida de que ele foi sensível ao papel do vinho na sua nova fé, como podemos comprovar, tanto no ardente lirismo de sua paráfrase versificada do Evangelho segundo São João quanto em suas *Dionisíacas*. Mais de um milênio depois de seu aparecimento, o mito de Dioniso era ainda capaz de suscitar o ímpeto poético ao qual se deve muito da força de evocação que o vinho conserva até hoje.

Segundo conta Nono, Ampelos, um jovem sátiro de beleza esplêndida, amante de Dioniso, encontra a morte nas proximidades do rio Pactolo, por culpa de um touro furioso, enviado por Ate, deusa da morte. Dioniso, dilacerado de dor, o faz sepultar, não sem antes verter ambrosia[12] sobre suas feridas. Uma segunda vida é então concedida por Zeus a Ampelos, que renasce com a aparência de uma vinha. Dioniso a vindima e extrai de seus frutos, que têm o perfume da ambrosia, o primeiro vinho com o qual mergulha na lembrança de Ampelos; assim ele sublima sua dor, transformando-a em alegria profunda. Sempre de acordo com a lenda, a partir desse episódio, Dioniso passa a ser identificado com a bebida divina.

> No entanto, Baco não podia se consolar da morte de Ampelos. Com o espírito agitado por seus ternos pesares, ele esquecia a dança e não cantava nada além de amargos lamentos. [...] Ao ouvir esses soluços e gemidos de Baco, que não chora jamais, as Parcas suspendem e desviam seus fios inexoráveis, e Átropos, cujas palavras não enganam, para acalmar as angústias do deus, faz-lhe ouvir sua voz divina: "Baco, teu amigo ainda existe para ti e ele não deve

---

[12] Lembremos que na mitologia grega os deuses bebem ambrosia, salvo Dioniso. O vinho, bebida dos homens, serve, em contrapartida, às libações ofertadas pelos homens aos deuses e aos mortos. Os georgianos conservaram esse hábito de comer e beber vinho sobre a tumba de seus mortos e de praticar ali uma libação, ou seja, verter um pouco de vinho durante essas ocasiões. É um elo a mais com a civilização antiga do vinho.

atravessar as ondas amargas do Aqueronte. Tuas queixas souberam fazer ceder os irrevogáveis desígnios do destino. Ampelos, mesmo estando morto, vive ainda, pois vou transformar o teu encantador companheiro num néctar dos mais doces [...] e as Musas unirão em seus hinos o delicioso Ampelos a Baco, seu amante. [...] Tu mesmo, deixando de lado a guirlanda de serpentes que se enrosca sobre tua cabeça, enlaçarás os ramos da videira aos teus cabelos. [...]

Ampelos, tu provocaste um vivo sofrimento em Baco, que até agora não conhecia a aflição; mas isso era para levar o prazer às quatro regiões do mundo, já que fazes nascer o vinho de gotas de mel. [...] Ao ouvir essas palavras, a divindade se retira para junto de suas irmãs e, de repente, um grande prodígio se produz diante de Baco, no meio de seu pranto. O amável morto ressuscitado adquire uma nova forma; ele desliza como um réptil e transforma-se em um arbusto delicioso. Em sua metamorfose, seu ventre é uma cepa alongada; das extremidades de suas mãos crescem ramos e seus pés se convertem em raízes. Os cachos de seus cabelos são filamentos. [...] Baco, em triunfo, cobre a cabeça com essas madeixas amadas e enfeita os cabelos com essa folhagem embriagadora. Ele recolhe o fruto já maduro de seu robusto amigo. Então, instintivamente, sem usar os pés, longe de qualquer prensa, o deus esmaga a uva com as palmas de suas mãos e extrai o sumo através de seus dedos entrelaçados; depois, mostrando ao dia as gotas púrpuras que escorrem pela primeira vez, ele inaugura a suave bebida, enquanto a brancura de seus dedos cobre-se de uma cor vermelha. Finalmente, o chifre de um touro lhe serve de taça: ele prova suavemente o delicioso orvalho, experimenta também o fruto e, exultante dos dois sabores, deixa sair estas palavras de sua boca orgulhosa: "Ampelos, é o néctar e a ambrosia de meu pai que tu crias neste duplo e precioso produto. [...] Querido Ampelos, teu fim é doce também. Por ti, por tua beleza, a própria Parca abrandou sua trama. [...] Tu não estás morto [...], amigo, tudo se extingue se estás vivo ainda. [...] Meu pai, para honrar seu filho, fez de ti um arbusto; ele substituiu teu corpo por um delicioso néctar". (*Dionisíacas ou Baco*, cântico XII)

As analogias entre Dioniso e Cristo foram observadas e discutidas por inúmeros autores.[13] Aos olhos dos cristãos, sua religião é o complemento da cultura judaica, mas ela integra também toda uma parte da cultura grega, tendo Roma servido mais tarde como vetor de sua difusão ao redor do Mediterrâneo. As origens do cristianismo coincidem com o apogeu da expansão do dionisismo (Jeanmaire, 1951, p. 480). Não é por acaso, sem dúvida, que São Paulo repreende os cristãos de Corinto, antigo lar do culto de Dioniso, recomendando-lhes que não pactuem com a idolatria: "Não podeis beber ao mesmo tempo o cálice do Senhor e o cálice dos demônios" (I Coríntios 10:21). É possível que certos neófitos mal instruídos praticassem um tipo de sincretismo entre os cultos a deuses que haviam igualmente ressuscitado e que podiam manifestar-se numa taça de vinho. Compreende-se assim como, e por qual conexão, o vinho subiu um degrau a mais no imaginário dos povos do Mediterrâneo no seu caminho em direção ao oeste e ao norte. Marie-Catherine Huet-Brichard (2007, p. 193) acredita que "nenhuma relação pode ser estabelecida entre Dioniso e as virgens loucas, porque nenhuma aliança é possível entre o antigo deus e o novo".

De fato! Se Nietzsche aderiu a Dioniso após ter acreditado em Jesus, Nono, como tantos outros antigos, sem dúvida mostrou que é possível ter seguido Dioniso antes de aderir a Jesus. É justamente nesse sentido que evolui a história religiosa do mundo mediterrâneo antigo.

Por fim, Jesus substitui totalmente Dioniso, cuja herança ele faz frutificar (Girard, 2007). O vinho era a Vida; e torna-se também o Amor.

A videira e o vinho ganham todo o Mediterrâneo e a Europa

Bem cedo na História, a vitivinicultura implanta-se no Mediterrâneo oriental. A Fenícia e a Palestina, assim como o reino hitita e a Assíria,

---

[13] Por exemplo, por Henri Jeanmaire (1951, pp. 145 e 479). Para Nietzsche, em seus *Ditirambos de Dionísio*, o mito pagão é superior ao cristianismo, pois permite harmonizar na vida terrena as contradições da condição humana. Ver Huet-Brichard (2007, pp. 104-105); sobre a relação entre a mitologia de Dioniso com o cristianismo, ver também pp. 190-199.

cultivam vinhedos – alguns dedicados ao consumo local e outros à exportação. Os testemunhos escritos e arqueológicos são abundantes desde a Idade do Bronze. Cultiva-se a vinha em Chipre desde o IV milênio anterior à nossa era (Silliéres, 2007, p. 6).[14] Na Grécia, a cultura da vinha aparece por volta de 2500 a.C. (Testard-Vaillant, 2005, p. 20), por exemplo, na Creta do rei Minos. Consideráveis quantidades de vinho eram conservadas nos palácios de Cnossos, Pilos ou Micenas. Em Santorini, existem vestígios de viticultura e de vinificação anteriores à explosão do vulcão, por volta de 1640-1620 a.C. (Kourakou-Dragona, 1995).

Os fenícios antes e os gregos depois difundem o vinho – e, mais tarde, a vinha e a vinificação – através de seus entrepostos na África do Norte e no Mediterrâneo ocidental, no decorrer do primeiro milênio. O tratado de agricultura do cartaginês Magon, redigido entre os séculos III e II a.C., contém conselhos vinícolas que serão retomados por todos os agrônomos gregos e latinos (McGovern, 2003, p. 203). Por volta do século V, os gregos introduzem esses elementos, da mesma forma que o culto associado a eles, na Etrúria, partindo da Magna Grécia ao sul da península italiana. Dioniso torna-se então Baco, cujo nome é grego e designa os delírios e os gritos que emitem os devotos em transe, durante as cerimônias dionisíacas. As bacanais são praticadas em Roma desde o século II a.C. Todos os povos "bárbaros" em contato com os gregos e os romanos iniciam-se rapidamente no gozo do vinho. Foram encontradas, por exemplo, no sítio celta-liguriano de Coudouneu (Bouches-du-Rhône), jarras que continham sementes de uvas cultivadas e uvas secas que atestam a presença de uma viticultura supostamente local desde o século V a.C. (*ibid.*),[15] o que demonstraria uma influência precoce do entreposto de Massália, fundado um pouco antes. Quando sitiam Roma em 390 a.C., os gauleses, como o fazem todos os conquistadores, entregam-se a imensas bebedeiras (Silliéres, 2007, p. 12), das quais guardarão nostalgia.

---

[14] Encontraremos nesse autor uma boa síntese da história da viticultura antiga e de sua difusão. Ver também Flouretzos (2004).

[15] As sementes de uvas oriundas de vinhas cultivadas são mais alongadas que as provenientes de vinhas selvagens.

Os bárbaros, cujos territórios são percorridos pelos comerciantes gregos e romanos, tomam também gosto pelo vinho que aqueles lhes vendem em ânforas lacradas – ao menos os mais ricos dentre eles, já que a bebida comum do povo continua sendo a cerveja de cevada. Na tumba principesca de Vix, datada do século VI a.C., foram encontradas uma imensa cratera de bronze, de fatura grega e confeccionada no sul da Itália; um rico jogo de vinho, no qual se destaca uma enócoa de bronze; e taças de cerâmica decoradas com figuras pretas. Com um volume de 1.100 litros, a cratera provavelmente servia para misturar vinho e água; aliás, encontraram-se também numerosos cacos de ânforas no sítio do monte Lassois, na Côte-d'Or. Ao que parece, o vinho tinha igualmente a capacidade de conferir prestígio. Poder encomendá-lo e depois transportá-lo por via terrestre, a mais de 500 quilômetros do Mediterrâneo, constitui uma prova da riqueza de certas tribos célticas, instaladas perto das vias de comunicação mais importantes. Essa é também uma demonstração do alto valor cultural do vinho nas terras bárbaras nessa época remota, aproximadamente cinco séculos antes que a viticultura fosse implantada.

Pouco tempo antes das guerras gálicas, Deodoro da Sicília descreve a inclinação dos nobres gauleses para o consumo do vinho não rebaixado com água:[16]

> Amantes do vinho, eles se fartam daquele trazido pelos comerciantes, sem misturá-lo com água, e sua paixão leva-os a usar a bebida em toda sua violência; eles se embriagam e caem no sono ou em estados delirantes. [...]
>
> A natureza ávida de muitos comerciantes italianos explora a paixão dos gauleses pelo vinho; em barcos que seguem os cursos de águas navegáveis, ou em carroças que rodam pelas planícies, eles transportam seu vinho, do qual obtêm benefícios incríveis, chegando ao ponto de trocar uma ânfora por um escravo, de modo que o comprador entrega seu servo para pagar sua bebida. (V, 25-27)

---

[16] Ver Dion (1959, pp. 102-105).

O desejo do vinho conquistando o mundo

Mapa 6. O aprovisionamento de vinho em Roma (fim do século I a.C. e meados do século II)

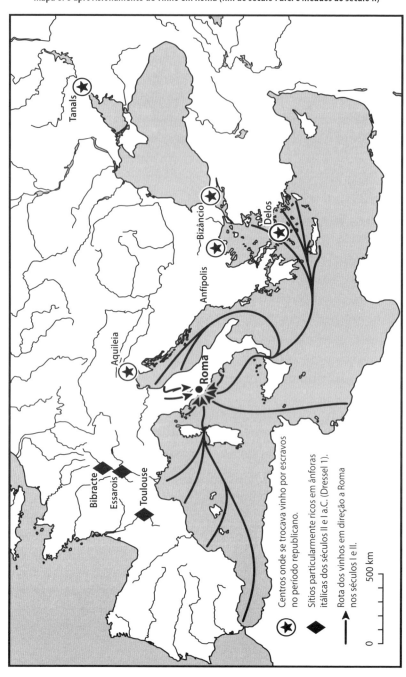

Fonte: André Tchernio e Jean-Pierre Brun, 1999.

E o vinho tornou-se um deus

Mapa 7. O comércio de vinho e de ânforas no Mediterrâneo ocidental (século I a.C. e século I)

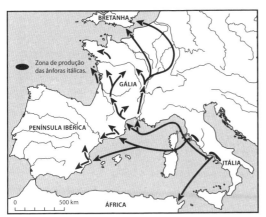

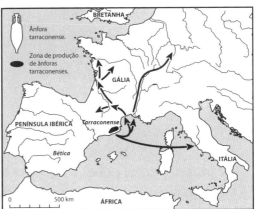

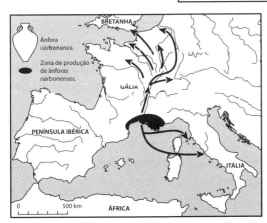

Fonte: Fanette Laubenheimer, 2004.

Como no Oriente Próximo nos tempos antigos, o vinho, no início, é a bebida exótica e luxuosa trazida pelos comerciantes. Depois, à medida que as fronteiras do Império Romano se expandem e os territórios bárbaros são conquistados, a vinha espalha-se e, progressivamente, o vinho suplanta a cerveja. Esta, no entanto, continuará sendo, até hoje, a bebida identitária entre os celtas do norte (escoceses, irlandeses) e os povos germânicos, que vivem ao norte e ao leste dos limites romanos. O cristianismo lhes inculcará o respeito e até mesmo o gosto pelo vinho. O clima temperado da Idade Média permitirá a cultura da vinha até os confins da Escandinávia, mas a bebida vinda do Mediterrâneo não arrebatará jamais o trono à cerveja nessas terras. Quando vem a Reforma, aproximadamente contemporânea do início da pequena era glacial, o vinho, símbolo de Roma, torna-se raro e caro e perde, por um bom tempo, seu prestígio, salvo nos meios sociais mais cultos ou abastados.

Mas, voltando aos gauleses, estes adotam a viticultura de maneira generalizada e entusiástica no decorrer do século I (Dion, 1959, pp. 95-166; Sillières, 2007, pp. 38ss).

O prazer grego e romano de beber bem

A hierarquia dos *crus*[*] de vinhos é uma realidade muito antiga no Mediterrâneo oriental. A presença de selos nas jarras ou ânforas mesopotâmicas, egípcias, palestinas ou gregas indica a proveniência geográfica e a safra do vinho que elas continham. Às vezes, o nome do produtor é uma prova incontestável dessa origem. Essas menções cumpriam uma função de garantia comercial, mas também de reconhecimento das qualidades específicas de cada vinho.

A partir do momento em que o vinho se torna uma bebida sagrada, até mesmo um deus importante, nas culturas grega e romana, ele naturalmente passa a suscitar grande interesse nas camadas sociais mais cultas, e surge então uma categoria de aficionados cada vez mais

---

[*] Palavra francesa usada para indicar um vinhedo específico ou zona delimitada com aptidão para produzir um vinho de características particulares e originais. (N. T.)

esclarecida. Para eles, beber é também um meio de penetrar no centro dos mistérios de sua religião, sem deixar de sentir gozo e, melhor ainda, uma emoção estética forte e renovada. Sempre foi assim com toda arte religiosa, seja na arquitetura, nas artes plásticas, na música, na dança e nas liturgias.

Em todas as religiões e em todas as épocas da história humana, nada chegou a ser demasiado belo para os deuses ou para o Deus único. Dessa forma, o gosto se refina e a exigência torna-se sempre maior. O fato de que essa bebida ofereça prazer não é em nada ilícito, ao contrário. Os gregos e os romanos souberam aperfeiçoar a arte de fazer bom vinho, de qualidade inigualada até então.

Após a queda do Império, será preciso esperar até o final da Idade Média – sobretudo, que se refinem os modos da alta sociedade francesa, inglesa e depois do resto da Europa, durante os séculos XVII e XVIII – para que voltem a aparecer os *grand crus*, bem como a arte de bebê-los com discernimento e falar deles.

Os gregos já sabiam envelhecer o vinho para melhorá-lo. Prova disso é este belo poema de Aleixo, contemporâneo de Alexandre, que confirma a humanidade do vinho (*apud* Mauduit, 2002, p. 11):

> O homem é, de alguma maneira, igual em natureza ao vinho. De fato, o vinho jovem deve, como o homem, cessar primeiro de ser efervescente e insolente; depois, tendo perdido sua flor, tornar-se seco. E então, quando suas forças declinam e ele, purificado de tudo o que acabo de dizer, perde o verdor que cobria sua superfície, fazer-se finalmente potável e encontrar sua calma. A partir desse momento, ele será agradável a todos.
> Antífanes mostra-se mais explícito ainda. "Nossa vida é em tudo semelhante ao vinho; quando somente nos resta um pouco, ela se transforma em vinagre" (*ibid.*).

André Tchernia (1999, p. 16) comentou brilhantemente duas lápides de Roma e de Óstia, a de um beberrão pouco criterioso e a de um amante de vinho refinado. A primeira, data do século I a.C., é de Tibério Cláudio II e tem a seguinte inscrição: "Os banhos, os vinhos, os amores nos arruínam a saúde, mas são a vida, os banhos, os vinhos, os amores!". Essa inscrição define um sensualista que abusou das boas coisas, embriagou-se com frequência e não soube usar sensatamente o *Carpe diem* de Horácio.

A outra lápide pertence a Domitius Primus, que viveu no século IV e mandou inscrever o seguinte epitáfio:

> Sou eu que estou nesta tumba, o célebre Primus. Alimentei-me de ostras do lago Lucrino e bebi falerno com assiduidade. Os banhos, os vinhos e os amores envelheceram comigo através dos anos.

Reconhecemos aí o sábio epicurista que comeu e bebeu com moderação os melhores produtos disponíveis em seu tempo e conseguiu chegar a uma idade avançada com boa saúde. O falerno era, na época, o melhor *cru* do Império, produzido nas redondezas das suntuosas casas de veraneio da Campânia e do porto de Nápoles, de onde era exportado a Roma e a todo o Mediterrâneo.

Os princípios de localização dos vinhedos de qualidade já estão em prática nessa época. Como mostrou Roger Dion (1959), estes não mudarão mais até a revolução dos transportes, na segunda metade do século XIX.

De qualquer forma, esses dois epitáfios comprovam que o vinho pertence tanto à cultura popular quanto à mais requintada, e que essa bebida é um elemento da identidade romana, herdeira da Grécia. Acrescentemos a isso o fato de que o afluxo de dinheiro no final da República e no início do Império permite pôr em prática técnicas vitivinícolas custosas e transportar os bons vinhos a grandes distâncias, em recipientes de qualidade, mesmo para regiões bárbaras muito distantes do mar, onde estes são comprados a preço de ouro. Isso nos remete ao escambo que os exploradores, conquistadores e colonos europeus realizaram mais tarde na África ou na América graças à aguardente, "água de fogo".

Os vinhos gregos e romanos são de baixo teor alcoólico (8° a 9°). Como já vimos, são rebaixados com água quente ou fria, até mesmo gelada, no momento do consumo, na proporção de aproximadamente

50%, às vezes mais (Tchernia, 1999, p. 136; Planhol, 1995, pp. 158-160). Não era raro na Grécia misturar uma parte de vinho a duas, três e mesmo quatro partes de água, sempre vertida antes do vinho na cratera (Longo, 1991, p. 44). Os não gregos – citas, persas e bárbaros em geral – bebiam-no puro. Os trácios e os lídios apreciavam os brindes seguidos de um consumo rápido, exagerado e de um só trago (Lenfant, 2002, p. 69). Esse costume era muito comum na França, há algumas décadas, entre militares ou estudantes de medicina, e ainda hoje, em certas festas populares ou entre os caçadores. Excetuando esses ambientes, é preciso ir à Armênia ou à Geórgia para assistir a tais práticas.[17]

Adicionar água ao vinho pode indicar um gosto pouco refinado, mas isso não é verdade. Um consumidor experiente pode muito bem reconhecer as qualidades de um vinho misturado com água. Não devemos esquecer que essa prática só desapareceu na França em data muito recente. Grimod de La Reynière a elogia. Thierry Manon-court, o proprietário do Château Figeac, em Saint-Émilion, lembra que a própria mãe, falecida em idade muito avançada, rebaixava seu figeac com água (Tchernia, 1999, p. 36). Hoje, esse costume é raríssimo, salvo nas casas de pessoas idosas ou durante rituais, como fazem os padres na celebração da missa. É preciso assinalar que, vencidos pelos costumes seculares, estes últimos abandonaram as proporções antigas e se contentam com uma gota de água simbólica vertida no cálice anteriormente cheio de vinho branco. Os três evangelhos que mencionam a instituição da eucaristia não dizem, aliás, que Cristo teria adicionado água ao vinho da taça que ele fez circular entre os seus apóstolos na véspera da Paixão.

Os vinhos jovens da Antiguidade são frequentemente de cor clara, pelo fato de serem apenas esmagados e não macerados.[18] Eles escurecem durante o envelhecimento e a oxidação, ou em função das substâncias que lhe são acrescentadas. Os mais ordinários são abundantemente enriquecidos com diversos aditivos destinados a aromatizá-los

---

[17] A prática é comum em certos países da Ásia (Coreia, China), mas a bebida então é o vinho ou álcool de arroz, e as tacinhas usadas para beber são para modestas quantidades.

[18] À semelhança dos vinhos rústicos do Cáucaso hoje em dia, oriundos de uvas esmagadas logo depois da vindima.

e conservá-los: água do mar ou sal,[19] gesso, ervas aromáticas (feno-grego, absinto, orégano, aipo etc.), mel ou mosto de uva concentrado por cozimento (*defrutum*), ingredientes que permitem aumentar o teor de álcool e especialmente de resina.[20]

De fato, nem os romanos nem os gregos haviam descoberto as vantagens do enxofre como antisséptico do vinho (Tchernia, 1999, p. 5), nem tampouco seus predecessores em viticultura. Entretanto, esse uso era muito conhecido na região vinícola de Nápoles, devido à abundante atividade vulcânica. Desde os tempos mais antigos, os vinhos são resinados ou alcatroados[21] com a finalidade de impedir a formação de acidez volátil (acética), mas o uso demasiado abundante dessas substâncias mascara o gosto do vinho, um pouco como a madeira reduz o sabor frutado de certos vinhos tecnológicos atuais, especialmente se eles sofreram maceração com aparas desse material.

Sempre houve quem gostasse desses sabores mesclados, que permitem a constância do gosto da bebida, transmitindo assim uma sensação de confiança. Hoje, muitos gregos idosos do campo sentem saudade dos vinhos fortemente resinados, que ainda eram produzidos no seu país trinta anos atrás. Alguns americanos, e não são poucos – Robert Parker, por exemplo –, não renunciam ao sabor forte, que lembra a baunilha, do carvalho nos vinhos recentes. Para satisfazer essa preferência, certos viticultores de várias partes do mundo, inclusive da

---

[19] Isso pode parecer chocante, mas não devemos esquecer que degustamos a maioria dos vinhos comendo pratos salgados – principalmente quando acompanham aperitivos, como as *tapas* espanholas. Pensemos também na combinação de ostras cruas com vinho branco seco. Na Itália e em todos os bares do mundo, é habitual colocar uma azeitona verde salgada no fundo do copo de vermute branco ou de coquetéis que levam essa bebida.

[20] Como no caso dos vermutes que estiveram em voga na Itália e na França durante os séculos XIX e XX. A aldeia de Tourelles, em Beaucaire, elabora toda uma série de vinhos arqueológicos romanos de acordo com os métodos descritos pelos agrônomos Plínio, Columelo e Paládio: *munsun, turriculae, carenum*. A iniciativa deve-se ao seu proprietário, Hervé Durand, que trabalhou em colaboração com o arqueólogo Jean-Pierre Brun (Tchernia, 1999, pp. 91ss.). Em razão da utilização do feno-grego, os vinhos têm um sabor bastante pronunciado de ranço ou de vinho amarelo do Jura, o que é normal, pois as leveduras (*saccharomyces*), responsáveis pelo sabor "amarelo", permitem o desenvolvimento de uma molécula especial, o sotolon, que se encontra também no feno-grego (Tchernia, 1999 e 2000, p. 39). Essa erva entra na composição do *curry* e é por isso que o vinho amarelo é um dos raros que podem acompanhar adequadamente esse prato indiano.

[21] O piche é a resina cozida. Ela pode ser obtida por lenta combustão das madeiras resinosas.

França, ainda recentemente passavam seu vinho duas vezes por barris novos para assim acentuar o gosto da madeira.

Além da água, que rebaixa o vinho, diversos ingredientes podem também ser adicionados à bebida no momento do consumo: queijo seco ralado, farinha de cevada ou de espelta, e até mel (Bouvier, 2001, pp. 39-42).

Os *grands* crus romanos aparecem no decorrer do século II a.C. Eles devem envelhecer antes de ser degustados: o falerno, durante 15 anos, e o sorrento, 20 ou 25. Plínio menciona a safra de 121 a.C. que ele, ao que tudo indica, provou cerca de dois séculos depois de sua elaboração (*ibid.*, p. 26);[22] da mesma forma que é possível ainda provar os Yquem ou os vinhos amarelos do século XIX, e mesmo os Tokaji do século XVII:

> O sol determinou, neste 663º ano depois da fundação de Roma, uma temperatura esplendidamente ideal – chamamos a isso "cozer ao ponto" –, e guardamos ainda alguns desses vinhos reduzidos em um tipo de mel amargo – é a evolução natural dos vinhos com a idade –, mas melhoramos e valorizamos todos os outros vinhos rebaixando-os ligeiramente com água.[23]

Pouco tempo depois, aparece o nome Falerno sobre uma ânfora datada de 102 a.C. Isso significa, portanto, que existiam aficionados dispostos a pagar o preço da raridade, e especialmente da excelência, para sua saúde e para o seu paladar – dois critérios indissociáveis na Antiguidade (Jouanna & Villard, 2002; Tchernia, 2000, pp. 28-29). Cer-

---

[22] No *Satyricon*, Trimalchio pretende também servir o falerno datado de 121 a.C., ou seja, de cem anos, colhido sob o consulado de Opímio (Daspet, 2007, pp. 240-241). Alguns arqueólogos puderam até provar o vinho romano muito decomposto, contido em ânforas intactas encontradas no fundo do mar, nos destroços do naufrágio do navio *Madrague de Giens*.

[23] Essa técnica apresenta alguma analogia com a do Tokaji Aszú. Também se assemelha à técnica das "barriques perpétuelles"* que permitem obter o jerez, os vinhos do Porto, os *banyuls*, ou ainda o conhaque, o armanhaque e os calvados envelhecidos durante várias décadas ou até um século. *["Barrique perpétuelle" é um costume europeu antigo que consiste em guardar uma reserva especial de vinho em uma barrica de mais de 600 litros, onde todo ano parte do conteúdo é engarrafado e o nível da barrica é preenchido com vinho da última safra. Esse processo é refeito todos os anos durante décadas, daí a expressão "barrica perpétua". (N. T.)]

tos apreciadores possuem adegas imponentes, com vinhos classificados de acordo com a proveniência e a época da colheita: 50 mil ânforas na cava do advogado Hortênsio, morto em 50 a.C. (Tchernia, 1999, p. 34).

Plínio (HN, XIV, 62) classifica 16 *grands crus* em quatro categorias diferentes (ver mapa 8). Alguns são secos, outros suaves ou licorosos, obtidos particularmente de vindimas tardias de uvas afetadas pelo *Botrytis cineraea*. Existem, inclusive, *clos* reputados como o Faustino, por exemplo, entre os falernos.

Como ressalta André Tchernia (1999, p. 34), nem sempre é possível harmonizar totalmente alimentos e vinhos, tendo em conta a ordem dos vários pratos que compõem a refeição, muitos deles servidos juntos. Os *bon vivants* romanos gostam de reunir-se em banquetes chamados *convivia*, no decorrer dos quais dissertam não apenas sobre filosofia ou poesia, mas também sobre o que comem e bebem. Plutarco escreveu (*apud* Tchernia, 1999, p. 32):

> É preciso que os lutadores estejam cobertos de pó, para que seus adversários possam agarrá-los e puxá-los. Mas, para os contatos amistosos, é o vinho, mesclado à conversação, que favorece a proximidade; pois a conversação distrai o corpo, no qual o vinho facilita a simpatia e a educação, fazendo-o expressar sua alma.

Ele se aproxima, assim, da filosofia do poeta Xenófanes de Colofão, que escreveu entre 570 e 460 a.C. (*apud* Kourakou-Dragona, 1999, p. 77):

> Agora o chão da casa está limpo, as mãos de todos
> e as taças; um cinge as cabeças com guirlandas de flores,
> outro oferece odorante mirra numa salva;
> plena de alegria, ergue-se uma cratera,
> à mão está outro vinho, que promete jamais falar,
> vinho doce, nas jarras cheirando a flor;
> pelo meio perpassa sagrado aroma de incenso,
> fresca é a água, agradável e pura;
> ao lado estão pães tostados e suntuosa mesa
> carregada de queijo e espesso mel;

Mapa 8. O vinho da Itália romana no tempo de Plínio (século I)

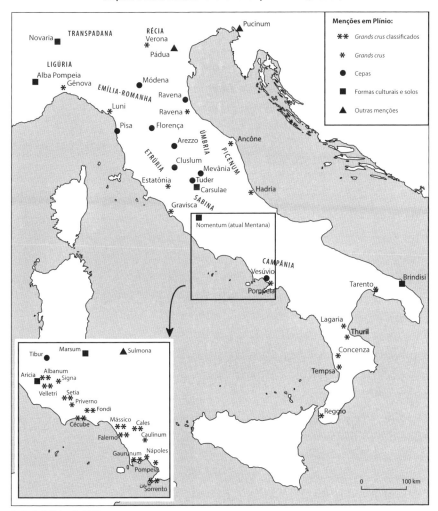

Fonte: André Tchernia, 1999.

no centro está um altar todo recoberto de flores,
canto e graça envolvem a casa.
É preciso que alegres os homens primeiro cantem os deuses
com mitos piedosos e palavras puras.
Depois de verter libações e pedir forças para realizar
o que é justo – isto *é* que vem em primeiro lugar –
não é excesso beber quanto te permita chegar
à casa sem guia, se não fores muito idoso.
E de louvar-se o homem que, bebendo, revela atos nobres
como a memória que tem e o desejo de virtude [...].

Será preciso esperar as requintadas ceias francesas do século XVIII para reencontrar tais momentos de comunhão intensa e elegante ao redor do vinho ou do borbulhante champanhe. Também desse século, sob o Império, são os encontros com fim gastronômico, mas que não excluem a filosofia nem a poesia, oferecidos por Grimod de La Reynière. Enfim, com Berchoux e Brillat-Savarin, somam-se a leveza e a alegria de viver.

De qualquer forma, entre os gregos como entre os romanos, o vinho compartilhado com moderação, sem excessos, não só representa uma necessidade religiosa, social, alimentícia e medicinal (Jouanna & Villard, 2002),[24] mas também assegura a felicidade dos convivas. Crítias, primo de Platão, falando dos jovens espartanos do século V a.C., expressou isso lindamente: "Os jovens só bebam o necessário para levar seu espírito a uma alegre esperança, sua língua a uma alegria serena e sua boca a um riso comedido" (*apud* Noël, 2002, p. 208).

É essa filosofia responsável do vinho que o cristianismo herdará plenamente – mas não o islã, que preferiu a interdição à temperança. Nos tempos atuais, em que é preocupante a expansão do alcoolismo entre os jovens do mundo inteiro, inclusive os muçulmanos, a frase de Crítias mereceria ser lembrada por médicos, professores, autoridades

---

[24] Plutarco relata um curioso uso medicinal dado ao vinho que poderia servir para inspirar ideias aos pediatras de hoje e praticantes da vinoterapia. Os gregos tinham o costume de banhar os bebês em vinho, "a fim de que se fortaleçam e ganhem uma constituição mais vigorosa" (*apud* Argod-Dutard *et al.*, 2007, p. 177).

políticas e religiosos a fim de evitar-se a proibição estrita como solução, pois a história já nos mostrou seus efeitos inoperantes e até mesmo desastrosos. Que pensem nessa magnífica taça ateniense com figuras vermelhas do século V a.C., representando uma escola com pedagogos e crianças: sobre a parede estão suspensas duas *kilikes* (ou taças), que demonstram que, na Grécia antiga, educavam-se os jovens no maravilhoso rito do simpósio, preparando-os para a arte de beber juntos, quando fossem adultos, para seu maior prazer (Kourakou-Dragona, 1999, pp. 70-72).[25]

Poderíamos também comentar com os estudantes esta luminosa descrição, feita por Aristóteles (*Problemas XXX, apud* Battistini, 2007, pp. 186-190), dos bons efeitos do vinho consumido com moderação, mas também de seus prejuízos, quando nos excedemos:

> Podemos notar a diversidade das transformações ocasionadas pelo vinho, observando como ele modifica gradualmente aqueles que o bebem. Pois que ele se apodera de indivíduos que, em abstinência, são de sangue frio e silenciosos; tendo bebido um pouco mais, estes se tornam loquazes; ainda um pouco mais, chegam a ser eloquentes e audaciosos. Se continuam, ei-los então ativos e empreendedores; se absorvem ainda mais, tornam-se violentos e depois exaltados. Enfim, uma grande absorção os esgota e os faz agir como idiotas, semelhantes àqueles que têm ataques de epilepsia desde a infância, ou ainda àqueles que estão particularmente sujeitos às doenças da bílis negra. […] Alguns têm manifestações de epilepsia, outros de apoplexia; outros ainda são presa de fortes crises de depressão e de terror ou, ao contrário, de uma audácia excessiva. […] Muitos se suicidam depois de ter-se embriagado.[26]

É, sem dúvida, a meio caminho desse crescendo que os melhores efeitos se fazem sentir, particularmente quando o vinho desperta as paixões. Por isso diz Aristóteles: "O vinho inclina os homens ao amor e diz-se, com razão, que Dioniso e Afrodite tomam parte nisso" (*ibid.*).

---

[25] Essa taça está conservada no Staatliche Antikenmuseen de Berlim.
[26] Essa passagem é seguida de uma longa descrição das transformações de caráter que o vinho provoca.

E Aristófanes: "Ele é doce à garganta, o vinho, o leite de Afrodite" (*apud* Argod-Dutard *et al.*, 2007, p. 192).

Que melhor homenagem poderia ser rendida ao fermento divino? Não há aí uma pista de reflexão, que levaria a encorajar a juventude, sempre inclinada ao amor, a beber bom vinho em lugar de consumir em excesso outras bebidas alcoólicas que não contêm alegria?

4

O sangue do Deus único

É evidente que a videira e o vinho foram onipresentes na Palestina e serviram de grande inspiração para Jesus, que ao longo de sua vida pública e dos três anos de transmissão explícita de sua mensagem, muitas vezes, fez uso da bebida e várias alusões a ela. Como em muitos outros aspectos, ele toma para si os símbolos e as numerosas metáforas que mencionam o vinho nas Escrituras. No entanto, ele vai além, dando à bebida um lugar privilegiado no coração dos mistérios da Encarnação e da Redenção. Fazendo isso, como dissemos, Jesus assimila e sublima a herança pagã, particularmente a greco-romana, isto é, dionisíaca e báquica.

Essa aproximação é surpreendente, vindo Daquele que proclama ser a encarnação de Deus Pai, de quem nasceu antes de todos os séculos – e de Maria, a virgem eleita da linhagem do rei Davi.[1] Assim como Dioniso nasceu do amor entre Zeus e a mortal Sêmele, esta também de sangue real, herdado de Cadmo, primeiro rei de Tebas.

Foram encontrados testemunhos de um culto a Dioniso muito ativo na Palestina helenística e romana: na Cesareia, em Jerusalém, em Betsã e em Rajiah, hoje na Faixa de Gaza, que deriva seu nome da palavra grega *raphé*, em referência à costura que Zeus fez na coxa de Zeus para concluir a gestação de seu filho (Broshi, 2001, p. 158).

---

[1] José também era da linhagem de Davi. Era comum naquela época tomar como esposa uma mulher própria tribo, no caso, a de Judá.

Canaã ou a invenção do primeiro *grand cru*

O reconhecimento do Messias por parte dos reis magos[2] é comemorado no dia 6 de janeiro. Nessa mesma data, em todo o mundo grego, comemorava-se a festa da epifania de Dioniso, ou seja, de sua aparição. De fato, na noite de 5 para 6 de janeiro colocavam-se nos templos dedicados ao deus três jarros de água que, de manhã, eram encontrados cheios de vinho (Grünn, 1999).[3]

Impressiona a particular semelhança com o milagre de Canaã, aquele através do qual Jesus decidiu revelar sua divindade. Essa segunda epifania acontece trinta anos depois da primeira, em Belém, no decorrer dos quais o Deus permaneceu escondido, vivendo humildemente a condição humana. Somente o Evangelho de João relata o acontecimento; João, o discípulo mais próximo de Jesus e de sua mãe, aquele que melhor expressou que Deus é todo Amor. Sem dúvida, ele aprecia o bom vinho, e é por essa razão que descreve com tantos detalhes uma cena impressionante que, com toda certeza, abriu-lhe os olhos, como podemos ver na última frase desta passagem:

> Três dias depois, celebravam-se bodas em Canaã da Galileia, e achava-se ali a mãe de Jesus. Também foram convidados Jesus e os seus discípulos. Como viesse a faltar vinho, a mãe de Jesus disse-lhe: Eles já não têm vinho. Respondeu-lhe Jesus: Mulher, isso compete a nós? Minha hora ainda não chegou. Disse, então, sua mãe aos serventes: Fazei o que ele vos disser.
>
> Ora, achavam-se ali seis talhas de pedra para as purificações dos judeus, que continham cada qual duas ou três medidas. Jesus ordena-lhes: Enchei as talhas de água. Eles encheram-nas até em cima. Tirai agora, disse-lhes Jesus, e levai ao chefe dos serventes. E levaram. Logo que o chefe dos serventes provou da água tornada vinho, não sabendo de onde era (se bem que o soubessem os serventes, pois tinham tirado a água), chamou o noivo e disse-lhe:

---

[2] Essa bela passagem do Novo Testamento liga-se a uma tradição persa, mais precisamente zoroastriana. A Pérsia era, além disso, uma grande região vinícola naquela época.

[3] Ver também http://www.spiritualite2000.com/page.php?idpage=158.

É costume servir primeiro o vinho bom e, depois, quando os convidados já estão quase embriagados, servir o menos bom. Mas tu guardaste o vinho melhor até agora. Este foi o primeiro milagre de Jesus; realizou-o em Canaã da Galileia. Manifestou a sua glória, e os seus discípulos creram nele. (João 2:1-11)

O milagre não deixou dúvidas a nenhum dos convidados e, de fato, foi impressionante. Cada jarra continha uma centena de litros; foram então seis hectolitros de vinho que conseguiram, assim, alegrar um banquete de casamento que poderia ter se abreviado e entristecido, pela falta de previsão do dono da casa. Além do mais, o vinho era excelente. Estamos num país de conhecedores! Aliás, como poderia ser de outra forma, se Deus escolheu esse momento para revelar seu poder e seu amor pelos Homens, aos quais enviou seu próprio Filho como Redentor? Imaginaríamos mal se pensássemos que Deus teria enchido as jarras com vinho medíocre!

O último acontecimento da vida anônima de Jesus transcorre dentro da água do rio Jordão, onde o batiza seu primo João, que não demorará em ser condenado à morte. Esse episódio é seguido pela transformação da água em vinho relatada por outro João, aquele do Amor, futura testemunha da morte e da Ressurreição do Cristo. João, filho adotivo de Maria, visionário do Apocalipse, proclamador ardente da vida eterna.

A Igreja fixa para a celebração de São João Batista o dia 24 de junho, data extremamente próxima ao solstício de verão, quando os dias começam a ficar mais curtos, para ilustrar as palavras do último profeta: "Aquele que virá depois de mim é mais poderoso do que eu e nem sou digno de carregar seus calçados. Ele vos batizará no Espírito Santo e em fogo" (Mateus 3:11).

A festa de São João Evangelista é, pelo contrário, comemorada no dia 27 de dezembro, quase no Natal e na data do solstício de inverno, que marca a subida ao horizonte do disco solar, símbolo crístico por excelência, cuja importância determina a orientação das igrejas latinas, ou seja, a posição de seu coração e do tabernáculo, na direção do amanhecer.

Os três anos da vida pública do Cristo começam na água, para terminar no sangue da Paixão. Entre esses dois instantes, é o vinho da Vida que jorra, preparando os crentes para receber a taça eucarística da Salvação eterna. O vinho que sucede à água lembra bem a história de Noé.

Mas voltemos um instante às bodas de Canaã, que inspiraram tantos pintores e também escritores e cineastas. Retomando a perspectiva da Redenção, essa passagem reveste-se de uma importância maior. Jesus está à beira do grande salto para o período mais intenso de sua vida terrestre, cujo final ele conhece, daí esta imperceptível hesitação: "Minha hora ainda não chegou", que pressagia a súplica de Getsêmani: "Meu Pai, se é possível, afasta de mim este cálice! Todavia não se faça o que eu quero, mas sim o que tu queres" (Mateus 26:39).

E Maria se dirige aos serventes, como se não o tivesse ouvido, ela que tudo pressentia desde o *Fiat* da Anunciação. Sua ordem tranquila, "Fazei o que ele vos disser", é também uma nova maneira de aceitar, que nada tem a ver com resignação. Deus se dirige assim a Jesus: "É chegada a hora, meu filho, coragem!".

A outra mensagem das bodas de Canaã é a do prazer que sente Jesus ao compartilhar uma boa refeição e beber um bom vinho em alegre companhia. Ele não recusará jamais sentar-se à mesa, quer tenha sido convidado quer não, na casa dos fariseus, na casa de Simão, por exemplo, onde aparece pela primeira vez Maria Madalena, que verte um jarro de perfume sobre seus pés, na casa dos publicanos e dos pescadores, na de Zacarias, ou na de Marta e Maria, com seus discípulos.

No começo do banquete das bodas de Canaã, o vinho deve ter sido servido em abundância, e, quando este chega a faltar, a festa corre o risco de ser interrompida. Os convidados partiriam decepcionados, sem ter podido aproximar-se da doce embriaguez e da beatitude compartilhada. Em vez de julgar que eles já haviam bebido bastante, ou mesmo demasiado, Jesus cede ao desejo do prazer e do abandono.

Não, Jesus não se nega ao prazer, como fazem crer certas interpretações puritanas, cataristas, calvinistas, jansenistas e até mesmo pasolinianas, embora isso não o impeça de jejuar, inclusive durante quarenta dias no deserto, logo depois de seu batismo. Ele acaba de voltar dessa experiência quando participa das bodas de Canaã.

Os relatos dos bons momentos que ele aprecia deixam ver um Cristo que ama rir e talvez cantar e dançar, ainda que isso não seja dito de maneira explícita. Normalmente comedido, principalmente quando ensina e em seus momentos mais solenes, ele provavelmente fazia jus ao famoso humor judeu, ainda reconhecido hoje em dia, depois de haver bebido algumas taças de vinho da Judeia ou da Galileia. Um texto bastante explícito comprova essa faceta de sua personalidade:

> Tocamos a flauta e não dançais [...]. João veio; ele não bebia e não comia,[4] e disseram: Ele está possesso de um demônio. O Filho do Homem vem, come e bebe, e dizem: É um comilão e beberrão, amigo dos publicanos e dos devassos. Mas a sabedoria foi justificada por seus filhos. (Mateus 11:17-19)

Golpe de mestre contra a hipocrisia e extraordinária lição de alegria de viver,[5] que será retomada de forma diferente por São Francisco de Sales, quinze séculos mais tarde, a quem se atribuem as palavras: "É preciso cuidar do corpo para que a alma sinta prazer".

Eu sou a videira; vós, os ramos

Jesus, como seus contemporâneos, aprecia o bom vinho e a planta da qual ele é obtido. Por várias vezes, ele fala do vinho e da videira em suas mensagens poéticas ou parábolas, porque sabe que dessa forma será mais bem compreendido. Quando quer recomendar que se descartem os velhos hábitos e a hipocrisia de certos ritos formais, utiliza uma imagem concreta, como a do odre, com o intuito de incitar ao abandono das antigas crenças. Essa comparação é citada por três evangelistas, sendo a versão de São Lucas a mais interessante do ponto de vista

---

[4] São Lucas é ainda mais explícito (7: 33-34): "Pois veio João Batista, que nem comia pão nem bebia vinho".
[5] Podemos ler uma bela interpretação escrita pelo padre dominicano Maurice Lelong (1972, pp. 142-150), que retoma o texto de uma homilia transmitida por rádio.

vitivinícola, em razão de seus termos, que denotam em Jesus o talento de um verdadeiro conhecedor:

> Também ninguém põe vinho novo em odres velhos; do contrário, o vinho novo arrebentará os odres e entornar-se-á, e perder-se-ão os odres; mas o vinho novo deve-se pôr em odres novos, e assim ambos se conservam. Demais, ninguém que bebeu do vinho velho quer já do novo, porque diz: O vinho velho é melhor).[6] (Lucas 5:37-39)

As duas últimas frases são ainda mais surpreendentes, pois não parecem conter nenhuma mensagem teológica ou moral específica, mas simplesmente uma recomendação ditada pela procura da satisfação do paladar, do prazer da vida, da voluptuosidade lícita. Está perfeitamente de acordo com a moral da época, seja ela judia ou pagã.

No dia de Pentecostes, após terem recebido o Espírito Santo, os apóstolos saem do Cenáculo e começam a falar em todas as línguas, provocando alguns comentários jocosos: "Estão todos embriagados de vinho doce!" (Atos dos Apóstolos 2:13).[7]

Os cristãos creem em um Jesus verdadeiramente Deus e verdadeiramente Homem; não poderiam duvidar que seu Deus encarnado estivesse dotado das papilas e da sensibilidade de um maravilhoso conhecedor. Se houvesse dúvida, a qualidade do vinho de Canaã seria uma prova, tanto como sua recusa de absorver, momentos antes da crucifixão, o vinho misturado com mirra (Marcos 15:23) ou fel (Mateus 27:34): "Ele provou, mas se recusou a beber". Essa mistura amarga e potente é um narcótico que se administrava aos condenados para atenuar seu sofrimento. São Lucas (23:36) e São João (19:29-30) falam do vinagre que lhe é oferecido, logo depois, em uma esponja fixada na ponta de um galho de roseira pelos soldados, quando Ele já está crucificado. Trata-se mais provavelmente de um vinho de má qualidade,

---

[6] Ver também Marcos 2:22 e Mateus 9:14-17.
[7] Esse vinho doce da Palestina talvez fosse enriquecido com mel ou elaborado a partir de uvas supervelhecidas, muito açucaradas, sendo portanto rico em álcool e açúcar residual, como o Sauternes ou o vinho obtido de vindimas tardias na Alsácia. Durante muito tempo, os israelitas só produziram vinhos doces destinados à bênção da comida do sabá, o *kiddoush*. Foi só recentemente que eles aumentaram a variedade de suas produções.

chamado *posca*, mistura de água e de vinagre, ou de vinho em processo de fermentação acética, bebida refrescante dos legionários.

Jesus toma um pouco desse líquido para aplacar sua sede. Que os evangelhos relatem sua recusa em beber a primeira mistura, sem dúvida agradável,[8] e sua aceitação da segunda, sem nenhuma graça, tem como objetivo mostrar que Jesus quis sofrer sua paixão com toda a lucidez. Nesse momento crucial, o vinho se faz presente mais uma vez, junto com o sangue derramado. Mais tarde, após a morte, se converterá na água que escorre do flanco transpassado pela lança do soldado, quando o corpo do Cristo é tão somente um despojo sem vida.

Em seus discursos, Jesus assinala os perigos do abuso do vinho, embora sem se deter neles. No evangelho de Lucas, que era médico, são mencionados os dois conselhos de moderação dados pelo Messias:

> Sede semelhantes a homens que esperam o seu senhor [...]
> Mas, se o tal administrador imaginar consigo: Meu senhor tardará a vir, e começar a espancar os servos e as servas, a comer, a beber e a embriagar-se, o senhor daquele servo virá no dia em que não o esperar e na hora em que ele não pensar, e o despedirá e o mandará ao destino dos infiéis. (Lucas 12:36-46)

Mais direta ainda é a advertência expressa na véspera da Paixão:

> Velai sobre vós mesmos, para que os vossos corações não se tornem pesados com o excesso do comer, com a embriaguez e com as preocupações da vida; para que aquele dia não vos apanhe de improviso. Como um laço cairá sobre aqueles que habitam a face de toda a terra. Vigiai, pois, em todo o tempo e orai [...]. (Lucas 21:34-36)

São Paulo retomará essa mensagem ao recomendar sobriedade aos bispos, aos diáconos e às mulheres (I Timóteo 3:2, 3:8, 3:11).

A ambivalência do vinho é muito real, conforme as numerosas advertências do Antigo Testamento. Mas é no Apocalipse de São João

---
[8] Com certeza, um antepassado dos vermutes italianos.

que o excesso de vinho puro, signo de impiedade e de barbárie, é mais claramente associado à cólera de Deus:

> Um terceiro anjo seguiu-os, dizendo em alta voz: Se alguém adorar a Fera e a sua imagem, e aceitar o seu sinal na fronte ou na mão, há de beber também o vinho da cólera divina, o vinho puro deitado no cálice da sua ira. (Apocalipse 14:9-10)

Pior ainda, quando aparece diante da multidão o Filho do Homem, o anjo que tem poder sobre o fogo grita ao anjo que porta a foice:

> Lança a foice afiada e vindima os cachos da vinha da terra, porque maduras estão as suas uvas. O anjo lançou a sua foice à terra e vindimou a vinha da terra, e atirou os cachos no grande lagar da ira de Deus. O lagar foi pisado fora da cidade, e do lagar saiu sangue[9] que atingiu até o nível dos freios dos cavalos pelo espaço de mil e seiscentos estádios. (Apocalipse 14:18-20)

Essa misteriosa formulação se aclara quando consideramos que, depois da Quinta-feira Santa, o sangue do Cristo pode tomar a aparência de vinho e, depois da Sexta-feira Santa e do comparecimento de Jesus diante de Pilatos, o sangue pode recair sobre aqueles que quiseram sua morte e sobre seus descendentes (Mateus 27:25).

Porém, as virtudes de um uso razoável não deixam nenhuma dúvida, inclusive quando o vinho é aplicado como antisséptico sobre as feridas, como é o caso na parábola do bom samaritano, esta também relatada pelo médico Lucas (Lucas, 10:34). São Paulo recomendará com sabedoria a Timóteo beber menos água e mais vinho: "Não continues a beber só água, mas toma também um pouco de vinho, por causa do teu estômago e das tuas frequentes indisposições" (I Timóteo 5:23).

A prescrição está de acordo com o espírito da medicina da época e com o preceito mais geral de São Paulo, que elimina todas as proibições tradicionais do judaísmo: "Pois tudo o que Deus criou é bom e nada

---

[9] Alusão à paixão de Cristo e prefiguração do tema da prensa de lagar mística.

há de reprovável, quando se usa com ação de graças. Porque se torna santificado pela palavra de Deus e pela oração" (I Timóteo 4:4-5).

O trabalho na vinha é várias vezes evocado por Jesus como uma metáfora da condição humana, como um convite ao dever do estado, à prática da justiça social.[10] Três dos evangelistas contam a parábola dos vinhateiros que assassinaram os servos e, depois, o próprio filho do dono da vinha (Mateus 21:33-41; Marcos 12:1-9; Lucas 20:9-16). A parábola chama a atenção para a ingratidão dos homens diante das bênçãos com que são cumulados por seu Criador e anuncia a Paixão do Cristo. Os maus arrendatários que não sentem nenhum arrependimento são aqui punidos com a morte.

No entanto, a parábola dos trabalhadores da décima primeira hora (Mateus 20:1-16) proclama a infinita generosidade de Deus e a insignificância dos méritos dos homens ante a suprema magnificência da graça. A vinha é aqui a imagem do paraíso: "Com efeito, o Reino dos céus é semelhante a um pai de família que saiu ao romper da manhã, a fim de contratar operários para sua vinha".

Mas o relato metafórico mais expressivo e mais poético é, sem nenhuma dúvida, aquele da cepa verdadeira em que o Cristo, não apenas amante do bom vinho, mas também informado das técnicas vinícolas que permitem produzi-lo, se compara a uma videira. Essa passagem do evangelho de São João é particularmente comovente, porque tem lugar na longa descrição que o discípulo amado faz da despedida de Jesus, na tarde da Quinta-feira Santa, quando acabava de instituir a eucaristia – não mencionada por São João – e de transferir ao vinho uma função sacramental de grande importância.

O relato contém várias passagens duras e exigentes, mas termina com a proclamação do mandamento do amor. Um único animal, o cordeiro, e três plantas, o trigo, a oliveira[11] e a vinha, elevam-se até

---

[10] As primeiras palavras do cardeal Joseph Ratzinger ao ser eleito papa Bento XVI, no dia 19 de abril de 2005, foram as seguintes: "Depois do grande papa João Paulo II, os senhores cardeais elegeram a mim, um simples e humilde trabalhador da vinha do Senhor".
[11] O óleo servirá para untar o corpo de Jesus antes de seu sepultamento e, mais tarde, entre os cristãos, para várias unções sacramentais.

Deus na sua glória, em diversos trechos do Antigo ou do Novo Testamento. São os pilares da dieta mediterrânea. De forma recorrente no Novo Testamento, o Cristo é ao mesmo tempo o cordeiro de Deus, o pão da vida, a verdadeira videira e o vinho contido na taça da salvação.

> Eu sou a videira verdadeira, e meu Pai é o agricultor. Todo ramo que não der fruto em mim, ele o cortará; e podará todo o que der fruto, para que produza mais fruto.[12] Vós já estais puros pela palavra que vos tenho anunciado. Permanecei em mim e eu permanecerei em vós. O ramo não pode dar fruto por si mesmo, se não permanecer na videira. Assim também vós: não podeis tampouco dar fruto, se não permanecerdes em mim. Eu sou a videira; vós, os ramos. Quem permanecer em mim e eu nele, esse dá muito fruto; porque sem mim nada podeis fazer. Se alguém não permanecer em mim será lançado fora, como o ramo. Ele secará e hão de ajuntá-lo e lançá-lo ao fogo, e queimar-se-á. Se permanecerdes em mim, e as minhas palavras permanecerem em vós, pedireis tudo o que quiserdes e vos será feito. Nisto é glorificado meu Pai, para que deis muito fruto e vos torneis meus discípulos. Como o Pai me ama, assim também eu vos amo. Perseverai no meu amor. Se guardardes os meus mandamentos, sereis constantes no meu amor, como também eu guardei os mandamentos de meu Pai e persisto no seu amor. Disse-vos essas coisas para que a minha alegria esteja em vós, e a vossa alegria seja completa. Este é o meu mandamento: amai-vos uns aos outros, como eu vos amo. Ninguém tem maior amor do que aquele que dá a sua vida por seus amigos. (João 15:1-13)

O cálice da salvação

A ceia da Quinta-Feira Santa é um dos momentos mais fortes de toda a história religiosa da humanidade. Judeus pouco instruídos, teriam os doze apóstolos realmente compreendido naquele instante as

---

[12] Descrição simples e exata da necessária poda da vinha. Sobre as origens dessa prática, ver o arguto relato de Dion (1959, pp. 81-83).

O sangue do Deus único

palavras de Jesus? Nenhum dos evangelhos o diz, mas é pouco provável. Como ocorre com grande parte da mensagem que receberam, eles provavelmente ficaram surpresos, talvez assombrados e incrédulos, ao ouvir tal discurso – tão novo se comparado ao Antigo Testamento. Os evangelhos dizem que é entre a Ressurreição e a Ascensão que seus olhos começam a se entreabrir, abrindo-se completamente depois de Pentecostes.

Excetuando São João, que nada menciona sobre essa passagem, os outros três evangelistas relatam a última ceia e as palavras do Cristo em termos muito parecidos (Mateus 26:27-29; Marcos 14:22-25; Lucas 22:20). São Lucas é o único que evoca duas cenas sucessivas de reunião. A primeira é a do *kiddoush*, a bênção do começo da refeição do sabá, que tem uma importância particular, pois celebra o *Seder*.* A segunda intervém após a refeição e ultrapassa muito a primeira, pelo teor da mensagem que a acompanha. No *Seder* tradicional, bebe-se também uma taça de vinho, após a leitura do relato da saída do Egito, que ocorre depois do *kiddoush*, mas antes de comer. Ao fim da ceia, uma última bênção é acompanhada de uma terceira taça e, então, recitam-se os salmos de louvor a Deus, seguidos de uma quarta e última taça. Os evangelhos relatam apenas um ou dois desses ritos, ainda hoje vivos entre os judeus religiosos (Rehby, 2007, p. 104).

A taça deve ser erguida com as duas mãos e elevada acima da mesa, conforme o salmo: "Erguerei o cálice da salvação, invocando o nome do Senhor" (Salmos 115:4).

Este é o relato de São Lucas:

> Chegada que foi a hora, Jesus pôs-se à mesa, e com ele os apóstolos. Disse-lhes: Tenho desejado ardentemente comer convosco esta Páscoa, antes de sofrer. Pois vos digo: não tornarei a comê-la, até que ela se cumpra no Reino de Deus. Pegando o cálice, deu graças e disse: Tomai este cálice e distribuí-o entre vós. Pois vos digo: já não tornarei a beber do fruto da videira, até que venha o Reino de Deus. Tomou em seguida o pão e depois de ter dado graças,

---
* Ceia ritual que marca o início da Páscoa judaica. (N. T.)

partiu-o e deu-lho, dizendo: Isto é o meu corpo, que é dado por vós; fazei isto em memória de mim. Do mesmo modo tomou também o cálice, depois de cear, dizendo: Este cálice é a Nova Aliança em meu sangue, que é derramado por vós... (Lucas 22:14-20)

São Marcos (14:22-25) e São Mateus (26:29) mencionam também esse anúncio de Jesus, de que ele não beberá mais vinho, após aquele último cálice, durante sua vida terrestre. Além disso, o relato de Mateus está repleto de esperança, pois associa os apóstolos a esse compromisso: "Digo-vos: doravante não beberei mais desse fruto da vinha até o dia em que o beberei de novo convosco no Reino de meu Pai". Para um amante do vinho envelhecido, esperar beber um dia um vinho novo, mesmo sendo o das vinhas celestiais, pode parecer curioso, mas esse foi sempre o símbolo dos dias jubilosos que seguem a vindima e, para os bons vinificadores, a promessa de uma feliz maturação por envelhecimento. Ele expressa, principalmente, a força irrepreensível e transbordante da vida, aquela que faz romper os odres velhos.[13] Por outro lado, a narrativa de São Mateus é a única que fala da presença de vinho no paraíso, referindo-se, no entanto, a um vinho místico – anúncio que também encontraremos no Corão, alguns séculos mais tarde –, embora neste se trate de rios verdadeiros de bom vinho.

A partir desse momento, para os cristãos, sob a aparência do pão e do vinho, são o corpo e o sangue do Cristo que voltam à vida sobre o altar, em cada celebração eucarística. Depois, como na cruz, é o próprio Deus quem se oferece a Deus e aos que lhe são fiéis, para que, pela comunhão, se fundam com o Pai e se tornem a morada do seu amor infinito, que os liberta da morte, do pecado e da angústia. Assim, uma esperança plena vem protegê-los, como o Cristo lhes prometera:

> Quem come a minha carne e bebe o meu sangue tem a vida eterna; e eu o ressuscitarei no último dia. Pois a minha carne é verdadeiramente uma comida e o meu sangue, verdadeiramente uma bebida.

---

[13] E que, mais tarde, fará saltar as rolhas de champanhe, sob o olhar fascinado dos hedonistas da época das Luzes.

Quem come a minha carne e bebe o meu sangue permanece em mim e eu nele. (João 6:54-56)

Podemos imaginar a perplexidade dos discípulos de Jesus ao ouvirem esse discurso dentro da sinagoga de Cafarnaum! Melquisedeque não havia oferecido nem pão nem vinho a Deus para agradar-lhe. Eles estão sempre presentes, em conceito, no sacrifício da missa, mas a transubstanciação crística fez a religião dos hebreus e seus ritos cambalear no absoluto e no infinito, ao mesmo tempo que permitiu o acesso de toda a humanidade à promessa feita a seus patriarcas.

São João Crisóstomo comentará a pregação de Cafarnaum em sua *Carta aos monges*, indicando o insondável mistério que ocorre daí em diante, no momento da comunhão com o sangue de Cristo: "O coração do homem bebe o Senhor e o Senhor bebe seu coração, e assim os dois tornam-se um" (*apud* Hani, 1989, p. 147). São Pedro expressa isso com exatidão na sua epístola, na qual expõe a seus discípulos que Deus os quis "participantes da natureza divina" (II São Pedro 1:4).

Ligados há milênios no imaginário mediterrâneo, os líquidos vitais, que são o sangue e o vinho, são desde então inseparáveis, pois abrem as portas da vida eterna. A iconografia cristã medieval e renascentista estabelecerá o elo entre o vinho e o sangue, entre a ceia e a cruz, referindo-se ao tema, altamente teológico, da prensa de vinho mística.[14] O Cristo está deitado no torno de uma prensa. De suas feridas escorre o sangue, que se deposita então em uma cuba ou um tonel.

Essa associação provavelmente conferia uma força de invocação incomum à prática dos vinhateiros da Borgonha – ainda verificada um quarto de século atrás – de clarificar suas safras de vinho tinto vertendo nele sangue de boi vindo dos matadouros de Dijon. Eles também proibiam às mulheres entrar em suas adegas, com medo de que elas, estando no período da menstruação, pudessem provocar o risco, pensavam eles, de estragar o vinho!

---

[14] Uma das sugestivas representações desse tema encontra-se em um vitral da sacristia da igreja de Saint-Étienne-du-Mont, em Paris.

O pão de cereais e o vinho, instrumentos da Nova Aliança, são desde então chamados a uma difusão e um destino universais. Para ser de novo prosaico, o cultivo dos cereais para a produção de pão, assim como o de *Vitis vinifera*, será enormemente beneficiado por essa associação até o século XX, acompanhando a expansão planetária do cristianismo.

A escolha de Jesus é esclarecida pela luz do Antigo Testamento e pelo contexto religioso helênico e romano. A Igreja realizou a síntese dessas tradições. Podemos dizer que o prestígio do vinho no mundo mediterrâneo antigo contribuiu para o sucesso do cristianismo, que lhe conferia um valor teológico incomensurável. Depois, durante longos séculos, foi a expansão do cristianismo que fez aumentar o êxito do vinho.

5

A rota da seda, obstáculo ao vinho

Os acontecimentos revelados pela análise da difusão da vitivinicultura em direção ao sul e ao oeste podem ser observados com muita amplitude nos mundos persa e turco, mas muito pouco, até uma data bastante recente, na Ásia chinesa. É um belo problema de geografia cultural, pois as terras potencialmente vitícolas não são escassas nessa região do mundo.

A paixão dos persas e dos turcos-mongóis

O território atual da Turquia nunca deixou de elaborar e de beber vinho desde a alta Antiguidade, fossem quais fossem seus habitantes e suas tutelas: hititas, assírios, frígios, lídios, bizantinos etc. A colonização otomana e a islamização provocaram uma séria interrupção nesse aspecto tradicional da cultura regional, mas não conseguiram erradicá-lo.

Um grande vinhedo prosperou durante longo tempo em Trebisonda, na região a leste do mar Negro (dominada pelos gregos). Apesar de ser uma área muito bem irrigada, as cepas se enlaçam ao redor das árvores: olmos, bordos, nogueiras, amoreiras (Planhol, 1990). Esse vinhedo existia desde a Antiguidade, mas o interesse por ele aumentou com a instalação da dinastia dos Comenos na cidade, na época da conquista de Constantinopla pelos latinos, em 1204. Os turcos não somente o mantiveram, como não rebaixaram a produção de uvas frescas e secas; continuaram permitindo que os cristãos produzissem um vinho medíocre, vendido principalmente na costa sul da Ucrânia e da Rússia, de onde partia em direção ao norte.

Sem dúvida, os próprios turcos não se privavam de beber esse vinho. O declínio só veio no final do século XVIII, devido unicamente à abertura do mar Negro aos comerciantes russos e europeus. Os comerciantes moscovitas iam então buscar suas provisões na Grécia, ou compravam os vinhos franceses, italianos e espanhóis que chegavam ao porto de Odessa. Além disso, a conquista da Crimeia tártara pelos russos, em 1783, levou ao desenvolvimento de um vinhedo local.

A Pérsia apaixona-se pelo vinho; na realidade, é um dos lugares de origem da bebida. Uma antiga lenda do país conta a história de um rei mítico chamado Jamsheed. Este amava tanto as uvas frescas que decidiu mandar colocá-las em jarras, para conservá-las durante todo o inverno. Por engano, uma das jarras foi etiquetada como se contivesse veneno. Uma das mulheres do harém, que sofria insuportáveis dores de cabeça, teve a ideia de acabar com sua dor consumindo o líquido encontrado no interior dessa jarra. Ela caiu então num profundo sono, acordando depois totalmente curada. O rei pensou que o "veneno" tinha bons efeitos e ordenou que o confeccionassem todos os anos. Assim nasceu o vinho (McGovern, 2003, p. 4).

Em Susa, capital do Elam, era comum beber vinho resinado desde o III milênio a.C. (*ibid.*, p. 164).

Desde essa época, a vinicultura ganha a região de Shiraz (no sudoeste do Irã), que mais tarde fornecerá seus reputados vinhos à corte de Persépolis (séculos VI-IV a.C.). Ciro e Dario eram grandes apreciadores da bebida e a ourivesaria persa confeccionou maravilhosos objetos destinados ao seu consumo. Consumo, aliás, que atingia um volume que não se encontra facilmente hoje em dia, a não ser no Cáucaso: cinco litros por dia entre os membros da família real (*ibid.*, pp. 206-207). O livro bíblico de Ester descreve um banquete regado a vinho, de sete dias de duração, oferecido a todos os habitantes da cidadela de Susa, no tempo de Xerxes (século V a.C.):

[...] bebida servida em copos de ouro de variadas formas; o vinho real em abundância oferecido pela liberalidade do rei. Bebia-se sem ser importunado por ninguém, segundo uma ordem do rei, porque ele tinha recomendado a todos os chefes de sua casa que deixassem cada um proceder como lhe agradasse. (Ester 1:7-8)

O vinho está intensamente ligado ao exercício do poder, inclusive à tomada de decisões, conforme nos dá conta a descrição da alta sociedade persa feita por Heródoto (McGovern, 2003, p. 207):[1]

É também um de seus hábitos deliberarem sobre assuntos importantes quando estão embriagados; e de manhã, quando recuperam a sobriedade, a conclusão à qual haviam chegado, durante a noite precedente, é-lhes novamente submetida pelo dono da casa que os recebe; se a solução da véspera lhes convém, a decisão é mantida; senão, eles a abandonam.

O vinho é então, de certa forma, um oráculo que pode inspirar ajuizadas decisões que convém, assim mesmo, examinar de novo... com a cabeça fria!

Quando Alexandre conquista a Pérsia, como bom macedônio que era, ele e suas tropas fazem um largo uso do vinho local. Entrega-se a numerosas bebedeiras, por exemplo, quando do incêndio de Persépolis, em 330 a.C., ou de sua volta da Índia, depois de sua campanha na Carmânia (Brèthes, 2007, pp. 195-196, 201).

Bem mais tarde, sob o domínio dos sassânidas (224-642), quando a religião oficial da Pérsia é o zoroastrismo, o *status* do vinho não perde nada de seu prestígio (Boudan, 2004, pp. 143-144). Os banquetes rituais ou *bazm*, que duram três dias, são marcados, como na Grécia antiga, por libações de vinho. Este era servido ao rei em *rhytons* de ouro, de prata ou de porcelana. Uma crônica de Al-Taalibi conta que

---

[1] Tal hábito existia também na África pré-colonial, produtora de vinho de palma. O navegador português Valentim Fernandes descreve assim o rei de Casamansa no começo do século XVI: "Da manhã até a noite, há sempre uma cabaça perto dele com vinho de palma, e ele bebe dela a cada três palavras que diz" (cf. Pitte, 2004, pp. 118-119). Ver também o surpreendente conto iorubá de Amos Tutuola (2006).

o rei Bahrâm V (420-438) escolheu uma maneira original de exercer sua realeza (*ibid.*):

> Quando ele estava solidamente estabelecido no poder, tendo distribuído os governos e se livrado de todos os seus assuntos oficiais, entregou-se inteiramente ao prazer das reuniões íntimas e da companhia das mulheres, abandonando-se às paixões da juventude e juntando a embriaguez do poder à do vinho. Um dia, escreveu em um relatório que criticava seu comportamento: É esse o costume dos reis, quando reina a paz e os súditos vivem na abundância. [...] Ocupem-se em ganhar seu sustento, desde a aurora até o meio-dia, e entreguem-se depois ao prazer de beber em sociedade.

A tradição do amor ao vinho será sempre tão forte na Pérsia que, como na Turquia, o islã não conseguirá extirpá-lo, mesmo muitos séculos mais tarde (Planhol, 1990, pp. 57-61) – ao menos até a chegada dos aiatolás ao poder, em 1979.

É certo que, com a conversão, a viticultura voltada à produção do vinho declinou consideravelmente, mas o vinhedo de Shiraz prosperou até data recente, seguindo um modelo análogo ao de Trebisonda. O comércio de seu vinho estava assegurado pelos judeus e cristãos, comerciantes ou taberneiros solidamente estabelecidos (*ibid.*). O vinho era, em parte, consumido ali mesmo por muçulmanos, mas também vendido aos príncipes e suas cortes, assim como aos missionários cristãos de Bassora e da Índia, acondicionado em garrafas planas de vidro muito grosso. Estas eram envoltas em palha e colocadas em caixas, o que permitia descê-las por caminhos difíceis, no lombo de mulas, desde Shiraz, situada a 1.500 metros de altitude, até o golfo Pérsico. Em 1817, Mehemet Ali, vice-rei do Egito, de origem albanesa, consumia abundantemente esse vinho sem nenhum tipo de escrúpulo.

Até mesmo na Índia, na época de Alexandre, o vinho não faltava, ao menos no vale do Indo. Se acreditarmos no que disse Charès de Mytilène, o conquistador organizou um grande concurso de consumo de vinho puro sobre a tumba do brâmane Calanos, que se havia imolado pelo fogo, "em homenagem ao apreço que os indianos têm pelo vinho" (Brèthes, 2007, p. 197); 41 pessoas morreram nesse evento. O vencedor conseguiu ingerir 13 litros de vinho e ganhou um talento (25 quilos) de prata. Porém, não temos certeza de que esse vinho tivesse sido elaborado com uvas.

Existem, de fato, há muito tempo, numerosas bebidas espirituosas fermentadas ou destiladas na Índia. A epopeia sânscrita do *Ramayana*, escrita entre os séculos III a.C. e III d.C., menciona várias bebidas à base de frutas – entre elas as tâmaras, mas não as uvas –, de flores, de mel ou de açúcar de cana (Piovano, 1995, pp. 48-50). Bebia-se muito nas tavernas de Ayodhya, a grande capital da época, localizada nas planícies do Ganges. A cidade estava impregnada dos eflúvios de licor e "vinho" e era comum encontrar inúmeros bêbados pelas ruas. Bebia-se também nos palácios reais. Somente os brâmanes abstinham-se, embora oferecessem bebidas alcoólicas aos deuses nos templos.

Em todo caso, a expansão da vinha e do vinho em direção à Ásia parece ter sido detida pela monção, ao menos até o fim do século XX. O que não impediu que alguns indianos ricos continuassem consumindo vinho ao longo da história, importado de Shiraz, por exemplo, e mais tarde da Europa. Era assim que o grande poeta de língua urdu, Ghâlib (1796-1869), que vivia em Delhi e era um grande amante do vinho francês, costumava se embriagar para manter sua inspiração (Planhol, 1990, p. 60).

No Afeganistão (*ibid.*), os cafires, pagãos dos altos vales do Leste, convertidos ao islã no final do século XIX, colhiam uvas selvagens da família das *Vitis vinifera*, das quais extraíam há muito tempo um vinho usado nos cultos a seus deuses e mortos e também para consumo no dia a dia. Os homens levavam um odre pendurado ao pescoço e ingeriam grandes quantidades da bebida em qualquer ocasião, a ponto de serem descritos no século XIX como congestionados, embora sua embriaguez não chegasse à inconsciência, de tão acostumados que estavam a beber.

Esse vinho já é mencionado nos textos sânscritos do século IV a.C., depois no tempo de Alexandre e, enfim, no século VII da nossa era, por um peregrino budista chinês, Hiouen-Tsang. A velha cidade de Nisa parece estar relacionada com as origens do culto de Dioniso, que lhes teria dado ou, eventualmente, emprestado seu nome. Tal vinho teria sido objeto de um ativo comércio com o vale do Indo desde a Antiguidade. Babur bebia esse vinho, ainda com prazer, no século XVI. A bebida era também vendida nos baixos vales muçulmanos do Afeganistão.

O jesuíta português Bento de Góes tomará o mesmo vinho com surpresa, em algum lugar entre Peshawar e Kabul, em 1603. Numerosos viajantes do século XIX também o provam e o descrevem como um líquido pouco agradável, um tipo de vinho medíocre não filtrado, sem dúvida semelhante àquele que se bebe entre certos camponeses do Cáucaso. Com a conversão dos cafires ao islã, a fabricação de vinho desaparece rapidamente nas primeiras décadas do século XX.

Temos aí o exemplo de uma produção de vinho muito antiga, um verdadeiro sinal de civilização, e que talvez não deva nada à influência persa. Poderia tratar-se de um vinhedo selvagem relictual, comparável ao que deu origem aos primeiros vinhos nas montanhas do Crescente fértil, já presente ali milênios antes que a primeira vinha tivesse sido cultivada. Essa é, ainda, uma questão pendente.

Em outros vales muçulmanos do Indo-Kush oriental e do Himalaia ocidental, a vitivinicultura resistiu a uma islamização relativamente superficial até hoje. No passado, as tribos dessas regiões remotas enviavam seu vinho ao sul, à corte mongol, por exemplo, quando esta ocupava suas moradias de verão em Caxemira. T. E. Gordon, um explorador britânico, descreve os costumes dos habitantes do Wakhan, no extremo leste do Afeganistão, entre as cordilheiras de Pamir e Karakoram, em 1875 (*ibid.*, p. 77):

> Os Kunjutis são muçulmanos xiitas, mas se comprometem pouco com suas obrigações religiosas, como mostra sua grande indulgência com o vinho. [...] O vinho é feito da uva e das amoras que crescem com exuberância nos profundos vales, quentes e protegidos, da montanha de Kanjut Sar, na fronteira entre o Paquistão, a China e a Índia.

A rota da seda, obstáculo ao vinho

Um pouco mais ao leste, no Gilgit, situado ao norte do atual Paquistão, observa-se a mesma indulgência em relação ao vinho entre o povo de Hunza, mas aqui se trata claramente de um vinhedo cultivado, organizado em pérgulas e, portanto, de influência persa. Os vinhos são descritos por E. F. Knight, outro explorador britânico, que visita a região em 1891 (*ibid.*):

> Sendo da displicente seita muçulmana dos mulais, eles são igualmente bebedores de vinho. [...] O *thum* [príncipe] [...] jamais bebe água, em nenhuma ocasião; o vinho e o licor (quando ele pode obter este último) são suas únicas bebidas. [...] O vinho de Hunza não fica guardado mais de um ano e é conservado no subsolo em jarros de barro. [...] É parecido com chá frio, ao leite, leve, e não é intragável, embora seja um pouco ácido, com um gosto semelhante ao de uma grosseira sidra normanda, contendo, diria eu, aproximadamente o mesmo teor de álcool. A serviço dos viajantes, posso mencionar que o vinho de Balti é o melhor. O *thum* tem lá uma adega, na fortaleza onde descobrimos alguns jarros de um vinho tido em alta estima pelos conhecedores hunzas.

Muitos outros testemunhos sobre esses altos vales habitados por muçulmanos afegãos, paquistaneses, tajiques, tibetanos e uigures revelam a presença de pequenos vinhedos, cuidadosamente mantidos, e uma grande paixão pelo vinho e pelo álcool destilado, particularmente entre os chefes de tribo e os príncipes.

É sob a influência persa que a viticultura se estende em direção ao nordeste e ultrapassa as altas montanhas do Indo-Kush e do Pamir para atingir os confins chineses. É provável que, desde a conquista da Bactriana por Ciro II, em 529 a.C., a vinha tenha chegado aos oásis de Amu-Daria e Syr-Daria (Fergana), Bucara, Samarcanda, Tashkent, no atual Uzbequistão.[2]

No baixo Amu-Daria encontram-se restos de uma plantação datada do período dos Kushans (séculos II a III), que revelam um terreno irrigado, alternando fileiras de vinhas e de melões, associação que sub-

---

[2] Os indícios remetem ao período de K'ang-chü (séculos IV-I a.C). Ver Cariou (2002, p. 58).

siste ainda hoje na região. Os hábitos culturais atuais colocam a vinha sobre camalhões[3] e os melões em fossos. Como em toda a Ásia central, uma parte das uvas é consumida fresca ou seca, e a outra é vinificada.

No momento, a única documentação disponível está escrita em chinês e remonta à dinastia Han. O general Zhang Qian chega a Fergana em 126 a.C. e descreve vastos vinhedos que produzem grandes quantidades de vinho. Ele traz consigo mudas de vinha para o imperador, que as manda plantar no jardim de seu palácio de Xi'na, onde rapidamente o vinho, *putaojiu*, é elaborado em sua honra (Cariou, 2002, p. 59; McGovern, 2003, p. 208; Loubes, 1998, pp. 234-237). Essas vinhas pertencem à espécie *Vitis vinifera* e não às espécies selvagens chinesas, que são em número de 27, entre elas, *Vitis davidii*, *Vitis quinguangularis*, *Vitis filifolia* e *Vitis amurensis*, que crescem na Manchúria e produzem, no entanto, uvas bastante doces (Giroir, 2001). Esse período corresponde ao início de uma intensa atividade ao longo da chamada Rota da Seda. O nome *putao* provém de *badaga*, termo usado na região de Fergana (Usbequistão), derivado do persa *budawa* (Shafer, 1963, p. 311; Laufer, 1967, pp. 225-226; Pitte, 1983).

A tradição diz que essa primeira vinha imperial deu belas uvas de cor violeta. Durante um banquete em que essas uvas foram servidas, um alto funcionário convidado não ousou comê-las e explicou ao imperador que desejava oferecer esses frutos tão belos à sua mãe doente (Loubes, 1998, p. 234).

Sabe-se que na China, como em várias outras civilizações, a alimentação, a medicina e, naturalmente, a religião estão muito ligadas. Essa relação terá um importante papel na introdução da viticultura no Japão, alguns séculos mais tarde.

Um pouco mais tarde, em 90 a.C., um texto do historiador Sima Qian menciona o vinho (*jiu*) de Fergana e afirma que certos proprietários conservam vários milhares de jarros, que deixaram envelhecer por duas ou três décadas (Gentelle, 1985, p. 398).[4]

---

[3] Elevação de terra que permite à vinha manter a cepa e a parte alta das raízes a seco e, ao mesmo tempo, absorver a água da irrigação no verão, pois as camadas freáticas são muito profundas e inacessíveis.

[4] Trata-se de vários milhares de *dan* de vinho, medida que equivale a aproximadamente um hectolitro. Nesse artigo erudito, Pierre Gentelle conclui que se trata de álcool, pensando que o vinho não poderia

Esse testemunho é confirmado, vários séculos mais tarde, por Lü Guang, general da dinastia Qin que, em 383, toma Kutcha, antes pertencente ao território de Xinjiang. Ele encontra ali casas em que são conservados até mil jarros de vinho, alguns com dez anos, cujo conteúdo está inalterado (Cariou, 2002, p. 59).

No ano 520 da nossa era, um texto chinês menciona que o imperador recebera da cidade-reino de Gaochang, situada nas proximidades de Turfan, um *dong jiu*, bebida de uva com forte teor alcoólico, obtida pelo processo de destilação a frio durante o inverno, que transforma a água em gelo e permite a concentração do álcool (Gentelle, 1985, p. 398).

Urnas funerárias provenientes do lago de Tarim, em Xinjiang, datando dos séculos VI e XII, trazem folhas de vinha pintadas que simbolizam a vitalidade e a renovação anual da vegetação e, portanto, a sobrevivência e a reencarnação das almas, segundo uma crença ao mesmo tempo pagã e budista (Loubes, 1998, p. 234).

Ainda hoje, a vitivinicultura se mantém nos oásis da Ásia central. Em Samarcanda, continuam elaborando vinho em grandes jarros enterrados, à maneira antiga dos camponeses do Cáucaso. Deixam-no envelhecer entre cinco e dez anos. Mas o crescimento espetacular do vinhedo do Uzbequistão, na segunda metade do século XX, deve-se principalmente à colonização soviética.[5] Trata-se de cepas caucasianas ou francesas que foram plantadas durante todo esse período, particularmente pelos tártaros da Crimeia deportados por Stalin em 1944.

Uma curiosidade exótica para os chineses

Patrick E. McGovern está persuadido de que existia, muito antes, uma viticultura voltada para a produção de vinho na China, em razão dos vestígios de resina, ervas e ácido tartárico analisados em jarros datados de 7000 a.C., em Jiahu, na província de Henan, no centro-leste do país. Para ele, é possível que esses jarros contivessem uma cerveja

---

envelhecer tanto tempo – conclusão na qual ele se engana, como demonstram os conhecimentos atuais sobre a viticultura antiga do Oriente Próximo e do Mediterrâneo.

[5] Sua superfície passou de 25 mil hectares, em 1946, para 60 mil, em 1972. Cf. Cariou (2002, p. 60).

O desejo do vinho conquistando o mundo

de arroz misturado com uvas, sendo estas as responsáveis pela levedura necessária à fermentação do arroz (McGovern, 2003, pp. 314-315). Mas, por ora, a prudência não permite dizer com certeza que tenha existido na China uma civilização vitivinícola antiga. Segundo os conhecimentos de que dispomos hoje, a viticultura do Extremo Oriente foi herdada das técnicas importadas do Oriente Próximo, há pouco mais de dois milênios.

O vinhedo do Guangxi não constitui uma exceção propriamente dita.

Nessa província que limita com o Vietnã, os Yaos Punus praticam a colheita de uma uva selvagem[6] chamada *mao*, palavra que designa os pelos que cobrem as hastes da videira. A uva é usada para elaborar vinho em uma cooperativa em Duan, mas essa produção não parece ter mais de um século (Boucher, 2001), embora se assemelhe àquela dos altos vales do norte do Afeganistão, esta, sim, muito antiga.

Então, por que a vinha e o vinho não encontraram na Ásia o mesmo êxito que nas civilizações ocidentais? Esse fato se deve evidentemente a razões religiosas. A videira e o vinho chegaram ao Oriente privados do essencial de seu significado cultural. O budismo os precedera e o vinho se havia imposto de uma maneira mais ou menos sincrética às religiões animistas antigas: o paganismo himalaio, o taoísmo chinês, os xamanismos mongol e coreano e o xintoísmo japonês. Na maioria dessas culturas, a planta alimentícia sagrada é o arroz – ou, ao norte e nas altas montanhas, outros cereais – e a bebida fermentada que se obtém dele representa o elo com o plano divino. Além do mais, o budismo concedeu uma grande importância ao chá, que mantém os monges acordados durante os longos cânticos e meditações, especialmente durante a noite.

Por curiosidade e gosto pelo exotismo, a corte chinesa, no entanto, sempre se interessou pelo vinho (Giroir, 2001). Os imperadores Tang (618-917) importam jarras de vinho de Tashkent e plantam, nos jardins imperiais de Xi'na, vinhas de uma variedade chamada "pérolas de dragão",[7] proveniente do Xinjiang e trazida quando da conquista do

---

[6] Provavelmente, não uma *vinifera*.
[7] Trata-se, sem dúvida, da famosa variedade de Turfan conhecida como "xixi de jumento", cujas sementes têm forma oblonga e recurvada.

oásis de Turfan. As cerejas de Samarcanda são introduzidas na mesma época (Cariou, 2002, p. 59).

As uvas frescas chegam também à mesa do imperador, transportadas em caixas revestidas de chumbo e envoltas em neve proveniente de Tianshan, as Montanhas Celestiais (Bonavia, 1995, p. 198). O poeta Li Qi, contemporâneo do imperador Xuanzong (712-756), considera que o benefício disso é insignificante, tendo em conta os sacrifícios humanos requeridos (Demiéville, 1962, p. 243):

> Quando vêm nos dizer que a Porta de Jade está mais uma vez sendo assediada,
> É preciso arriscar nossas vidas correndo com carros ligeiros.
> Todos os anos, quantos ossos de guerreiros são enterrados no deserto!
> Para que serve, então, fazer entrar na China os cachos de uvas?

Esse tema inspirou, na mesma época, o poeta Wang Han (*apud* Pimpaneau, 2000, p. 98):

> O belo vinho de uvas numa taça que brilha dentro da noite;
> Eu desejo beber, mas o alaúde me apressa a montar a cavalo.
> Se eu estiver ébrio sobre a sela, não riam de mim.

Desde a Antiguidade, quantas expedições militares voltaram para casa?

A viticultura teria depois se desenvolvido em toda a região de Xi'na, mas também no Gansu e no Shanxi, fato que Marco Polo constatará alguns séculos mais tarde. A dinastia mongol dos Yuan desenvolveu um pouco a vinicultura na China setentrional, por meio da destilação do vinho, álcool destinado a substituir aquele que, habitualmente, os chineses extraíam do arroz.

As invasões mongóis haviam, de fato, trazido muita destruição aos campos chineses, e o arroz, agora escasso, ficou reservado ao consumo alimentar (Trolliet, 1995, p. 302).

No entanto, a produção de vinho continuou de forma restrita durante todos os séculos seguintes até o século XX, pois os chineses apreciam muito mais a cerveja e o álcool destilado de arroz, clássico ou glutinoso, seguido do álcool de outros cereais feculentos ou de frutas, mais ou menos forte, mais ou menos aromatizado, chegando aos 70°, depois de várias destilações.

Muitos textos e poemas chineses evocam essas bebidas fermentadas, cujo nome é geralmente traduzido ao francês como vinho – o que é impróprio, sendo mais exato reservar essa designação para o suco de uva fermentado, conforme a lei francesa denominada Griffe, de 14 de agosto de 1889, e especialmente segundo a decisão do Escritório Internacional da Vinha e do Vinho, em 1924, que utiliza o nome cerveja para todas as bebidas obtidas por fermentação das macerações de cereais maltados ou não.

Isso se aplica particularmente ao saquê japonês, ainda que esse uso não seja habitual e que existam no Japão numerosas e excelentes cervejas de malte. Para evitar a confusão, a melhor solução é utilizar simplesmente o nome japonês saquê, designado frequentemente como *nihonshu*, que pode ser traduzido como "bebida alcoolizada japonesa". Não existe uma palavra adequada para denominar as bebidas fermentadas a partir de cereais não maltados, ou seja, não obtidos por germinação e torrefação. É somente pela falta de um termo mais apropriado que se emprega a palavra cerveja.

O Japão é o país que produz o maior volume dessas bebidas; portanto, a palavra saquê é que deveria prevalecer. Porém, ainda que essa denominação se generalizasse, dificilmente os coreanos a aceitariam para designar seu *makkoli* ou seu *dongdongju*, bebidas da mesma família, embora mais rústicas. A preocupação das duas culturas em se distinguirem uma da outra não o permitiria por ora.

Em chinês, vinho de uva se diz *putaojiu*, em coreano, *potoju* e em japonês, *budoshu*, ou *wine*, como é mais comum hoje. As bebidas fermentadas ou destiladas obtidas de cereais podem expressar a personalidade de um *terroir* da mesma forma que o vinho, pois esta depende do meio no qual foram cultivadas as espigas, da pureza e da riqueza mineral da água que serviu para sua maceração e das leveduras naturais presentes no ar daquele ambiente. Essa é uma realidade bem conhecida no universo europeu das cervejas artesanais – como a Gueuze, de Bruxelas, que obtém sua originalidade das leveduras selvagens (*Brettanomyces*) que flutuam na atmosfera do vale do Sena.

Seja o fermento de uva, de outras frutas ou de cereais, os chineses o apreciam muitíssimo, desde sempre. Sua religião, filosofia, poesia, sociabilidade e arte de procurar o prazer são bastante comparáveis às do Ocidente. Um exemplo é o do amável e comovente poeta Bo Juyi (772-846), que escreveu sua autobiografia e se denominava "o literato que se embriaga e canta" (*apud* Pimpaneau, 2000, p. 8-14):

> O literato que se embriaga e canta esquece seu sobrenome e seu nome, assim como seu lugar de origem, seu cargo e seus títulos [...]. Por sua índole, ele ama o vinho, se deleita com o som da cítara e se apaixona pela poesia. Assim, a maioria dos conhecedores de vinho, amantes da cítara e poetas eruditos frequenta sua casa. Além dessas relações, ele dá repouso a seu coração entre os monges budistas e estudando detalhadamente os sutras. Ele tem como amigos o monge Ruman para o budismo, Wei Chu para as paisagens, Liu Yuxi para a poesia e Huangfu Mingchi para o vinho. Cada vez que vai se encontrar com seus amigos, sente tanto prazer que se esquece de voltar. [...]
> No entanto, eu tenho de que viver, cheguei à velhice e continuo sendo alegre e robusto. Que felicidade! Quanta sorte! Que mais posso eu desejar? Se abandonasse agora tudo que amo, como terminaria minha velhice? Eis por que canto versos líricos, rio depois de ter cantado, abro a jarra de vinho e me preparo para beber.

O Japão, extremo do mundo da viticultura

A vinha chega ao Japão, no extremo oriental da Rota da Seda, no século VIII. Acredita-se que tenha sido introduzida em 718 por Gyoki, um célebre monge budista que realizara inúmeras missões na China e foi um dos propagadores da nova religião no arquipélago. Diz a tradição que ele havia sido honrado com uma aparição de Yakussi Nyoraï, o Buda da medicina, que lhe teria ofertado alguns pés de uva e o ensinado a usar seus benéficos frutos – mas não a arte de elaborar o vinho, ao que parece.

A cena teria acontecido em Katsunuma, perto de Kofu, na atual região de Yamanashi, uma centena de quilômetros a oeste de Tóquio. A pequena cidade está situada nas encostas do monte Fuji, junto a um lago ao abrigo das chuvas da monção. Gyoki teria plantado ali as primeiras vinhas e mandado construir o templo de Daïzenji, para o qual teria esculpido uma estátua de Yakussi Nyoraï, afetuosamente chamado de Budo Yakussi (Buda da uva) pelos peregrinos da região.

A estátua é hoje um tesouro nacional. Uma das mãos, que segundo a tradição segurava um cacho de uvas, foi quebrada durante uma batalha no século XIII. A mão foi reconstituída na atualidade sem esse cacho, mas, todos os outonos, os habitantes a ornamentam com um cacho de uvas frescas e depositam diante da estátua, como oferenda, garrafas de vinho do tipo *cru*. Katsunuma tornou-se, com efeito, uma região exclusivamente vitícola, voltada à produção de uvas de mesa, mas também, cada vez mais, de vinhos brancos, rosados e tintos.

Esse culto, muito popular em Katsunuma, é reflexo do parentesco que existe entre os vinhedos chinês, japonês e também coreano. Prova disso é a orientação das vinhas em pérgulas (*budodana* ou *tanazukuri*), segundo uma das técnicas do Oriente Próximo e do Mediterrâneo antigos, mas também de certos vinhedos atuais da Grécia, da Itália, da península Ibérica e até da França (Périgord). A mais antiga cepa cultivada, a *koshu*, pertence, aliás, à espécie *Vitis vinifera, Proles orientalis, Subproles caspica Negr.*, que não é autóctone no Japão. Três espécies autóctones são cultivadas no arquipélago e dão vinhos *foxés*, pouco agradáveis: a *yamabudo* (*Vitis coignetiae*), literalmente "uva de montanha" e homóloga da *Vitis labrusca* americana; a *ebizuru*, ou *Vitis thunbergii*, homóloga da *Vitis candicans* da América; e a *sankakuzu* ou *Vitis flexuosa*, homóloga da americana *Vitis cordifolia*. As duas primeiras pertencem à série das *labruscas* e a terceira à das *riparias*, na classificação de Levadoux.

A cepa *koshu* produz uma bela uva, de bagos grandes e rosados, pele espessa e sumo branco, comparável à de algumas das inúmeras variedades do Xinjiang, no Turquestão chinês. Graças à riqueza do solo vulcânico da província de Yamanashi, aos fertilizantes, utilizados em abundância hoje, e às precipitações, muito superiores a 1.000 milímetros por ano, o rendimento atinge 20 toneladas por hectare. É difícil obter bons vinhos nessas condições, a menos que sejam rigorosamente controladas, como começam a fazer certos viticultores. O fato é que, durante séculos, a viticultura esteve exclusivamente voltada para a produção de belas uvas de mesa e não de vinho. Desde o princípio do período Edo, no começo do século XVII, a região envia sua produção para a nova capital, ali perto, onde reside o xógum, sua corte e toda a aristocracia, além de grande parte da burguesia mercantil. Katsunuma conta com 164 parcelas de vinhas em 1601 e 3.000, aproximadamente, em 1716, ou seja, uma quinzena de hectares, superfície ainda modesta.[8]

É provável que nenhum vinho tenha sido elaborado no Japão antes da era Meiji, no final do século XIX. Os vinhos portugueses oferecidos aos senhores de Kyushu, no século XVI, eram conhecidos pelo nome de *rurishu*, bebida fermentada de cor rubi, ou *tintashu*, derivado do português "tinto". Os dois nomes denotam claramente que se tratava de bebida exótica. No entanto, uma obra de medicina publicada durante o período Edo faz alusão ao *budoshu* (saquê de uva, nome atual do vinho, embora muitos prefiram o termo *wine*), recomendado como medicamento (Kazama, 1969, p. 437). Não há dúvida, porém, de que sua produção se manteve reservada e nenhum material dessa época referente à elaboração do vinho foi conservado. Não é impossível que se tratasse de uma maceração dos bagos de uva em saquê ou *shochu*, álcool destilado obtido desse processo.

Dautremer, diplomata francês que exercia suas funções em Tóquio no começo da era Meiji, interessou-se pelo vinho japonês, mas não conseguiu obter muita informação sobre as origens do *budoshu*, apesar de ter feito várias viagens pela região de Yamanashi. Parece que, a essa altura, sua fabricação já havia sido completamente esquecida. Eis aqui seu testemunho:

---

[8] Hoje em dia, a superfície do vinhedo de Katsunuma chega a aproximadamente mil hectares, dos cerca de 20 mil hectares em todo o Japão.

A primeira ideia que os japoneses tiveram em mente ao plantar a vinha foi, naturalmente, a de colher as uvas e comê-las frescas. Porém, consta dos livros antigos que os habitantes de Kofu usavam os frutos para fazer um licor (provavelmente um tipo de vinho). Com que finalidade, não se sabe, pois é certo que não o bebiam. Foi somente em 1875 que um habitante de Kofu resolveu elaborar vinho de uva, mas, além de desconhecer tanto os métodos antigos quanto os novos, as uvas que ele empregou não estavam suficientemente maduras e o objetivo não foi alcançado. (Dautremer, 1886, pp. 176-185)

Portanto, a viticultura foi, durante muito tempo, pouco significativa na Ásia chinesa, embora o budismo tenha lhe conferido certa nobreza, ligeiramente próxima da aura religiosa que ela adquiriu no oeste da Eurásia. Podemos dizer que a vinha e o vinho, de maneira muito mais modesta que o chá, foram discretos companheiros na rota da expansão do budismo em direção ao leste, seguindo o itinerário do Grande Veículo. Porém, nenhuma comparação é possível com as religiões ocidentais; a Rota da Seda constituiu um grande obstáculo para o vinho, só ultrapassado com a ocidentalização ocorrida nos séculos XIX e XX, mediante uma original adaptação, como veremos adiante.

6

O prazer proibido no islã[1]

Ao contrário do que comumente se pensa, o vinho está no coração do islã, mas, para os crentes praticantes, é difícil conviver com ele, até mesmo torturante, visto que seu consumo lhes está estritamente proibido neste mundo inferior e é preciso esperar pelo paraíso de Alá para ter o prazer de bebê-lo. Essa é uma ascese que conhecem bem os cristãos que respeitam a interdição do sexo fora do casamento ou os clérigos que renunciam a ele definitivamente.

Os religiosos que fazem votos de obediência, pobreza e castidade sabem muito bem que a total liberdade de agir, a riqueza e o amor sensual proporcionam prazer e até êxtase, mas eles escolheram a renúncia para melhor consagrar-se ao serviço exclusivo de Deus e de seu próximo. Eles vivem na esperança da felicidade eterna e, muitos, no sentimento sincero de uma liberação antecipada do peso dos sentidos e das contingências materiais.[2] Há um pouco desse desejo na interdição do vinho entre os muçulmanos, quando esta é aceita e respeitada, o que desde as origens está longe de ser o caso geral.

---

[1] Agradeço a Frédéric Lagrange pelas preciosas observações que fez a este capítulo.
[2] Cabe notar que, exceto nos textos apócrifos, a felicidade no paraíso cristão não inclui os aspectos sensuais e que o corpo glorioso dos eleitos se satisfará plenamente com a contemplação direta do Deus Todo-poderoso.

As transgressões são, na verdade, múltiplas, em todas as épocas, há quatorze séculos. O Oriente Médio chegou inclusive a produzir, desde os primeiros séculos do islã, uma sublime poesia báquica, erótica e religiosa ao mesmo tempo, que não pode ter sido composta senão por amantes cultivados – como *As mil e uma noites*, criadas entre a Índia, a Pérsia e a Mesopotâmia, nas quais o vinho jorra com abundância. De fato, há nessas obras um grande paradoxo com o qual as culturas muçulmanas parecem, no entanto, conviver bastante bem.

A proibição do vinho no Alcorão

O bom muçulmano deve, sem hesitação, submeter-se à interpretação do Corão mais comum entre os sábios islâmicos: não tomar vinho nem outro álcool[3] na terra; os eleitos o farão abundantemente na vida após a morte. Um *hadith*[*] proclama: "Aquele que crê que Deus lhe oferecerá vinho na vida espiritual está pronto para abandoná-lo aqui embaixo" (*apud* Chebel, 2004, p. 131).

As suratas[**] que falam do paraíso não contêm nenhuma ambiguidade sobre esse tema. Como esta de Meca, anterior à hégira:[***]

Em verdade, os piedosos estarão em deleite,
Reclinados sobre almofadas, olhando-se de frente.
Reconhecerás em seus rostos o esplendor do deleite.

---

[3] O paradoxo é que a palavra álcool, utilizada quase universalmente, é provavelmente de origem hispano-árabe. *Al-kuhl* designa o pó de antimônio usado como colírio e como maquiagem para as pálpebras. É também o nome da cor escura que se diz, com certo exagero, ser a cor da pele daquele que abusou das bebidas fermentadas ou destiladas. Os franceses também usam a expressão *être gris* (estar cinza) ou *être noir* (estar escuro) para se referir a pessoas com certo grau de embriaguez. Outra interpretação seria que a palavra álcool, derivada de *al-gawl*, designa o mau espírito ou o demônio, aquele que perde a cabeça. Essa questão continua sem solução. Agradeço a Frédéric Lagrange por me chamar a atenção para isso. É preciso notar igualmente que o termo alambique vem do árabe *al-anbiq*, que provém, por sua vez, do grego *ambix*, que significa vaso.

[*] *Hadith* designa um dito ou feito atribuído a Maomé. Os *hadiths* estão reunidos na Suna – livro que relata as experiências vividas pelo profeta e que constitui a segunda fonte da lei islâmica, depois do Alcorão. (N. T.)

[**] Cada um dos capítulos do Alcorão. (N. T.)

[***] Fuga de Maomé para Medina em 622 a.C. (N. T.)

O prazer proibido no islã

Ser-lhes-á dado a beber um néctar [raro],[4] (de um frasco) lacrado,
Cujo lacre será de almíscar – que os que aspiram a isso rivalizem em aspirá-lo –
E cuja mistura vem do Tasnim,
Que é uma fonte da qual beberão os que estão próximos (a Deus). (LXXIII, "Os fraudadores", 22-28)[*]

Ou ainda esta, também de Meca:

Onde lhes servirão jovens (de frescores imortais)
Com taças, jarras e ânforas, cheias de néctares[5] (provindos dos mananciais celestes),
Que não lhes provocará hemicrania, nem intoxicação. (LVI, "O evento inevitável", 17-19)

Ou como esta última, de Medina e, portanto, posterior à hégira:

Eis aqui uma descrição do Paraíso,
que foi prometido aos tementes:
lá há rios de água impoluível;
rios de leite de sabor inalterável;
rios de vinho deleitante para os que o bebem;
e rios de mel purificado.[6] (XLVII, "Mohammad", 15)

---

[4] Em árabe, *rahiq*, que quer dizer puro, mas também longínquo, importado; ver Monteil (1998, p. 28). Se essa segunda interpretação for exata, poderia tratar-se de uma alusão ao fato de que em Meca bebia-se vinho vindo do exterior, particularmente da Pérsia, mas também da Palestina ou mesmo do Cáucaso, onde era produzido por judeus ou cristãos.

[*] Tradução retirada do *site* do Centro Cultural Beneficente Islâmico de Foz do Iguaçu, em http://islam.com.br. Todas as passagens do Alcorão citadas na presente tradução valeram-se dessa fonte e foram reproduzidas na íntegra ou com adaptações, quando estas se mostraram necessárias para uma aproximação da tradução francesa (feita por Denise Masson e publicada pela Gallimard em 1967; Coleção Folio, 1980, 2 vols.). Tais adaptações estão indicadas entre colchetes. (N. T.)

[5] Kasimirski traduz como "vinho". [Kasimirski foi um orientalista francês do século XIX que fez uma tradução do Alcorão muito popular ainda hoje na França, porém, rejeitada como inexata pelos eruditos islâmicos franceses, que recomendam, entre outras, a tradução de Denise Masson, citada na nota acima. (N. T.)]

[6] Essa descrição lembra várias enumerações bíblicas dos produtos da terra prometida, como as que se encontram, por exemplo, no Deuteronômio (8:7-10 e 32:13-14) e no livro de Joel (4:18): "Naquele dia, as montanhas destilarão vinho, o leite manará das colinas; todas as torrentes de Judá jorrarão".

Os eleitos poderão então gozar à vontade do melhor vinho existente, misturado com água, como se fazia desde a alta Antiguidade entre os povos civilizados.

No entanto, se buscamos a embriaguez, ainda que seja de Deus, é mais eficaz consumir o vinho puro. A *Khamriya*, grande poema báquico do século XII, escrito por Omar Ibn al-Faridh, proclama: "Bebe-o puro. E se queres misturá-lo, se não for à saliva do amado, será um grande insulto!" (Stétié, 2002, p. 19).

No que se refere ao consumo do vinho no plano mundano, as prescrições variam em função da época da surata. A mais elogiosa a respeito da bebida fermentada faz parte dos primeiros capítulos, revelados em Meca, vários dos quais foram abolidos posteriormente. Lembremos o princípio da revogação: no caso de suratas contraditórias, a que foi revelada mais recentemente extingue a mais antiga, conforme estabelece o próprio Alcorão: "Não ab-rogamos nenhum versículo, nem fazemos com que seja esquecido (por ti), sem substituí-lo por outro melhor ou semelhante. Ignoras, por acaso, que Deus é Onipotente?" (II, "A vaca", 106).[7]

Esta célebre surata de Meca faz parte das que foram depois revogadas: "E dos frutos das tamareiras e das videiras, extraís bebida [embriagadora] e alimentação [excelente]. Nisto há sinal para os sensatos" (XVI, "As abelhas", 67).

A surata "As mulheres", revelada em Medina, deixa pairar uma ambiguidade: "Ó fiéis, não vos deis à oração, quando vos achardes ébrios, até que saibais o que dizeis, nem quando estiverdes polutos pelo dever conjugal – salvo se vos achardes em viagem – até que vos tenhais higienizado" (IV, 43).

Esse texto poderia fazer crer que é lícito beber vinho, com a condição de que se o faça bastante tempo antes da prece, de modo a ter recuperado a lucidez no momento de orar, sendo a sobriedade, nesse caso, equivalente às abluções. Tal como os católicos, segundo os preceitos do antigo direito canônico, deviam abster-se de álcool depois da meia-noite, se quisessem receber a eucaristia na missa do dia seguinte.

---

[7] Explicações semelhantes encontram-se nas suratas "As abelhas" (XVI, 101) e "A peregrinação" (XXII, 52).

Essa interpretação é desmentida pela surata "A vaca": "Interrogam-te a respeito da bebida inebriante e do jogo de azar; dize-lhes: Em ambos há benefícios e malefícios para o homem; porém, os seus malefícios são maiores do que os seus benefícios" (II, 219). E especialmente pelo texto revogatório da surata "A mesa servida", que prevalece sobre todas as outras:

> Ó fiéis, as bebidas inebriantes, os jogos de azar, a dedicação às pedras[8] e as adivinhações com setas são manobras abomináveis de Satanás. Evitai-os... [Podereis sentir-vos felizes.][9] Satanás só ambiciona infundir-vos a inimizade e o rancor, mediante as bebidas inebriantes e os jogos de azar, bem como afastar-vos da recordação de Deus e da oração. Não desistireis, diante disso? (V, "A mesa servida", 90-91)

Montesquieu estava muito distante do contexto religioso da época do Profeta quando atribuiu a interdição do vinho ao clima:

> Nos países quentes, a parte aquosa do sangue dissipa-se bastante pela transpiração; logo, é preciso que ela seja substituída por um líquido semelhante. A água é de uma utilidade admirável: os líquidos fortes coagulariam os glóbulos do sangue que sobram após a dissipação da parte aquosa. [...] A lei de Maomé, que proíbe beber vinho, é, portanto, uma lei do clima da Arábia. (*O espírito das leis*, livro XIV, cap. 10)*

O rigor cada vez maior com que o vinho é tratado no texto sagrado do islã, entre o início e o fim da revelação, pode ser explicado pelos excessos cometidos por contemporâneos do Profeta. É provável que os árabes não produzissem muito vinho nessa época, mas eles o bebiam em abundância, principalmente nas cidades e sob a influência dos judeus e cristãos, que o importavam em jarros, como aqueles lacrados

---

[8] Trata-se dos bétilos, pedras sagradas veneradas em todas as religiões antigas, das quais faz parte a pedra negra da Caaba.
[9] Essa frase foi interpretada pelo sufismo como uma relativização da interdição; cf. Stétié (2002, p. 68).
* Fragmento extraído de Montesquieu, *O espírito das leis*. Trad. Cristina Murachco. São Paulo: Martins Fontes, 2000, p. 246. (N. T.)

citados na 83ª surata e também em outras (Wensinck & Sadan, 2007). Bebiam especialmente por ocasião das feiras e dos mercados, aos quais se dirigiam regularmente os beduínos (*ibid.*, p. 6). Alguns textos relatam as faltas cometidas durante a oração pelos companheiros de Maomé afetados pela bebida; e contam também como Hamza, tio do Profeta, em um dia no qual estava embriagado, mutilou os camelos de Ali, além de fazer o mesmo com o primo e genro deste (*ibid.*, p. 1).

Um dos maiores perigos da embriaguez, várias vezes ressaltado pelos intérpretes do Alcorão, é o de que o beberrão confunda a mãe com a esposa, arriscando-se assim a cometer um incesto (Clément, 1982, p. 10). Está claro que o islã, nesse ponto como em outros, escolhe cercear fortemente seus seguidores com um conjunto de obrigações e proibições às quais a comunidade garantirá o devido respeito.

É tudo ou nada; é inadmissível deixar ao fiel o cuidado de saber e decidir conscientemente até onde pode ir com determinada prática, sem cair numa falta, sendo a blasfêmia a mais grave de todas. Em matéria de vinho, as modalidades da interdição são meticulosas; aí encontramos o mesmo temor da impureza que no judaísmo. Prova disso é este *hadith*: "Deus maldisse o vinho, aquele que o bebe, aquele que o serve, aquele que o vende, aquele que o prensa, aquele para quem é prensado, aquele que o transporta, aquele para quem é levado e aquele que desfruta do dinheiro obtido com o vinho" (*apud* Chebel, 2004, p. 129).

Vale mencionar também a influência de certas passagens da Bíblia tomadas ao pé da letra e generalizadas. Com efeito, devido à presença de comunidades judias e cristãs na cidade de Hedjaz, na época de Maomé, tanto o Antigo como o Novo Testamento foram ali muito difundidos. Ora, como já vimos, esses textos condenam os excessos do vinho e o seu mau uso, mas os intérpretes judeus e cristãos nunca transformaram essas palavras em proibições absolutas para todos os fiéis. No entanto, elas podem ter inspirado, em certa medida, o islamismo nascente. Assim, é necessário relacionar a 4ª surata do Alcorão com a passagem do Levítico que fala do sacerdócio (10:8-11) ou com o livro de Ezequiel, que prescreve a mesma interdição aos religiosos que oficiam no templo.

Mas nenhuma interpretação da Bíblia, por mais rigorosa que seja, proíbe formalmente o consumo moderado de vinho. É certo que a abstinência voluntária por espírito de ascese é sempre recomendável, e essa ideia será desenvolvida por São Bento no capítulo 40 de sua regra monástica ("Da medida da bebida"). Essa é a grande diferença em relação à interpretação mais comum do Alcorão. Entretanto, a prática muçulmana está muito distante da teoria. Sempre existiram, e existem ainda, várias adaptações nas regiões mais rigoristas. É uma realidade da qual ninguém se vangloria em público e que ninguém justifica. Como descreve Malek Chebel (2004, p. 121): "Hoje, de Shiraz até Casablanca, no sul do Sahara ou mesmo na Europa, o vinho continua sofrendo as afrontas de uma moral coletiva, organizada e conduzida pelos valores religiosos. A interdição do consumo é tão veemente quanto a trangressão".

Houve, em certos momentos da história do islã e de certas regiões, fortes proibições e repressões (*ibid.*, pp. 11-13),[10] mas em outras épocas o vinho conheceu momentos gloriosos.

Negociações com o céu

A transgressão das interdições é uma constante na história social e religiosa da humanidade. Ela se expressa nos atos, mas também na poesia e em outras artes que a sublimam e tentam justificá-la contornando com elegância as regras habituais ou registradas na lei. É muito desenvolvida e sutil no mundo muçulmano no que concerne ao vinho e a outras bebidas alcoólicas.

Ao que parece, admitia-se que um fiel consumisse vinho por razões médicas, particularmente como anestésico, em caso de necessidade (Clément, 1982, p. 15).[11] O grande médico Avicena, que morava em Isfahan durante a passagem do século X ao XI, utilizava-o inclusive como estimulante intelectual, explicando-o assim: "À noite, em casa, à luz de uma vela, eu lia e escrevia, e quando o sono me vencia e eu sentia

---

[10] A introdução do livro de Chebel, intitulada "La place du vin dans la culture islamique", é a análise mais completa da interdição, de sua aplicação na história do islã e de suas transgressões.

[11] Cf. também as citações de Razi, médico dos séculos IX-X, em Chebel (2004, pp. 178-179).

minhas forças cederem, tomava uma taça de vinho saboroso para me recompor e recomeçava minhas leituras" (*ibid.*).

Mais audacioso é o consumo de vinho por certos místicos que o utilizam para facilitar sua fusão com Deus. Os santos errantes do islã xiita, os dervixes, análogos aos monges giróvagos do cristianismo, autorizam-se o consumo de vinho para, de alguma maneira, experimentarem a misericórdia divina. Trata-se de orgulho e ilusão, dizem eles, crer que preparamos nossa salvação por vontade própria e pelo estrito respeito à lei. Somente a infinita bondade de Deus salva. Beber é, então, rebaixar-se aos olhos de Deus, que o proibiu, e, humildemente, pedir-lhe que exerça sua graça (*ibid.*, p. 16).[12] Nessa casuística, o misticismo não está longe da mistificação...

É essa também a crença de certos piedosos muçulmanos, praticamente santificados, segundo os quais Deus transformaria o vinho em água, manteiga ou leite assim que este tocasse seus lábios. Não muito tempo atrás, o xerife de Ouezzane, no Marrocos, afirmou, com candura e humor, que Deus transformaria em mel o vinho que ele gostava de beber em companhia de seus amigos judeus, com os quais se entregava a longas discussões teológicas (*ibid.*, p. 17).[13]

Voltemos ao misticismo, característica do sufismo. Ele impele à renúncia dos bens materiais e à busca da fusão com Deus, por meio do êxtase. Nessa procura esotérica, praticada em confrarias, o vinho desempenha um papel importante e propositalmente ambíguo, pois se trata do vinho do paraíso que cantam os poetas, ao mesmo tempo real e absoluto, mas inacessível aos mortais. Em todo caso, é nada mais que o sumo de uva fermentado, consumido abundantemente por alguns com o objetivo de melhor chegar até Deus.

Salah Stétié ressaltou a importância religiosa e poética dessa via em sua obra *Le vin mystique* (2002), totalmente consagrada à arte de

---

[12] Frédéric Lagrange (*in litteris*) associa também esse tipo de raciocínio às correntes antinomianas (contra a lei e a legalidade) do islã que pregam o desrespeito para atrair o desprezo e o opróbrio, que constituem uma via de salvação.

[13] Testemunho confirmado e completado pelo meu amigo geógrafo Rachid Ragala, originário de Ouezzane.

embriagar-se de Deus. O hedonismo sem hipocrisia dos poetas transgressores, malditos para alguns, como Abû-Nuwâs ou Omar Khayyam, não pode ser compreendido senão como uma concepção muito sublimada dos princípios do islã, tolerada na época entre os poderosos, mas também entre os grandes poetas que, pela beleza de seus versos, fazem melhor perceber a grandeza de Deus.

Assim diz Salah Stétié, ponderando cada uma de suas palavras (*ibid.*, p. 79): "O vinho é aqui embaixo, simbolicamente e *enquanto se espera* (sempre a espera), um dos caminhos para se chegar a Alá, que é – pensando bem, como os sufis o fizeram – embriaguez e vertigem". Entre os poetas do islã que bebem livremente, a consciência do pecado jamais está ausente e o arrependimento confunde-se muitas vezes com deleite, como em certos poemas de Villon ou de Verlaine.

Eis aqui algumas passagens de Abû-Nuwâs (Irã, *c*. 757 – Bagdá, *c*. 815), "o homem de longos cabelos ondulados", que levava uma vida de boêmio na corte dos califas Hârûn ar-Rashid e al-Amîn, onde escreveu poemas tidos entre os mais belos da literatura árabe. São belos pela linguagem, não pela religiosidade, pois Abû-Nuwâs extraía sua inspiração das transgressões: o amor pelos efebos, na maioria das vezes escravos cristãos, persas ou egípcios – bem mortais, estes, à diferença daqueles do Alcorão – e o amor pelo bom vinho, que jorrava com abundância nos conventos cristãos e nas tavernas mantidas por judeus, cristãos, zoroastristas ou masdeístas (*ibid.*, p. 70; Monteil, 1998).[14]

Havia nele uma determinação, por assim dizer, em antegozar o paraíso de Alá; não sem certa fanfarronice, como em "Vale mais um menino que uma menina" (Monteil, 1998, p. 91):

> Troquei as meninas pelos meninos
> E, pelo vinho velho, deixei a água clara.
> Longe do caminho reto, tomei sem me preocupar
> O do pecado, porque o prefiro.
> Cortei as rédeas e sem remorsos
> Tirei as amarras dos freios.

---

[14] O poema "Le cabaretier" (Monteil, 1998, pp. 68-69) descreve precisamente um cabareteiro judeu.

Ou ainda em "Pelo amor de um cristão" (*ibid.*, p. 99), em que, subjugado, ele experimenta a tentação da abjuração, para então reafirmar, apesar de sua impiedade, a fé muçulmana:

> De manhã cedo, um pavão gracioso me dá de beber;
> Sua voz é doce, apropriada para cumprir todos os desejos.
> Seus doces caracóis caem sobre suas têmporas.
> Todas as seduções me espiam em seus olhos.
> É um persa cristão, moldado em sua túnica,
> Que deixa descoberto seu pescoço cheio de frescor.
> Ele é tão elegante, de uma beleza única,
> Que qualquer um trocaria sua fé – se não seu Criador –
> Por seus belos olhos. Se eu não temesse,
> Senhor,
> Ser perseguido por um clérigo tirânico,
> Converter-me-ia de bom grado.
> Mas eu bem sei que somente existe um islã
> Verdadeiro.[15]

Fé que ele confessa com sinceridade, embora reconhecendo sua maliciosa tendência ao consumo do bom vinho, como nos versos a seguir (*ibid.*, p. 159):

> Cinco vezes por dia eu faço piedosamente minhas preces.
> Dócil, confesso a unidade de Deus.
> Faço minhas abluções sempre que é preciso fazê-las.
> Não rejeito o humilde necessitado.
>
> Uma vez por ano, pratico um mês inteiro de jejum.
> Mantenho-me distante de todos os falsos deuses.
> É verdade, no entanto, que não sou nada disciplinado
> E que aceito uma bebida quando aparece a ocasião.
> Rego com vinho puro a boa carne.

---

[15] O tema do belo copeiro servindo vinho ao poeta é um dos mais difundidos na poesia árabe-persa. Malek Chebel (2004) faz uma coletânea de inúmeros exemplos.

E também nestes versos, escritos no final de sua vida:

O que foi que eu fiz, diga-me, da minha terna juventude,
Consagrada ao prazer, cada dia, cada noite?
Todos os erros possíveis, eu os cometi.
Perdoa-me, meu Deus! Eu te ouço e tremo.

Estes versos de Omar Khayyam (*apud* Chebel, 2004, pp. 222-227), o grande poeta iraniano (1040 ou 1050-1123), são "da mesma água", se o podemos dizer assim:

Oh, tu que te crês sábio, não blasfemes contra aqueles
que se embriagam,
Deixa de lado o orgulho e a impostura
Para provar a calma triunfante e a paz.
Olha com indulgência aqueles que são humilhados, considerados
como os mais vis.
Nós e o vinho e o banco da taverna e nossos corpos de bêbados,
Vivemos despreocupados da esperança,
Da misericórdia e do terror do castigo;
Nossas almas e nossos corações, nossas taças e nossas vestes
manchadas de restos de vinho
São independentes da terra e do fogo e da água.
[...]
Saibas que de tua alma serás separado,
Passarás por trás da cortina dos segredos de Deus
Sê feliz... Tu não sabes de onde vens;
Bebe o teu vinho... Tu não sabes aonde irás
[ ]
Eu bebo vinho, e dizem-me, à direita e à esquerda:
"Não bebas vinho, ele é o inimigo da religião".
Quando eu soube que o vinho era o inimigo da religião,
Disse: "Por Alá! Deixai-me beber seu sangue, é um ato de devoção".

O mesmo Omar Khayyam fustiga mais adiante a hipocrisia de seus correligionários, com termos bastante próximos dos de Jesus ao dirigir-se aos fariseus: "Tu não beberás vinho? Deixa que os outros bebam e cessa de trapacear e de fazer-te de santo. Estás orgulhoso de não tocar jamais o vinho, mas cometes cem pecados bem piores e sem glória" (*apud* Mezghami-Manal, 2007, p. 128).

Citemos também Hafez de Shiraz, que escreve no século XIV. Seu poema sobre os hipócritas encaixa totalmente na amável tradição do sufismo:

O jejum foi abandonado, a festa começou, os corações se elevaram!
Da adega o vinho se pôs a borbulhar, convém reclamar mais vinho!
O tempo dos mercadores de asceses da alma tola passou.
O tempo da lascívia e do júbilo dos libertinos chegou.
Que castigo merece aquele que toma um vinho como esse?
Nessa futilidade há uma transgressão, em que consiste o pecado?
O uso do vinho que não comporta artimanha nem hipocrisia,
É preferível ao alarde de ascese no qual há artimanha e hipocrisia.

Não somos homens de hipocrisia, nem cúmplices de impostura.
Aquele é testemunha, por ter sido iniciado no segredo.
Nós cumprimos o mandamento de Deus, sem fazer mal a ninguém,
E o que dizemos não ser lícito, não o declaramos lícito.
O que ocorrerá se tu e eu bebermos algumas taças de vinho?
O vinho provém do sangue da vinha e não de vosso sangue!
Seria um engano, do qual viria a desordem?
E se assim for, qual é a importância? Onde estão as pessoas sem defeitos? (Hafez de Shiraz, 2006, p. 169)

Os sufis cultivaram a ambiguidade a tal ponto que fingiram ignorar a diferença entre o vinho do paraíso e aquele das vinhas terrestres. Beber e louvar o vinho, isto é, cantar a grandeza de Deus, é atingir mais facilmente o êxtase (*ibid.*, p. 91),[16] como mostra a *Khamriya* ("O vinho místico") de Omar ibn al-Farid (1181-1235) (Stétié, 2002, pp. 16-19):[17]

---

[16] Ver também Coulon (2007).
[17] Sobre a *Khamriya*, ver também Dermenghem (2002).

O prazer proibido no islã

Em memória do Bem-Amado, bebemos o vinho
Que nos inebriou, antes mesmo da criação da videira.
A taça é a lua cheia, o vinho é o sol,
O quarto crescente o faz circular; quando o misturamos,
Quantas estrelas resplandecem!
Sem seu perfume, eu não teria encontrado o caminho das tavernas.
Sem sua luz, não poderia concebê-lo nosso imaginário.
[...]
Se um dia, ele visitasse o espírito de alguém,
A alegria o habitaria e as tristezas o abandonariam.
E se os convivas descobrissem o selo que cobre a jarra
Apenas com vê-lo estariam inebriados.
E, se com esse vinho regássemos a terra de uma sepultura,
A alma voltaria ao corpo e o morto retornaria à vida.
Se, à sombra de uma vinha, repousasse o agonizante,
Logo estaria curado.

Ao aproximar-se da taverna, o paralítico andaria.
E os mudos, com a simples lembrança de seu sabor, voltariam a falar.
Se no Oriente exalam o eflúvio de seu aroma,
No Ocidente, alguém privado do olfato voltará a recuperá-lo.
[...]

Ele amolda o espírito dos convidados;
Guiado por sua luz, torna-se decidido o hesitante,
Faz-se generoso aquele cuja mão desconhecia a generosidade.
Em seu momento mais colérico, torna-se doce
Aquele que jamais o foi.
Se o mais obtuso dos homens obtém o privilégio de roçar,
Com seus lábios, a borda da taça,
Apenas este beijo permitir-lhe-á descobrir
O sentido oculto de sua natureza.
[...]
E eis que veio a divisão, embora tudo fosse um.
Nossas almas são o vinho, e nossa forma a videira.
[...]
Não há vida possível neste mundo,

Para aquele que só pela razão quis viver.
Carece de entendimento aquele que não conheceu a embriaguez.
Que chore por si mesmo aquele que desperdiçou sua vida,
Sem ter desfrutado de sua parte de vinho,
Sem ter visto a seta que lhe indicava o destino.

Esse misto de sensualidade e de espiritualidade faz lembrar a cultura greco-romana e certas passagens do Antigo Testamento, como o Cântico dos Cânticos, e também alguns raros momentos da sensibilidade ocidental, como o Renascimento italiano, que mesclou tão bem as culturas antigas ao cristianismo, o amor de Deus à beleza das almas puras e dos corpos humanos perfeitos, criados por Ele à sua imagem e aspirando tanto à exaltação mística quanto ao gozo extremo, confundidos em um mesmo ideal.

As mil e uma noites, um hino ao vinho[18]

Muitas leituras das *Mil e uma noites* são possíveis; a interpretação báquica é muito fecunda, o que se explica pela forte inspiração persa e sufista de certo número de contos. A antologia ilustra ao mesmo tempo a proibição e os perigos do vinho, mas também todos os prazeres que ele oferece e os prodígios que é capaz de realizar. Eis alguns exemplos de uma ou outra das ideias e consequências relacionadas ao vinho que, às vezes, aparecem juntas na mesma história.

Na história de "o primeiro dervixe",[19] o vinho serve para embriagar um príncipe e convencê-lo a realizar um plano arquitetado por seu primo. Este pede ao príncipe para ser encerrado numa tumba junto com uma mulher que está toda envolvida por véus. No dia seguinte, sóbrio, o príncipe é incapaz de reencontrar o lugar onde está a tumba. Somente vários dias depois ele consegue localizá-la, pressionado pelo rei, seu tio. Tarde demais, pois o casal está morto, carbonizado pelo demônio,

---

[18] Agradeço a Aboubakr Chraïbi e Ronald Perlwitz por terem chamado minha atenção para vários contos nos quais se fala do vinho. A seleção feita aqui não é de modo algum exaustiva.
[19] Décima primeira noite da edição de Jamel Eddine Bencheikh & André Miquel, Gallimard, 2005-2006, vol. I, p. 83, Coleção Bibliothèque de la Pléiade.

e descobre-se então que as vítimas são irmão e irmã. Como na história bíblica de Lot, o vinho serviu para ocultar o incesto que é, como vimos, um dos maiores temores do islã em relação à bebida inebriante.

O segundo dervixe (*ibid.*, pp. 89-98) também é, na realidade, um príncipe caolho e piedoso – leu sete vezes o Alcorão, conforme o prescrito. Obrigado a fugir de seu país, ele levanta uma laje que encontra ao pé de uma árvore e assim descobre uma escada que o conduz até um palácio suntuoso. Este é habitado por uma princesa de grande beleza, há vinte e cinco anos prisioneira de um demônio que, sob a aparência de um persa, vem passar com ela uma noite de amor a cada dez dias; ele surge também toda vez que alguém toca no arco [de entrada] do palácio. A princesa trata voluptuosamente seu hóspede, toma banho com ele, depois lhe oferece algo para comer e beber. É nesse momento que tudo se arruína.

> "Meu jovem, posso trazer-te algo para beber?" Eu aceitei. Ela se dirigiu a um armário, tirou de lá um velho vinho fechado,[20] preparou hortaliças para acompanhar e cantou seus versos [...] [*Começa uma longa noite de amor entremeada de libações*]. Minha embriaguez foi tal que perdi a razão. Titubeando, levantei-me e propus-lhe liberá-la de sua prisão subterrânea e do gênio que a retinha. (*ibid.*, p. 93)

O amante destrói o arco, atraindo assim o demônio, que adivinha o que ocorreu, e acaba por matar a bela infiel. O vinho serve para revelar o amor, mas conduz também ao adultério e à morte.

O conto de Al Ma'mûn e do sábio[21] põe em cena o califa abássida, o mais culto e devoto que jamais existira; ele passa dois dias por semana discutindo direito e teologia com os maiores sábios. Apresenta-se um dia à assembleia um estrangeiro de aparência pobre, que revela ser um homem de grande conhecimento. Ao final da discussão, o califa, impressionado, convida-o a beber vinho com ele e seus familiares. O sábio recusa-se a levar a bebida aos lábios e adverte ao califa:

---

[20] Frase que lembra a surata "Os fraudadores".
[21] Encontra-se na 307ª e na 308ª noites da edição já citada de Bencheikh & Miquel, vol. I, pp. 1.123-1.124.

> "O califa, em sua grande sabedoria – que Deus a faça sempre crescer! –, bem viu hoje que um homem, nesta nobre assembleia, estava entre os participantes mais humildes, os menos visíveis. Mas pelo pouco, muito pouco, da inteligência que ele mostrou, o califa sentiu-se próximo a ele, elevou-o a uma posição que não era a sua, a alturas com as quais ele jamais poderia ter sonhado. E, agora, eis que quer privá-lo desse pouco de inteligência que o tirou de sua inferioridade e o honrou. [...] Pois aquele que bebe renuncia à razão, aproxima-se da tolice, abstém-se de toda cultura, recai ao nível mais baixo e volta, aos olhos do mundo, como um ser inútil e sem nome. [...]" Ao ouvir essas palavras, Al-Ma'Mûn felicitou-o, agradeceu-lhe, instalou-o no lugar que lhe convinha, rendeu-lhe honras e ordenou que lhe dessem cem mil dinares.

Esse pequeno e encantador conto moral, como vemos, lembra aos poderosos deste mundo o respeito que devem aos preceitos do santo Alcorão!

As delícias do vinho são, no entanto, complacentemente descritas na *História do adormecido despertado*.[22] O herói, Abu Hassan, encontra o califa Hârûn al-Rashîd disfarçado como mercador de Mussul e o convida a beber, à saída de um excelente jantar:

> Não sei o que vós pensais disto, disse-lhe ele; creio que um homem que odeia o vinho e quer fazer-se de sábio, não o é. Deixemos de lado esse tipo de gente com humor sombrio e triste e procuremos a alegria: ela está em uma taça, e a taça a comunica àqueles que a esvaziam.[23] (*ibid.*, vol. 2, pp. 164-165)

E o califa do conto apressa-se a beber e incitar seu hóspede a beber mais para fazê-lo falar.

---

[22] Tradução francesa de Antoine Galland, edição Garnier em 2 volumes, 1965.
[23] De acordo com Vincent-Mansour Monteil (1998, p. 15), os contos das *Mil e uma noites*, que apresentam Hârûn al-Rashîd como um alegre beberrão e companheiro de bebedeiras de Abû-Nuwâs, são totalmente imaginários, já que o califa era, na verdade, um responsável defensor da reputação piedosa de sua dinastia.

Até as mulheres bebem nas *Mil e uma noites*, o que lhes inspira os mais ternos sentimentos. "O conto do califa e dos três poetas" começa desta maneira: "Hârûn al-Rashîd, líder dos devotos, sentiu-se uma noite com a alma compungida. Errando de um lado a outro de seu palácio, viu uma jovem cambaleando, tomada pelos efeitos da bebida. Ele a amava, e ela lhe correspondia, apaixonadamente".[24] No dia seguinte, Abû Nuwâs compõe um poema para comemorar o acontecimento:

> Ela veio, à noite, ao palácio e estava ébria,
> E a embriaguez embelezava mais ainda seu pudor.

Mais uma vez, o vinho é central no conto que volta a trazer à cena o poeta Abû Nuwâs em companhia do califa e de uma jovem escrava. O hino poético e jubiloso ao requintado fermento enlaça os temas do jogo, do poder, da beleza e dos amores diversos. "O califa olhou, perplexo, e viu um jarro de vinho envelhecido, com uma taça ao lado... Ele se serviu, bebeu à saúde das faces rosadas da jovem e, sensibilizado, depositou um beijo sobre uma pinta que ornava esse rosto".[25] Chega o poeta Abû Nuwâs, que o califa havia mandado chamar à taverna, onde este se havia endividado pelos belos olhos de um jovem que ali trabalhava. No decorrer de um jogo, a jovem escrava esconde a taça entre suas coxas, e Abû Nuwâs canta então estes versos:

> Minha história é a mais extraordinária que possa existir:
> A gazela tornou-se ladra,
> Tomou a taça do meu vinho
> E bebeu todo o seu conteúdo.
> Depois, escondeu-a em certo lugar,
> e pensar nele põe meu coração em transe.
> A decência me proíbe dizer qual é esse lugar,
> Pois ele está reservado apenas ao califa.

Durante sua quinta viagem, a embriaguez produzida pelo vinho permite a Simbá livrar-se, na ilha dos Macacos, de um velho satânico

---

[24] 386ª noite da edição de Bencheikh e Miquel, *op. cit.*, vol. II, pp. 151-152.
[25] 338ª a 340ª noite, *ibid.*, pp. 34-38.

que o marujo aceitara levar em suas costas, mas que agora se recusa a descer, apertando-lhe com força a cabeça entre as pernas.

> Andei depois até encontrar uma videira. Colhi as uvas e espremi-as numa cabaça até enchê-la. Voltei então a fechá-la e deixei-a exposta ao sol. Após alguns dias, o sumo fermentou e obtive, assim, um vinho puro. Bebi todos os dias para suportar o cansaço imposto pelo satânico velho, rebelde a Deus. O vinho me impulsionava e sustentava minhas forças delirantes. Certo dia, o velho, vendo-me beber, perguntou, sempre por gestos, o que era aquilo. "Uma bebida das mais agradáveis, que inspira e alegra a alma." Para provar-lhe o que acabava de dizer, pus-me a correr e a dançar sob as árvores. Eu estava como bêbado, batendo palmas, cantando e transbordando de alegria. Assim que me viu nesse estado, fez-me um gesto para que lhe desse a cabaça, a fim de que também pudesse beber.[26]

Como era de se esperar, o velho se embebedou, relaxou as pernas e se soltou. Uma vez o malvado no chão, Simbá o matou, esmagando-lhe a cabeça com uma pedra e concluindo: "Deus lhe recusou sua misericórdia!".

O consumo de vinho é aqui justificado, portanto, pela força que ele dá ao justo para vencer o mal, contrariando a letra do Alcorão.

Por fim, outro conto repleto de citações poéticas, a história de Ali Nûr ad-Dîn e de Maryam, a artesã de cintos, apresenta o vinho de maneira bastante complexa e variada. Alguns adolescentes, filhos de mercadores, vão passear num jardim maravilhoso onde há muitas árvores frutíferas. Algumas dão "uma uva com gosto de vinho puro, de cor escura e profunda como a do corvo",[27] fazendo lembrar os versos de um poeta sensual:

> Meu corpo é assim, lânguido como a imagem
> Dos cachos que pendem de seus ramos,
> Doçura de mel, água fresca guardada na jarra,
> E então espremido para transformar-se em vinho.

---

[26] 557ª noite, *ibid.*, vol. II, p. 527.
[27] 863ª a 894ª noite, *ibid.*, vol. III, p. 386.

Os jovens convencem o encantador Nûr ad-Dîn, "extraordinariamente belo e gracioso, de talhe elegante e harmonioso", a acompanhá-los e admirar esses frutos, e ali festejar e beber deles abundantemente. Tarde da noite, após um concurso de poesia do qual todos participam, o jardineiro recita estes versos, que advertem Nûr ad-Dîn de todos os perigos:

> A madrugada anuncia-se com resplendor: derrama o vinho,
> O vinho puro, que faz perder os sentidos ao homem mais sábio,
> Tão delicado, tão puro, que não se sabe bem
> Se é ele que está dentro da taça, ou ela dentro do vinho. (*ibid.*, p. 396)

Cada um bebe, chegada sua vez; no momento em que a taça chega às mãos de Nûr ad-Dîn, este, tomado por um pressentimento, protesta:

> Não sabes bem... que nunca toquei esta bebida, que jamais a provei, pois há nisso um grande pecado proibido pelo Senhor todo-poderoso? – Senhor Nûr ad-Dîn, replica outro, se sois abstêmio unicamente porque é um pecado, Deus – louvado e glorificado seja! – é generoso, indulgente e magnânimo: Ele perdoa as mais graves faltas, sua misericórdia engloba todas as coisas, como o demonstra certo poeta:
> Sê como quiseres, pois Deus é a própria generosidade:
> Não há nada de grave no pecado,
> Salvo em duas ocasiões, que deves evitar:
> Não crer num Deus único, ou fazer mal a teu semelhante.

Assim, Nûr ad-Dîn é convencido a beber. Mas ele cospe o vinho, por achá-lo amargo. O jardineiro, então, elogia as propriedades medicinais do vinho: "Ele facilita a digestão, dissipa as preocupações e os sofrimentos, libera os gases, fluidifica o sangue, aclara a pele, revigora o corpo, estimula o preguiçoso e fortalece o apetite sexual". O elogio se conclui com um quarteto:

> Eu bebi – Deus perdoa a todos os pecadores –,
> Cuidei de todos os meus males esvaziando uma taça.

Não abuso, sei que o vinho é pecado,
Mas Deus falou também de suas vantagens para o homem.[28]

Misturando seu vinho com açúcar, Nûr ad-Dîn gostou da bebida e ingeriu dez taças. Depois, descobriu o amor, graças a uma tocadora de alaúde que se ofereceu a ele. De volta a casa, em estado de avançada embriaguez, ele fere o olho de seu pai e se vê forçado a fugir para Alexandria, onde se apaixona perdidamente por Maryam, uma bela escrava, princesa franca de nascimento. Ela possui, além de coragem e uma força de alma incomuns, talentos de amazona, e maneja bem o sabre; sabe também confeccionar extraordinários cintos de seda; por fim, ama o vinho, para o qual tem grande resistência, o que parece lógico para uma cristã. Nûr ad-Dîn, por sua vez, é desde então amante do vinho, mas sucumbe a ele, o que lhe traz várias desventuras. Também dá prova de uma grande fraqueza de caráter. Separações dramáticas e reencontros se sucedem. Finalmente, tudo termina bem. Maryam e Nûr ad-Dîn se casam pela vontade do califa Hârûn al-Rashîd e converte-se definitivamente ao islã, cujos valores são, no entanto, transgredidos nesse conto: o papel social da mulher, a legitimidade dos pais, dos irmãos, de um vizir, de um rei, tudo isso coroado por vinho em abundância, que ora regozija ora embriaga, ora serve ao bem ora mal, ora dá vida ao amor ora o contradiz.

A permanência da viticultura muçulmana

Não resta dúvida de que a doutrina muçulmana proíbe firmemente aos fiéis o consumo de vinho, assim como de todas as bebidas fermentadas ou destiladas. Mas não há como negar que, em todas as terras do islã, e em todas as épocas, as exceções a essa regra foram inúmeras. As explicações são diversas. Elas repousam em parte na ideia de que de um mal intrínseco pode nascer um grande bem, como é o caso, por exemplo, quando se mata alguém em legítima defesa, princípio admitido em todas as morais e todas as religiões. Por outro lado, como vimos,

---

[28] Alusão à surata "A vaca", revogada.

O prazer proibido no islã

o vinho cuida do corpo, dá energia, propicia alegria e convivialidade, podendo até mesmo facilitar a aproximação com Deus, como no êxtase místico buscado pelo sufismo.

Mas a principal razão dessas transgressões múltiplas é a ambiguidade da doutrina das suratas revogadas. Somente a surata "A mesa servida" considera o vinho uma abominação; ainda assim, embora recomende evitá-lo, ressalva, de maneira pouco convincente: "Podereis sentir-vos felizes". Não vale então a pena trapacear um pouco para ser feliz, a fim de provar, já neste vale de lágrimas, o paraíso de Alá e seus "rios de vinho deleitante para os que o bebem"? Era assim que pensavam, evidentemente, e pensam ainda, alguns muçulmanos, de resto respeitosos dos outros preceitos de sua religião, particularmente dos cinco pilares. Não só os poetas, a elite política, intelectual e econômica do mundo muçulmano jamais se privou de transgredir as proibições – de maneira até habitual nos universos persa e turco-mongol, mas também nos países árabes, e isto até nossos dias.

Tomemos o exemplo de Tamerlão, oriundo, na verdade, das tribos turco-mongóis do Uzbequistão, recém-convertidas então a um islã bastante oportunista – seu pai, Taragai, foi o primeiro chefe de seu clã a abraçar a nova religião. O embaixador de Castela, Ruy Gonzalez de Clavijo, dirige-se à corte do soberano da Ásia central entre 1403 e 1406. Ele atravessa numerosas regiões habitadas por muçulmanos que não haviam abandonado a vinha e o vinho por causa da nova fé. É o caso em Andkhoui, nos confins do Turcomenistão e do Afeganistão atuais (Kehren, 2006, p. 190). No seu primeiro encontro com Tamerlão, este manda servir-lhe leite de jumenta durante o banquete ao qual o convida, mas ordena que levem igualmente duas jarras de vinho aos aposentos dos diplomatas (*ibid.*, p. 215), o que se repete várias vezes durante sua estadia nessas terras porque, escreve Gonzalez de Clavijo, "ele bem sabia que os francos bebiam vinho todos os dias" (*ibid.*, p. 218).[29]

---

[29] Há alguns anos na Líbia, país oficialmente repleto de proibições, o coronel Kadafi perpetuava esse costume oferecendo garrafas de vinho e de outras bebidas alcoólicas aos franceses expatriados durante as festas do Natal, acompanhadas de um amável cartão explicando: "Para celebrar dignamente suas festas religiosas" (Xavier de Planhol, *in verbis*).

No outono de 1404, a delegação aloja-se na corte do príncipe em Samarcanda e participa de banquetes bem servidos de vinho e, às vezes, até de aguardente, pois Timur* diverte-se bastante embriagando seus hóspedes e quer muita animação e alegria ao seu redor. Quando ele assim o decide, todos devem beber vinho, se possível em abundância e provavelmente puro, segundo o ritual criado por ele mesmo e que o embaixador descreve com precisão (*ibid.*, pp. 215-216):

> Durante essas festas, Timur proclama que podemos beber vinho, e ele mesmo bebe também, pois ninguém pode beber em público ou às escondidas sem sua autorização. O vinho é servido antes de comer e com tanta abundância que os homens ficam facilmente ébrios; aqui creem que não pode haver gozo nem festas sem embriagar-se. [...] Eles [os copeiros] dizem àqueles que recusam a bebida que é preciso engoli-la para atender ao desejo de Timurbeque,** que faz disso absoluta questão. Há mais ainda: servem taças cheias e nos obrigam a beber até a última gota de vinho. Se restar um pouco, recusam-se a levá-la embora até que esteja vazia. Enquanto esvaziamos uma ou duas taças, dizem-nos que estamos bebendo esse vinho por amor a Timurbeque e nos conjuram a fazê-lo sem derramar uma só gota.

O homem que segue esse costume e consegue beber mais é considerado o *bahâdour*, que significa "homem forte". Quanto ao que se recusa a continuar bebendo, terminam fazendo-o beber à força, por mais que ele se oponha. Naquele dia, antes de sermos levados perante Timurbeque, este enviou-nos um de seus conselheiros com uma grande jarra de vinho, dizendo-nos que o príncipe nos pedia encarecidamente que o bebêssemos, a fim de que, quando estivéssemos em sua presença, estivéssemos felizes e plenos de exultação.

Essa descrição demonstra claramente que, nas sociedades habituadas desde sempre à produção e ao consumo de vinho, as prescrições do

---

* Outro nome dado a Tamerlão. (N. T.)
** Beque (ou begue) é um título honorífico, equivalente a "senhor", que os maometanos usam aposto ao nome. (N. T.)

islã foram aplicadas com grande laxismo, especialmente entre os poderosos e os intelectuais. Citemos também Babur (1483-1574), soberano mongol descendente de Tamerlão, muçulmano ortodoxo e, no entanto, amante ilustrado do bom vinho de Bucara e de outros lugares, como seu ancestral (Cariou, 2002, p. 59).

O sultão otomano Selim II (1524-1574) é um grande apreciador dos vinhos da ilha de Chipre, que, por essa época, é ainda veneziana; seu conselheiro judeu, Miquez, assegura-lhe que esses são os melhores vinhos que se produzem fora do império. Ele promete tomar posse da ilha, o que será feito perto de Lepanto em 1571 (Richer, 1759, p. 125).

Evoquemos igualmente o xá Kamrân de Herat, no Afeganistão, por volta de 1850. Ele se embriaga com frequência "para elevar o espírito" (Planhol, 1990, p. 80). Costuma fazê-lo com o vinho local de má qualidade elaborado pelos judeus ou com álcool destilado, mas, sempre que pode, procura o vinho de Shiraz.

No século XIX, o emir de Kabul, Abd ur-Rahman, abre uma adega e uma fábrica de álcool de vinho, instalada sob a direção de um indiano, com operários que haviam aprendido as técnicas de vinificação e destilação com os armênios. Até a chegada ao poder dos talibãs, ainda se elabora vinho e "conhaque" em Kabul, a partir da trintena de cepas cultivadas na região, para atender aos estrangeiros que ali residem ou que visitam o país, mas também para a exportação ao Paquistão ou à Índia. É um vinhedo muçulmano análogo ao que existe em Shiraz no século XVII: mantido graças a mãos não muçulmanas para suprir as discretas necessidades da elite local e também para abastecer os cristãos dos países vizinhos, desprovidos de vinhedos.

No Irã de hoje, sob os aiatolás, as bebidas alcoólicas não são bem vistas, mas nem sempre foi assim, pois os persas estavam entre os primeiros produtores e consumidores de vinho da história. Quando se tornaram muçulmanos, já bebiam vinho havia mais de cinco milênios. Essa é uma das razões pelas quais foram os mais reticentes a aceitar as interdições do Alcorão.

Uma saborosa anedota do final do século XIX conta como o mulá Hadji Ali Akbar, de Shiraz, grande centro antigo de produção vitícola, pede permissão ao vizinho, o médico britânico C. J. Wills, para elaborar vinho em sua casa (*ibid.*, p. 58):

> Não posso fabricar vinho na minha própria casa. Sou um sacerdote maometano. E se peço aos judeus para fazê-lo por mim, será ainda pior, pois o vinho será ruim e sou um conhecedor. Se o fizer em sua casa, Sahib, eu o farei bem e matarei dois coelhos com um só golpe. Nós dois teremos bom vinho e não haverá escândalo.

Sabemos que a publicidade dos atos ilícitos no islã aumenta o pecado e, ainda hoje, para muitos crentes sinceros, praticá-los privadamente retira-lhes o caráter pecaminoso.

Alguns exemplos contemporâneos mostram a atualidade dessas negociações com o céu nos meios dirigentes, apesar do sensível endurecimento moral do mundo muçulmano. Foi um rei do Marrocos, Hassan II, descendente do Profeta e Comandante dos fiéis, quem relançou a produção de vinho de qualidade em seu país. A legislação tunisiana é muito protecionista no que se refere aos vinhos locais, aliás, em grande progresso. Um único restaurante, o da Villa Didon, em Cartago, está autorizado a importar vinhos estrangeiros. Por outro lado, o AKP, partido islâmico atualmente no poder na Turquia, tolera a produção, a venda e o consumo de *raki* e que o vinho esteja disponível à vontade nos hotéis-clubes do litoral do país,[30] como também se faz na Tunísia e no Marrocos. Muitos cidadãos ricos dos países muçulmanos severamente proibicionistas não se privam da bebida quando viajam a outros países. Os líbios dirigem-se em massa aos hotéis de Djerba com essa finalidade. O mesmo ocorre com os ricos sauditas, os viajantes oriundos de certos países árabes do Golfo e os iranianos, quando vão ao Bahrein, a Dubai, à Europa ou à América. Todos os *sommeliers* dos grandes restaurantes de Paris, Londres ou Nova York podem confirmar que esses clientes ilustram perfeitamente o provérbio que diz "quando se ama não é pecado"!

---

[30] A título de curiosidade, o pequeno livro que publiquei em 2004, *Le vin et le divin*, foi traduzido em três países: Polônia, Taiwan e Turquia.

Lembro-me de uma visita que fiz há alguns anos, durante uma viagem pela Arábia Saudita, a uma alta personalidade do país, em sua *villa* no deserto. Éramos um grupo de franceses e sauditas. Uma vez instalados no salão, um servente veio fechar cuidadosamente portas e janelas e depois abriu um grande móvel, repleto de garrafas de todos os vinhos e bebidas alcoólicas possíveis. Bebemos copiosamente, brindando pela amizade franco-saudita; logo depois, tudo foi colocado em ordem e entramos na sala do banquete, onde outros convidados nos esperavam. Ali nos contentamos em beber apenas água, suco de frutas e iogurte líquido para acompanhar os inúmeros pratos libaneses e indianos que foram servidos com profusão. O alcoolismo é um verdadeiro problema de saúde, naturalmente tabu, no seio da elite masculina de certos países muçulmanos. A atitude dos discípulos do Profeta em relação ao vinho e às bebidas alcoólicas em geral levanta hoje questões que são comuns a todas as religiões, em todas as épocas: a relação entre a letra e o espírito, entre a fé e a razão, entre a prática pública e a privada. Esses temas dizem respeito às questões fundamentais da liberdade dos fiéis, de sua consciência, do pecado e do castigo.

7
Na trilha da expansão romana e cristã

Grandeza e decadência do vinhedo romano

Durante séculos, a aristocracia celta ou ibérica não poupou gastos para manter seu abundante consumo de vinho. Era para eles, então, uma agradável bebida exótica de "novos ricos", não uma bebida sagrada. Quando se tornam parte do Império Romano e devotos de Baco, os bárbaros abandonam a cerveja ou o hidromel para adotar o vinho, e a viticultura progride rapidamente em direção ao norte. Os primeiros vinhedos gauleses são os de Gaillac, na Norbonnaise, da Côte-Rôtie e de Hermitage, em Allobrogie, nas proximidades de Viena, a *viífera Viena* – a grande cidade à margem esquerda do Ródano, de grande importância para Roma, havia anexado as colinas da margem direita a fim de plantar aí um vinhedo que se beneficiava do solo pedregoso e da exposição ideal. Além do mais, essas terras pioneiras eram bem servidas por cursos de água navegáveis, o Tarn e o Ródano. Roger Dion (1959, pp. 105-116) descreve bem a relação da vinha com a colonização romana: "Civilizar é, para os romanos, ao mesmo tempo, assegurar a ordem, propagar a vinha e a oliveira e criar essa paisagem de plantações fora da qual lhes parecia difícil que se pudesse desfrutar a alegria de viver".

Mapa 9. A expansão da viticultura na Gália romana

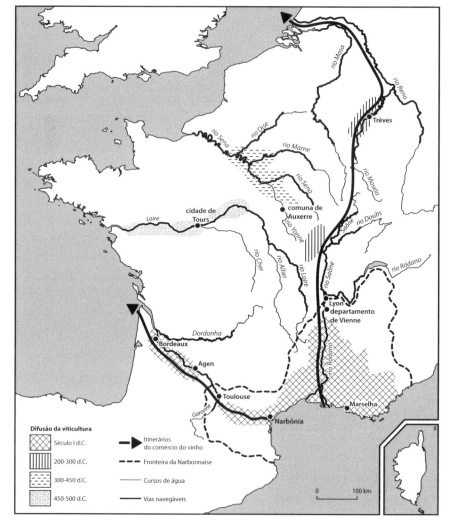

Fonte: Tim Unwin, 1991.

Não podendo plantar oliveiras além das margens do Mediterrâneo, os povos celtas ocupam-se de plantar vinhas[1] assim que a *Pax romana* se estabelece em suas terras. Seu entusiasmo não deixa de surpreender. Seguindo uma regra invariável da geografia vitícola, os novos vinhedos conquistam mercados setentrionais que, antes, eram adeptos dos vinhos da Itália, especialmente da Campânia, ou de Narbonnaise. Os gauleses, como, aliás, os outros povos do norte e do leste do império, adaptam-se tão bem à viticultura e ao vinho que no ano 92 o imperador Domiciano decide refrear esse entusiasmo de forma contundente. Suetônio explica:

> O excesso de vinho e a escassez de trigo eram o efeito de uma paixão cega pela vinha, da qual resultava o abandono de outros cultivos. Por isso, o imperador proibiu em toda a Itália novos plantios e ordenou, nas províncias, arrancar ao menos a metade dos vinhedos. (*apud* Dion, 1959, p. 129)

A medida visava, é claro, os vinhedos mais medíocres, aqueles que estavam implantados justamente nas terras cultiváveis, boas para a produção do grão. A mesma preocupação explica por que tal medida foi tomada também por diversos soberanos da Europa ao longo da história vitícola e, mais recentemente, por governantes preocupados com os prejuízos na venda de vinho de má qualidade. Além disso, proibiu-se formalmente o cultivo de vinhas no interior das *villas*, a fim de não impulsionar o seu crescimento, prova suplementar da paixão por essa bebida que tomou conta dos novos romanos. Os antigos não são diferentes, como observa Roger Dion, se considerarmos a quantidade impressionante de tavernas nas ruas de Pompeia, quase tão numerosas quanto as que havia nas cidades e nos campos franceses na primeira metade do século XX! Pouco respeitadas, ao que parece, tanto na Gália quanto na Hispânia e na Ásia, as medidas de Domiciano serão definitivamente retiradas por Probo em 280. A expansão vitícola recupera-se às vésperas da chegada de novos consumidores de cerveja, os bárbaros do norte e do leste. Nos territórios recentemente dedicados ao vinho,

---

[1] E também figueiras, que ainda se encontravam entre as vinhas parisienses no começo do século XX.

não há, no entanto, *grands crus*. Os vitivinicultores contentam-se com uma produção decente, mas sem prestígio. Mesmo nas belas terras do Mosela, cantadas por Ausônio, o néctar não jorra como antes.

Com a queda do Império, as incursões de povos germânicos, eslavos e mongóis irrompem no sul da Europa e no Magreb. Eles descobrem nessas terras as virtudes do vinho que pilham nas cidades e nas cavas urbanas. Entretanto, deixam abandonados os vinhedos e as instalações de produção, quando estas não são destruídas nos inúmeros incêndios das cidades. Na Gália, por exemplo, já quase não se encontra nenhum equipamento de vinificação posterior ao século V (Sillières, 2007, p. 53). Nesse âmbito, como em outros, a regressão é imensa (Pitte, 1983).

Os bárbaros levarão muito tempo para aprender a arte de cultivar a vinha e elaborar vinho, que requer, como toda cultura perene, uma paz estável e uma boa organização social que permita o domínio de técnicas complexas e sua transmissão. Por fim, é necessário também o estímulo de um mercado de consumo exigente, como o mostrou inteligentemente Roger Dion (1959).

Manutenção de uma viticultura próspera no Oriente sob a influência bizantina

A noroeste do Império romano, as pilhagens realizadas em várias ocasiões pelos bárbaros não demoram a arrasar os vinhedos. Ao sul do Mediterrâneo, os invasores são menos numerosos,[2] e os últimos a chegar, os árabes, conservam por um tempo uma parte dos vinhedos, como parte do conjunto da paisagem romana. Eles só renunciam ao essencial da viticultura e do vinho com o triunfo dos puritanos almorávidas e almôades, entre os séculos XI e XIII (Enjalbert, 1975, p. 32).

O nordeste do Mediterrâneo, nas mãos do Império Bizantino até a queda de Constantinopla, em 1453, ainda preserva por um bom tempo a herança romana. E, mesmo sob o domínio otomano, a cultura

---

[2] Ainda assim, segundo Victor de Vita, bispo de Bizácio (atual Tunísia) no século V, cerca de 80 mil vândalos atravessaram Gibraltar em 429, dos quais 15 a 20 mil eram guerreiros – números bem difíceis de verificar, não há dúvida.

grega manterá raízes firmes nos Bálcãs, na Turquia e em todo o Leste. Importantes comunidades judias e cristãs continuarão, até nossos dias, produzindo vinho em toda essa área controlada por muçulmanos, árabes ou turcos, que chega até o Egito.

Devemos mencionar também a Etiópia, cuja história vitícola é pouco conhecida. A vinha aí é provavelmente tão antiga quanto o judaísmo e o cristianismo, vinda do Egito junto com as religiões monoteístas. Um jesuíta, de passagem pela Etiópia no início do século XIX, o padre Bernat, observa alguns rituais religiosos (Gobien, 1819, pp. 137-138) e afirma, segundo uma fonte local, que o vinho teria sido proibido por um sultão muçulmano em 850, sob o patriarcado de Cosme. Os cristãos criaram então uma forma de celebrar a missa com água, dentro da qual maceravam ramos de videira. Durante sua estadia, os padres rezavam a missa com pão de trigo, mas, em lugar de vinho, utilizavam um suco feito com grandes bagos de uvas secas, "que deixavam mergulhados em igual proporção de água, por três dias ou mais, sob o sol; em seguida espremiam os frutos e, depois de o deixarem repousar por algum tempo, utilizavam-no para a missa". Assim, nessa igreja autocéfala, a imaginação encontrou uma forma de adaptar a doutrina dos cristãos, que exige sumo de uvas fermentado para celebrar a eucaristia. Os etíopes, durante muito tempo excluídos do resto da cristandade, e submetidos em certas épocas à pressão do islã, preferiram confeccionar um pseudovinho, a menos que o padre Bernat não tenha observado, o que seria pouco provável, que o macerado de uvas secas havia sido em seguida fermentado.

Bem mais que o Ocidente, o Oriente, no sentido mais amplo, é um conservatório de cepas, técnicas vitícolas, modos de vinificação e sabores de vinho. É um magnífico patrimônio, preservado em alguns modestos pontos atualmente, mas ameaçado pela viticultura tecnológica massificada. Os pequenos vinhedos do monte Athos, por exemplo, assim como o conjunto dos jardins da Montanha Santa, mereceriam um estudo aprofundado, pois constituem uma espécie de museu vivo da agricultura bizantina. Numerosas cepas antigas da península Balcânica, das ilhas do mar Egeu e da Turquia, podem dar vinhos muito originais. O problema está na precariedade dos métodos de cultura e de vinificação. No Mediterrâneo oriental, as propriedades voltadas para a qualidade são atraídas pelas cepas ocidentais, mais conhecidas nos mercados internacionais, mas que produzem vinhos pouco particulares, ainda que sejam benfeitos.

Vários territórios bárbaros pagãos do Oriente cultivaram a vinha e chegaram a obter um bom vinho antes de adotar o cristianismo. Entre eles, a Geórgia, como não podia deixar de ser, já que seus habitantes estão entre os inventores da viticultura, milênios antes. Não seria absurdo deduzir que a veneração dos georgianos ao vinho é, em certa medida, uma das causas de sua precoce conversão ao cristianismo. Santa Nina, que leva seus compatriotas em 337 à religião de Cristo, toma como emblema, aliás, uma cruz feita com dois ramos de vinha unidos por uma mecha de seus cabelos.[3] Nenhum outro país concede, ainda hoje, tanta importância ao vinho na sua cultura, a ponto de pôr sua saúde em perigo. Nada mudou desde as descrições que Alexandre Dumas fez dos banquetes aos quais participou durante sua viagem pelo Cáucaso:

> Um jantar georgiano é uma refeição na qual os convivas bebem de cinco a seis garrafas de vinho e, os mais resistentes, de doze a quinze. Alguns não bebem da garrafa, mas diretamente do odre; estes chegam a conter vinte ou vinte e cinco garrafas. Na Geórgia é uma glória beber mais que seu vizinho. Ora, a média do vizinho é sempre uma quinzena de garrafas. [...] Um georgiano considera uma grande honra ser citado como um beberrão de primeira. [...] Ah! bom Deus! Os belos narizes da Geórgia, os robustos narizes, os magníficos narizes! [...] Basta apertá-los entre os dois dedos e do menor deles escorrerá dois litros de vinho de Kakheti.[4] (Dumas, 2002, pp. 305-309)

---

[3] O objeto é ainda mais impressionante se levarmos em conta que, milênios antes, os georgianos colocavam nas tumbas de seus mortos pedaços de sarmentos recobertos de prata, provavelmente para simbolizar o renascimento futuro, o que evidentemente Santa Nina ignorava.

[4] Essa descrição de um jantar georgiano feita pelo autor do *Conde de Monte Cristo* é um trecho antológico. Um século e meio após sua viagem, os costumes não mudaram em nada! É sem dúvida o país onde mais vinho se bebe por habitante no mundo, o que nenhuma estatística séria revela, pois o vinho não é produzido somente nas grandes propriedades, mas também no seio de cada família, segundo o método tradicional de vinificação em jarras enterradas. Todas as ocasiões são boas para brindar ou erguer um corno ou uma taça de vinho, sem prescindir da vodca.

A Geórgia ocupou a crônica internacional durante o verão de 2008, quando seu território foi parcialmente invadido pelos russos que queriam ajudar duas províncias separatistas, a Abecásia e a Ossétia do Sul, a conquistar sua autonomia. No dia 27 de agosto, um navio guarda-costas da Marinha americana desembarcou no porto de Batumi, na costa georgiana do mar Negro, levando ajuda humanitária: a tripulação foi acolhida com música por jovens dançarinos, vestidos com trajes regionais, que ofereceram aos marinheiros pão e vinho. A mesma cena se repetiu com algumas horas de intervalo em Sukhumi, na costa da Abecásia, com os marinheiros de um navio russo. A imprensa publicou nesse dia a foto de uma bateria de defesa antiaérea russa, instalada na fronteira da Ossétia, aos pés de um imenso cartaz com a inscrição russa "Bem-vindos a Ossétia do Sul!", colocado no alto de uma imagem que mostra três ossetas em trajes tradicionais, acampados diante de suas montanhas cobertas de neve. Uma jovem oferece pão, um rapaz serve espetos de carne e um velho majestoso, possivelmente o *tamada*,* oferta um corno de vinho. No Cáucaso cristão, em tempos de paz como de guerra, o vinho permanece no coração da cultura. Os países cristãos do Mediterrâneo mantiveram a tradição antiga do "vinho da honra" (Gautier, 1996, p. 34), embora sem o fervor que esse costume conserva no país de origem do vinho.

No país vizinho, a Armênia, a conversão ao cristianismo é um pouco anterior. Ela se deve a São Gregório, chamado "o Iluminador". Gregório era cristão e parente do rei Tiridate IV, que, ao subir ao trono, em 298, mandou-o para a prisão porque ele se opusera à restauração do culto da deusa Anahit. Gregório permaneceu durante treze anos num fosso, do qual só saiu devido a uma doença grave do rei, que ele conseguiu curar milagrosamente, levando o monarca a se converter junto com todo o povo. A prisão de São Gregório está hoje situada sob o mosteiro de Khor Virap, e visitá-la é uma experiência emocionante. O ambiente ali dentro é sufocante, principalmente por causa da queima de velas. Porém, quando voltamos ao ar livre, ficamos extasiados com a beleza do monte Ararat, que domina a planície do rio Haras.

---

* No Cáucaso, especialmente na Géorgia, pessoa que preside os brindes nas festas. (N. T.)

Do terraço, avistam-se belos vinhedos, em meio aos quais aparecem pequenos núcleos de casas. As cepas não enxertadas, algumas com várias centenas de anos, a vinificação em grandes jarras enterradas do tipo *dolia* e a conservação de vinho em ânforas pontiagudas evocam a viticultura antiga. Diante dessa paisagem e do amor dos armênios pelo vinho, não podemos deixar de pensar na história de Noé, parcialmente integrada pelos mesopotâmios e pelos hebreus aos antigos mitos dessas montanhas.

Mais longe, no mundo bizantino, a passagem do paganismo greco-romano para o cristianismo somente reforça o *status* religioso e cultural do vinho, ainda que desapareçam as festas dionisíacas (bacanais em Roma) – que, aliás, já haviam sido objeto de interdições temporárias e de regulamentações durante os primeiros séculos da nossa era.

Concentração da viticultura ocidental ao redor das abadias e dos bispados

Passarão séculos antes que o conhecimento vitivinícola dos romanos e sua arte de beber sejam recuperados e, depois, desenvolvidos no Ocidente. Essa arte e esse conhecimento poderiam ter sido totalmente perdidos, como vários outros aspectos da cultura antiga, não fosse a interferência da Igreja, que se dedicou a preservá-los em seus conservatórios: os bispados e as abadias. Dessa forma, o vinho será salvo, assim como a língua latina e, naturalmente, a fé cristã, à qual o vinho está, para sempre, vinculado. Durante vários séculos, os melhores vinhedos da Europa dependerão dos bispos, ou seus capítulos, e das abadias. É preciso lembrar que até o século XIII praticava-se a comunhão sob as duas espécies eucarísticas[*] e que era necessário, portanto, haver bastante vinho ao redor dos lugares de culto cristão. Logicamente, o vinho era servido à mesa dos poderosos e oferecido como sinal de boas-vindas a todos os hóspedes de importância.

Um exemplo famoso é o das terras de Burgen, perto de Trèves, onde Ausônio admirou no passado a paisagem dos vinhedos. Após a

---

[*] A hóstia e o vinho, também chamados de santas espécies. (N. T.)

queda de Roma, os terrenos baldios voltam a ser utilizados e é o bispo São Nizier (Nicetius) quem os cultiva, no século VI. Venâncio Fortunato, o bom bispo glutão de Poitiers, tem os olhos úmidos de gratidão ao descrever a ação do santo num poema que mostra a persistência do elo existente entre o bom vinho e a bela paisagem. Felizmente, muitos hoje tentam recuperar a importância desse vínculo (Dion, 1959, p. 172):

> Ele povoou de suaves uvas as colinas assombradas,
> A vinha cultivada verdeja nos lugares onde antes só havia arbustos.

Outro exemplo notável é o da Côte d'Or. Os ricos proprietários de Autun haviam dotado seu bispo e seus párocos, desde o Baixo Império, de belos vinhedos situados sobre as colinas propícias mais próximas. Roger Dion mostrou que assim se explica, ainda hoje, a concentração de numerosos *grands crus* da Borgonha dentro dos limites da antiga diocese de Autun (*ibid.*). Os duques da Borgonha e o rei da França propiciam, mais tarde, a fortuna do norte da Côte de Nuits. Se os vinhos da Côte Chalonnaise ou do Mâconnais são menos reputados, não é porque o solo seja pobre, pois não é o caso, mas devido aos poucos cuidados dedicados a essas terras, desde a Antiguidade. Compreendemos assim a riqueza e a complexidade do conceito de *terroir*. Longe de constituir-se unicamente dos elementos físicos, o *terroir* guarda também o conhecimento antigo de seus potenciais e virtudes, além de uma longa série de melhorias, de saberes transmitidos e de escolhas, tanto culturais quanto de vinificação. Quanto mais refinado e bem informado é o proprietário, mais exigente ele se torna e maiores são as chances de um *terroir* produzir bom vinho.

O vínculo dos primeiros bispos do noroeste da Europa com a vinha e o vinho é tão forte que alguns não hesitarão em transferir a sede episcopal para um lugar nas proximidades de terras mais propícias para os vinhedos.[5] É assim que Aprúnculo, bispo de Langres no século V, e seu sucessor Gregório, no começo do século VI, fazem de Dijon sua residência habitual. A explicação é dada por Gregório de Tours, um pouco mais tarde:

---

[5] Essa é uma das múltiplas passagens novas e surpreendentes da obra de Roger Dion (1959, pp. 175-181).

Ignoro por que Dijon não tem o título de *civitas*.[6] Há, no entanto, ao seu redor, fontes de rara qualidade e, na direção do poente, colinas muito férteis e cobertas de vinhas, cujos habitantes obtêm um falerno de tão alta classe, que eles desprezam o vinho de Ascalon.[7]

O mesmo ocorreu na diocese de Saint-Quentin: o bispo preferiu residir em Noyon, no vale do Oise, escolhendo depois sua estação de veraneio como sede episcopal, em 614. Mais ao norte, São Lamberto, bispo de Tongres a partir de 660, reside a maior parte do tempo em sua *villa* de *Leodium*, no vale do Meuse, muito propício à vinha. Com a morte do bispo, uma basílica será edificada sobre sua sepultura. No século seguinte, seus sucessores se instalam definitivamente nesse agradável lugar de viticultura que se tornará, posteriormente, a cidade de Liège. E, quando sua cidade episcopal não estava rodeada de nenhum vinhedo e não lhes era possível migrar, todos os bispos das dioceses setentrionais tinham o hábito de passar longas temporadas em *villas* ou mosteiros pertencentes à sua jurisdição: Épernay ou Hautvillers, ao sul de Reims; Gaillon, a leste de Rouen; Lorment, sobre a margem direita e escarpada do rio Garonne, em frente a Bordeaux, etc.

Somemos a tudo isso a lenda dourada segundo a qual numerosos santos bispos da alta Idade Média possuíam o dom de encher tonéis, de maneira sobrenatural, quando o vinho chegava a faltar, o que era frequente nesse período de grande estiagem para a viticultura (Dion, 1959, pp. 188-190).

As abadias ocupam um lugar tão fundamental quanto as sedes episcopais em matéria vitícola – talvez até mais, por conta das prescrições da regra de São Bento, finalizada em 540: "*Orare et laborare*". Os mosteiros beneditinos devem prover suas próprias necessidades e os monges – ou os conversos, por delegação –, cultivar a terra. Produzir vinho é indispensável

---

[6] Embora seja a principal capital política, Dijon só será elevada à categoria de sede do bispado em 1731.
[7] No século VII, essa cidade palestina, hoje situada em Israel, produzia um vinho cuja reputação chegaria até o oeste da França. É possível que o vinho chamado de Ascalon, cidade de planície situada à beira do mar e, portanto, bem localizada para a exportação, fosse produzido, na verdade, nas colinas da Judeia, desde sempre mais apropriadas para a viticultura de qualidade. Assim como o vinho do porto, que provém, de fato, do Alto Douro, embora leve o nome de seu porto de expedição marítima.

Mapa 10. Concentração dos *crus* mais famosos na Côte d'Or, dentro dos limites da antiga diocese de Autun

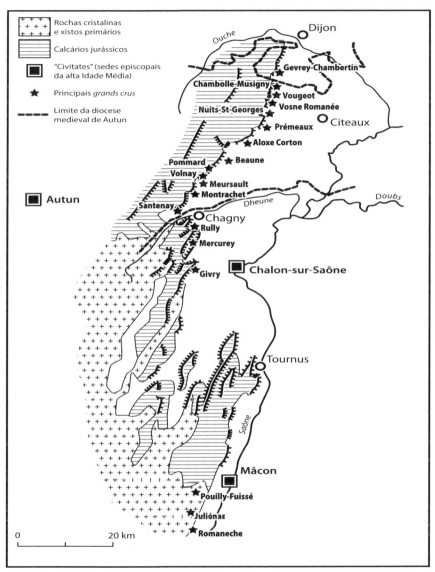

Fonte: Roger Dion, 1959.

ao serviço divino, ao dever de hospitalidade e ao equilíbrio dos monges, portanto, indispensável à harmonia da comunidade. Cada um deles está autorizado a beber até meio sesteiro por dia, ou seja, por volta de 30 centilitros, embora sejam aconselhados a abster-se sempre que possível, ainda que o padre abade possa conceder licenças generosas durante os dias de festa, quando as carnes e o vinho estão disponíveis à vontade no refeitório.

Não se permite nenhum relaxamento das regras monásticas cristãs no que se refere à obediência, à castidade, à pobreza individual. Mas, em matéria de renúncia alimentar, elas admitem modulação de um monge para outro, de um momento a outro do ano litúrgico e até de um mosteiro a outro, de acordo com a boa vontade do abade.

O cumprimento da regra convida ao aperfeiçoamento constante: nada é perfeito demais para Deus. Encher as adegas de vinho não faz sentido a não ser que a bebida seja excelente. Seria indigno celebrar os ofícios divinos com um vinho medíocre. Da mesma forma, deve-se servir sempre o melhor aos hóspedes da comunidade, já que através deles recebe-se o próprio Cristo. Os exemplos borgonheses são eloquentes. As abadias rivais em espiritualidade, em riqueza e em sentido artístico também o são na viticultura e na excelência dos vinhos de seus *clos*.* Cluny, Cîteaux, Bèze, Tart, etc.

Cîteaux foi criada no deserto, em meio aos pântanos do vale do rio Saône, onde crescem apenas caniços, mas a Côte d'Or vitícola é visível desde a própria abadia. Um *clos* que chegará a 50 hectares é pacientemente formado, a partir de 1110, em Vougeot, tornando-se um laboratório da viticultura borgonhesa de alta qualidade. Ali foram experimentadas as virtudes de várias técnicas: a remoção de pedras dos terrenos, o fechamento com muros para evitar a entrada do gado e facilitar o acúmulo de calor, o abandono do plantio de diversas espécies em um mesmo terreno – recomendado pelos agrônomos latinos mas totalmente impróprio naquela latitude. Provavelmente, aí surge também o privilégio concedido às cepas nobres, em particular a *pinot noir*. Os duques da Borgonha certamente seguirão esse exemplo; Filipe, o

---

* Vinhedo ou grupo de vinhedos fechados por muros. (N. T.)

Corajoso, em 1395, a impõe como única cepa vermelha de seus *clos* e ordena que arranquem a "desleal *gamay*" (Pitte, 2005, pp. 42-51).

Mesmo quando a maior parte dos grandes e belos vinhedos do Império Romano estava ameaçada ou sobrevivia debilmente ao redor dos lugares santos, outros plantios pioneiros se formaram além das antigas fronteiras, à medida que o cristianismo prosperava em direção ao norte, seguindo um processo inverso ao que se produziu no sul do Mediterrâneo, sob o efeito das invasões dos árabes muçulmanos. Impulsionada pela Igreja, secular ou regular, a viticultura passa ao nordeste do Reno, ao norte do Danúbio, beneficiando-se durante a Baixa Idade Média do aquecimento do clima e ganhando, assim, todo o vale do Reno, a Francônia, a Áustria e a Boêmia. Alguns vinhedos isolados aventuram-se até a Alemanha setentrional, a Dinamarca[8] e a Polônia (ao redor de Gubin, perto do rio Neisse, por exemplo). A vinha, cultivada na Inglaterra na época romana, está discretamente presente no período anglo-saxão e nos primeiros anos da ocupação normanda, em torno das abadias e dos bispados (Unwin, 1990), mas conhece uma nova expansão na época do *Domesday Book*, inventário realizado no final do século XI por ordem de Guilherme, o Conquistador (Darby, 1977). Até mesmo a Irlanda tenta iniciar-se na viticultura.

No entanto, os avanços para o norte são excepcionais e acrobáticos, do ponto de vista vitícola. A maior parte do vinho utilizado pelas abadias e pelo clero secular da Europa setentrional provém do sul. As ilhas Britânicas aprovisionam-se facilmente em Bordeaux, após o casamento de Leonor da Aquitânia com Henrique II Plantageneta, em 1152.

A Alemanha setentrional e a Escandinávia têm acesso ao vale do Reno e à Francônia; a Polônia, à Boêmia, à Morávia e à Eslováquia. Na Rússia, o vinho é importado das regiões próximas ao mar Negro,[9]

---

[8] A esse respeito, é preciso assinalar que, se é verdade que os vikings chegaram à Terra Nova nos séculos X e XI, o nome Vinlândia, dado a essa região, não significa de modo algum que ali existissem uvas selvagens. Estas só crescem, com efeito, bem mais ao sul, na Nova Inglaterra. Talvez as sagas façam alusão a outras bagas selvagens, como os mirtilos. Ver Enjalbert (1975, pp. 36-37).

[9] A vinha atinge as margens do mar de Azov desde a época bizantina e até mesmo antes. O verão ali é muito quente, mas o inverno é tão frio que é preciso, como na Ásia central, cobrir as cepas com terra desde o outono.

O desejo do vinho conquistando o mundo

Mapa 11. Origem medieval da viticultura monástica de qualidade no Bugey

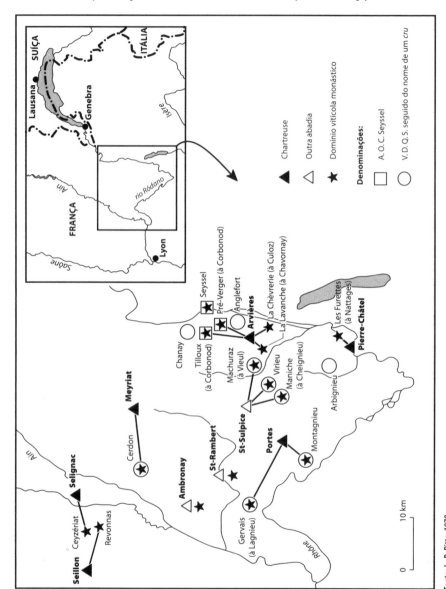

Fonte: J.-R. Pitte, 1978.

ao Império Bizantino – mais tarde, otomano – e, bem mais tarde, a Cahors, na França.

Quanto ao povo, este continua, no norte da Europa, a consumir as bebidas tradicionais herdadas dos tempos bárbaros: cerveja, hidromel, sidra ou suco fermentado de outras frutas espremidas ou maceradas. Mais tarde, principalmente a partir do século XVI, esses países se tornarão grandes consumidores de bebidas alcoólicas destiladas produzidas a partir de cereais, que são ainda hoje típicas dessas culturas (uísque, gim, vodca) e que nada têm de religioso. Bebe-se cerveja nas abadias flamengas da Idade Média, algumas das quais ainda mantêm uma produção de excelência na Bélgica – como as cervejas trapistas – , mas nos dias de festa os monges consomem vinho (Dion, 1959, p. 183). As abadias bretãs consomem habitualmente sidra, mas compram vinho mais ao sul para a celebração da missa e para as grandes ocasiões festivas.

Até o fim do século XVIII, na França, e mais tarde em outros países católicos não atingidos pelas revoluções anticlericais ou, em todo caso, pelas reformas que privaram as ordens monásticas de suas propriedades, o elo da vinha com as abadias permanecerá firme. O fato de que, durante muito tempo, se tenha atribuído a dom Pérignon, viticultor de Hautvillers, perto de Épernay, a fama de haver inventado o espumante champanhe – quando na verdade essa ideia e as técnicas que permitiram sua obtenção são originais da Inglaterra (Bonal, 1995) – demonstra bem a indissociabilidade desse vínculo.

A partir do fim da Idade Média, a viticultura das regiões setentrionais da Europa conhece dificuldades, devidas à pequena idade glacial. O cultivo é abandonado e o vinho volta a ser um símbolo de cultura ou de luxo. No entanto, a produção das regiões meridionais se desenvolve consideravelmente. Cada família camponesa ou comunidade rural tenta obter seu próprio vinho, em todos os lugares onde o clima o permite. Medíocre ou refinado, é a bebida que identifica essas comunidades, e o hábito de consumi-la cotidianamente permanece até uma data bastante recente ou até nossos dias. É também nessa época que volta a emergir, como na Antiguidade, uma viticultura comercial de qualidade, nas proximidades dos mercados de consumo solventes ou das vias de comunicação que permitem chegar até eles (estradas, rios, portos).

Não sabemos muito sobre o gosto dos vinhos na Idade Média. Eles são ainda acrescidos de resina, especiarias, ervas e mel no Oriente, provavelmente conservados em jarros. No Ocidente, entretanto, a vinificação e a conservação são efetuadas em barricas e tonéis de madeira. A técnica de esmagar as uvas com os pés e a ausência de aditivos antissépticos dificultam ao vinho conservar-se até a primavera seguinte à vindima: ele azeda rapidamente. Os vinhos são brancos ou clarificados, às vezes mais escuros, mas é bem provável que sejam coloridos com suco dos frutos do sabugueiro ou de amoras, especialmente no norte da Europa. São mais escuros nas regiões ensolaradas, por exemplo, em Aunis, na Aquitânia, no País Basco e nas margens do Mediterrâneo (Lavaud, 2007, pp. 306-309).

A alegria cristã de beber vinho

Para os cristãos e, depois da Reforma protestante, para os católicos e ortodoxos, beber um bom vinho em abundância para alegrar-se não é, de forma alguma, uma ofensa aos céus, muito pelo contrário. A proibição nasceu na Europa reformada e na América anglosaxã e jamais conheceu um êxito real nos países da Europa e da América Latina.

Os grandes santos da Idade Média, como Tomás de Aquino e também Francisco de Assis, retomaram o antigo discurso da relação entre o vinho e a vida, *vitis* e *vita* – a vida terrestre, mas também a celestial –, graças à eucaristia (*ibid.*, 317-319). Apesar de seu jansenismo, Pascal resumiu perfeitamente a concepção católica do vinho ao colocá-lo no centro da busca filosófica da verdade: "Muito pouco vinho ou vinho em demasia: não lho deem e não poderá achar a verdade; deem-lho em demasia e ocorrerá o mesmo".* Preceito que está perfeitamente de acordo com a tradição do Antigo e do Novo Testamento, assim como com o ensinamento dos filósofos gregos e latinos.

---

* Extraído de Blaise Pascal, *Pensamentos*. Trad. Sérgio Milliet (4. ed. São Paulo: Nova Cultural, 1988), p. 50. (N. T.)

O excesso de consumo não é jamais recomendado. No entanto, nunca foi considerado como um pecado mortal, ainda que revele a presença da gula, um dos sete pecados capitais. Lembremos que essa categoria diz respeito aos pecados que podem conduzir a outros maiores, mortais e, portanto, privativos da graça, tais como o homicídio, o adultério, a blasfêmia. Em si mesmos, eles podem ser veniais, o que constitui um dos mais significativos exemplos da casuística católica (Pitte, 1991, pp. 55-98). No decorrer dos séculos, impõe-se uma visão católica prazenteira do vinho. Esta só desaparece após a aplicação das orientações do Concílio Vaticano II na Igreja francesa, que retoma então certa ascese em relação ao bem comer e ao bem beber, assim como nas comunidades católicas minoritárias do noroeste da Europa (países Baixos, por exemplo) que, por zelo ecumênico, adotam uma parte da moral protestante.

Sobre a conduta relaxada dos cristãos em relação ao consumo abundante de vinho, não faltam exemplos ao longo da história, em todos os países europeus. Em 1467, o próprio Lourenço de Médici escreveu um livro intitulado *Simposio* no qual põe em cena inúmeros beberrões eclesiásticos que não se privavam de usar o divertido trocadilho *parlare divino e parlare di vino* (Huchon, 2007, p. 68).

Rabelais, teólogo e médico, é um seguidor dessa amável filosofia do vinho, de forma alguma inimiga da religião ou da saúde. Lembremos algumas passagens de seu *Gargântua* (*ibid.*, pp. 69-71, 89-91), escrito em 1534 ou 1535, no qual sentimentos quase piedosos se confundem com a glorificação irônica do beberrão:

> E começaram a andar os garrafões, a trotar os presuntos, a voar os copos e a tilintar as taças. Estira, baila, gira, enreda. Afasta de mim a água; assim, meu amigo. Açoita-me com esse copo, galantemente. Serve-me de clarete até que a taça chore. Transpiras de sede! [...] Nós, inocentes, não bebemos senão sem sede. Não eu. Pecador, bebo sem sede. Se não para a presente, ao menos para a futura, por prevenção, ora! Eu bebo pela sede que há de vir. Bebo eternamente. Sou eternamente beberrão e beberrão pela eternidade. [...] Bebe

sempre, não morrerás jamais. Se não bebo, sinto-me seco, eis-me morto. Minha alma fugirá para algum criadouro de rãs. Em terreno seco a alma não vive jamais.

Três séculos mais tarde, o sentimento continua sendo idêntico. Entre os monges bernardinos, a festa de Santa Cecília, descrita por Brillat-Savarin, enfatiza a mesma veia alegre, ao menos no que se refere aos exageros rabelaisianos. O autor mostra como o bom vinho torna alegremente religiosa a juventude bem nascida e despreocupada desse fim do Antigo Regime. Estamos longe das renúncias do jansenismo.

Em 1782, o futuro magistrado e deputado-prefeito de Belley dirige-se com seus amigos à abadia de Saint-Sulpice, nas montanhas, com a finalidade de oferecer ali um concerto à comunidade. Todo o grupo se regozija antes do espetáculo com bons vinhos de Manicle, Virieu e Machuraz, essas colinas de Bugey "privilegiadas pelo astro-rei" (Brillat-Savarin, 1965, p. 396), propriedades do mosteiro. O padre intendente, que fez preparar, entre outras maravilhas, "uma torta alta como uma igreja e quatorze pratos de assado"(*ibid.*, pp. 392-398), previu mais de cem garrafas de vinhos da abadia; estas foram colocadas para refrigerar numa pia "continuamente regada por uma fonte natural, que fluía murmurando *Evoé Baco*" (*ibid.*, p. 394). Um ouvido tão aguçado só podia pertencer a um devoto do vinho, isso não se discute! E o santo intendente não deixa nada a dever ao eloquente clichê introduzido pelos *fabliaux* e por Rabelais. Enquanto seus irmãos temem a chegada de um novo abade de reputação severa, ele se consola dizendo: "Por mais malvado que seja, ele jamais terá a coragem de tirar deste velho o seu canto ao lado do fogo e a chave da adega" (*ibid.*, p. 398). Um digno predecessor, como podemos ver, do reverendo dom Balaguère, capelão contratado pelos senhores de Trinquelage, e do reverendo padre Gaucher, ambos de *Cartas do meu moinho,* de Alphonse Daudet!

O sermão da Quaresma de um bispo do vale do Reno, em 1814, é uma versão simbólica e acessível a todos, da moral católica do vinho. Podemos lê-lo aqui tal como Goethe o relatou. Estamos longe do misticismo judeu de Filo de Alexandria ou, naturalmente, da despedida de

Jesus como a transmite São João. O bom pastor desse país de vinhedos entrega-se a uma crítica severa da embriaguez, atenuada, inclusive negada, por um elogio à santa alegria que produz o vinho bebido à vontade, segundo a capacidade de cada um para obter dele os melhores efeitos:

> Estais então convencidos, fiéis ouvintes, já redimidos pela graça do arrependimento e da penitência, de que cometeríeis um pecado maior abusando assim dos dons excelentes do Criador. Mas o abuso não exclui os costumes, pois está escrito: o vinho conforta o coração do homem. Dessas palavras se deduz que podemos e até devemos usar o vinho para nosso prazer e o dos outros. Ora, entre os homens que me ouvem, talvez não haja nenhum que seja capaz de beber dois copos de vinho sem que sua cabeça fique transtornada. (Goethe, 1996, pp. 35-38)

Segue-se uma reflexão sobre a necessidade de não beber além das próprias forças e de deter-se na terceira taça, na quarta ou na sexta, de acordo com cada indivíduo. Cita-se, finalmente, o caso exemplar do próprio bispo, que ele expõe com evidente falta de modéstia, embora com um tom bem-humorado e bonachão:

> É de fato por uma exceção extremamente rara que o bom Deus concede a alguém a graça singular de beber oito taças sem se alterar, como Ele dignou-se a conceder a mim mesmo, seu servidor. E como ninguém pode me acusar de ter me abandonado a uma injusta cólera contra quem quer que seja, de ter ignorado meus comensais ou meus familiares, ou mesmo de ter negligenciado meus deveres ou meu trabalho eclesiásticos; e que, pelo contrário, vós sois todos testemunhas de que estou sempre disposto a esforçar-me para louvar e glorificar a Deus, assim como para procurar o bem e o proveito do meu próximo, posso justamente, com gratidão e tranquilidade de consciência, beneficiar-me para sempre do dom que me foi concedido.
> Para vós, meus caros ouvintes, a fim de aliviar-vos o corpo e alegrar-vos o espírito, segundo a vontade do Deus dadivoso, tomai cada um vossa modesta parte. E para que seja assim, e que todo

o excesso seja evitado, atuai todos de acordo com o preceito do santo apóstolo que disse: Provai todas as coisas e ficai com as melhores.[10]

O preceito está de acordo com o capítulo 40 da regra de São Bento, intitulado "Da medida da bebida": "Cada um recebe de Deus um dom particular, este de um modo, aquele de outro".* Que melhor maneira de pregar a virtude nessas terras renanas que demarcam o limite entre o catolicismo e a reforma! Essas recomendações estão de acordo com as concepções civilizadas da arte de beber vinho. Elas são de grande atualidade, e o presente ensaio não tem outro objetivo senão demonstrá-lo. Mas, evidentemente, estão desprovidas de todo o espírito de renúncia voluntária, assim como o hábito que se atribui ao cardeal de Bernis de celebrar sua missa com Meursault** para não fazer nenhuma grimaça ao Senhor durante a comunhão. *Sè non e vero...*

Em compensação, muito autêntico e teológico é o elogio ao vinho feito por Lacordaire numa conferência em Toulouse, em 1854 (*apud* Lelong, 1972, pp. 147-148). É verdade que ele era borgonhês, e quem sai aos seus não degenera:

> O homem, quando levou aos lábios a taça benfazeja, percebeu que havia entre essa bebida e sua alma uma misteriosa afinidade e que a melancolia, esse véu triste que nos cobre interiormente depois do pecado, caía pouco a pouco sob a influência reparadora do grande licor. Era como uma revelação desse alimento invisível, do qual vivem os santos no céu, e que regozija, no vigor de Deus, a imortalidade de seu próprio viço.

No século XX, alguns eclesiásticos franceses entregaram-se a elogios entusiasmados e divertidos ao vinho, indícios de uma visão jovial da moral cristã, ao menos com respeito a esse tema e ao da boa carne. Encontraríamos, sem dúvida, equivalentes na Itália, na Renânia e, talvez, na península Ibérica. E. Krau, religioso de Vosne-Romanée e

---

[10] Alusão a São Paulo na sua Primeira Epístola aos Tessalonicenses (5:21).
* Tradução retirada de http://www.osb.org.br/regra.html. (N. T.)
** Vinho branco de Borgonha, muito reputado. (N. T.)

clérigo da catedral de Dijon, foi o capelão da Confrérie des Chevaliers du Tastevin, no período entre as duas guerras mundiais. Ele costumava pregar nas festas de São Vicente, patrono dos vinhateiros. No dia 28 de janeiro de 1939, pronunciou um sermão sobre o lugar do vinho na Bíblia, muito erudito e belamente construído, mas não sem antes se lançar num vibrante elogio aos vinhos de sua paróquia:

> Acusar-me-ão de subir ao púlpito para dizê-lo? Mas desde quando e com que direito proibir-se-ia a um padre pregar por seu santo e trabalhar assim na vinha do Senhor? [...] Ah, caros amigos, a religião, se a conhecêsseis melhor e ousásseis praticá-la, experimentaríeis a que ponto ela nos faz bem e seríeis todos da opinião do célebre vinhateiro bordalês Montesquieu: "Coisa admirável, dizia ele, a religião, que não parece ter outro objetivo senão a felicidade na outra vida e, ainda assim, traz tanto regozijo a esta! (Krau, 1939, pp. 4-5)

Em seguida, saúda respeitosamente monsenhor Sembel, bispo de Dijon, e continua seu sermão com uma admirável resposta aos Cavaleiros do Tastevin, que o haviam convidado a presidir a missa: "Se julgais, senhores, que minha presença pode, ainda que pouco, contribuir para fazer vender o vinho de meus caros vinhateiros persuadindo-os de que me preocupo realmente com seus interesses materiais, eu aceito!"

Félix Kir, cônego e prefeito de Dijon, deu em 1952 seu nome à mistura de vinho branco seco de Borgonha com licor de cassis, tornando-se célebre no mundo inteiro, graças à publicidade que lhe fizeram os fabricantes do licor, dentre os quais se destaca Lejay-Lagoutte. É verdade que sua eloquência borgonhesa, seu interesse pela gastronomia, evidenciado pela batina duvidosa, e sua maneira muito pessoal de conceber a vida política lhe valeram a simpatia geral, mesmo entre os anticlericais (Bazin & Mignotte, 2002).

Por ocasião de uma pregação sobre as bodas de Canaã, durante a missa radiofônica em que, por mais de três décadas, ele se encarregava dos sermões, o dominicano Maurice Lelong entregou-se um dia a um enaltecimento do vinho bastante semelhante ao do bispo alemão mencionado por Goethe.

Após seu vibrante discurso, Lelong recebeu um grande número de cartas indignadas, inclusive insultuosas, mas também, confessou ele, inúmeras garrafas enviadas de presente por piedosos vinhateiros:

> Será indispensável, quando falamos seriamente do vinho, proclamar que o descontrole nessa matéria é um pecado que a moral condena e que a Igreja sempre reprovou? [...] Sob o pretexto de que muitos cedem à paixão, perdendo o controle dos sentidos – mais precisamente, de seus baixos instintos – e profanam o casamento, vamos por isso condenar o amor? [...] Se o uso razoável do vinho vos é impossível, a abstenção é certamente preferível. [...] Em todo caso [...] não transformem sua fraqueza em princípio e em doutrina, glorificando-vos do que não é, afinal de contas, senão um defeito. (Lelong, 1972, pp. 144-145)[11]

---

[11] Maurice Lelong é o autor de um magnífico discurso em louvor de São Fortunato, patrono dos grandes glutões (*ibid*, pp. 11-48).

8
Luxo, calma e volúpia

O vinho continua sendo, portanto, durante toda a alta Idade Média, a bebida sagrada dos ofícios divinos, da hospitalidade e também da cultura. À medida que passam os séculos, a sociedade civil restabelece o vínculo com o conjunto da antiga civilização do vinho. Tomá-lo cotidianamente para acompanhar as refeições, ou por simples prazer, revela um alto nível de requinte e riqueza, ao mesmo tempo que indica a atenção dada à saúde. Como na encomenda e fruição de qualquer obra de arte, procura-se, com o vinho, um misto de prazer e de emoção, mas também afirmação de conhecimento, de riqueza e de poder, assim como um desejo de "aparentar" mais ou menos ostensivo. Sem esquecer a generosidade, da qual devemos dar prova quando recebemos um hóspede. Oferecer-lhe um bom vinho durante sua estadia é um sinal de respeito e estima entre os senhores laicos e os burgueses, como nos mosteiros. De fato, não há ruptura com as civilizações da Antiguidade. O religioso e o profano aliam-se numa concepção única do sagrado.

Mais tarde, o vinho democratiza-se e, ao fazê-lo, hierarquiza-se, como acontece com toda criação cultural. É no decorrer da baixa Idade Média que os vinhedos do campo ou do perímetro urbano, produtores de uma profusão de vinhos medíocres e baratos – permitirão ao conjunto dos europeus do sudoeste alcançar o consumo cotidiano. Ao mesmo tempo, surgem vinhedos de qualidade, que aperfeiçoam seus vinhos e encontram consumidores entre aqueles que têm os meios e o desejo de adquiri-los. A classificação dos vinhedos e dos vinhos, já conhecida das grandes civilizações mediterrâneas da Antiguidade, volta a ser praticada, mas dessa vez laicizada, posta principalmente a serviço do bom gosto e da sociabilidade.

É um fenômeno comparável ao que observamos em outras facetas da cultura, como o teatro. Ele está profundamente ligado à religião e à identidade política do conceito antigo de centro urbano; e assim continua sendo na Idade Média, sob a forma de mistérios (peças de teatro inspiradas em temas religiosos), representados nos pátios das catedrais e que, progressivamente, se laicizam e se dividem entre um tom popular (*commedia dell'arte*) e outro mais culto e refinado. O mesmo ocorre em matéria de urbanismo: este é uma expressão do sentido religioso dos antigos, de sua vontade de expressar os valores mais sagrados de sua cultura no traçado das praças e das ruas, ou na edificação dos monumentos. A Idade Média ocidental fará o mesmo, à sua maneira. O Renascimento, privilegiando a expressão do poder dos príncipes, retomará, é verdade, as características da cidade romana, mas perderá o significado cosmológico e religioso profundo, antes que a revolução industrial se contente com a simples e pobre utilidade material e técnica que lhe serve de impulso, dizendo provisoriamente adeus ao encantamento do mundo (Pitte, 1983).

O vinho, o poder, o dinheiro

Quando o sistema feudal se estabiliza na Europa, todos os castelos do sul do continente atraem a vinha e tornam-se centros de produção de vinho, cuja qualidade e reputação variam de acordo com o poder e a riqueza do senhor, do príncipe, do rei e do imperador (Dion, 1959, pp. 192-194). A célebre representação das vindimas ao pé do castelo de Saumur, propriedade do duque de Berry, no século XV, no livro de horas *Très riches heures*, encomendado por ele, simboliza com perfeição essa necessária relação, constante na paisagem europeia e ainda visível em várias regiões, nas proximidades das fortalezas medievais. Ainda no que se refere a esse tema, o Renascimento e o período chamado clássico romperam o fio contínuo que ligava o Ocidente ao Império

Romano. É assim que Luís XIV nasce em Saint-Germain, num castelo rodeado de vinhas, como numa *villa* antiga; ele morre em Versalhes, no centro de um jardim de desenho concebido por ele, onde as únicas vinhas e as únicas uvas são de pedra ou de bronze.

Como durante a Antiguidade, na Idade Média e mais tarde, quando se procura explicar a excelência de um vinho, entram em discussão as virtudes físicas do *terroir*, bem como os cuidados dedicados à vinha e à adega. Uma vez que a excelência depende dos dois fatores, tal discussão nunca chegará ao fim. É assim que os habitantes de Orléans exaltam seu vinho ao rei Carlos VII explicando que os aluviões do Loire de onde ele provém são muito propícios à qualidade, mas, ao mesmo tempo, os modos de cultivo dos quais se beneficiam suas vinhas "são mais suntuosos, caros e dispendiosos que em qualquer outro lugar" (*ibid.*, p. 404). Some-se a isso um outro fator, que rapidamente prevalece sobre todos os demais: a notoriedade do proprietário. Os vinhedos senhoriais, e mais ainda os reais, beneficiam-se de cuidados especializados e também de um nome de batismo prestigioso, que se conjugam para aumentar sua virtude objetiva e sua reputação lisonjeira, que deve ser explorada comercialmente face à clientela potencial.

Refletindo sobre a questão da hierarquia dos vinhos na Idade Média, Roger Dion indicou de maneira visionária todo um campo de pesquisa que constitui ainda hoje um delicado objeto de debate nos meios vitícolas e mesmo entre certos geógrafos. A propósito das virtudes que se atribuem a uma ou outra disposição natural, escreve ele:

> [estas são] justificadas em certa medida [...] pelo fato inegável de que a cepa retira do solo no qual cresce elementos que se encontram no perfume de seus frutos, mas abusivas quando tendem a fazer crer que não corresponde ao homem criar, nem mesmo melhorar a aptidão de um solo para dar bons vinhos, e que a possibilidade de produzi-los é um raro privilégio concedido pela natureza e reservado, num pequeno número de regiões, a terrenos muito limitados (*ibid.*, p. 405).[1]

---

[1] Sobre o tema das virtudes físicas do *terroir*, do trabalho humano e da reputação nos vinhos de Bordeaux e da Borgonha, ver Pitte (2005, pp. 29-80).

Não é, portanto, nenhuma novidade essa aparente defesa da primazia da natureza, quando se trata, antes de tudo, de uma renda fundiária proporcionada por um hábil trabalho agrônomo, enológico, comercial e de comunicação, aplicado por um tempo mais ou menos longo, a um *terroir* que apresenta certo potencial. Os desafios financeiros são às vezes tais que compreendemos a dificuldade de certos proprietários em separar as coisas. Autopersuasão, má-fé e realidade objetiva são, às vezes, bastante difíceis de distinguir. Voltaremos mais tarde a essa questão do *terroir*, mais importante que nunca no atual contexto da globalização.

À medida que os circuitos comerciais se restabelecem, no decorrer da Idade Média, os apreciadores de vinho abastados dão a conhecer suas preferências, que influenciam as regiões de produção situadas nas proximidades dos mercados de consumo. Por volta dos séculos X e XI, os vinhos que viajam das abadias do sul em direção às terras do norte da Europa são "religiosos". Mas rapidamente são substituídos por vinhos "comerciais" (Enjalbert, 1975, p. 35), que constituem, durante toda a baixa Idade Média e a Era Moderna, uma mercadoria essencial no comércio europeu meridional.

É dessa forma que podemos, de novo, diferenciar claramente os vinhos. Aparecem então novos tipos, ditados particularmente pela preocupação de poder transportá-los e conservá-los, assim como pela evolução dos gostos e das técnicas. O poema *A batalha dos vinhos*, escrito no século XIII, por Henri d'Andeli, é um exemplo da forte concorrência que opõe os vinhos "franceses" das regiões do norte aos do sul – da Borgonha, de Poitiers, da Aquitânia e do Languedoc –, que se beneficiam de uma exposição ao sol mais longa e intensa (Dion, 1959, pp. 399-414).[2] Os primeiros têm todos os favores do poeta. Podemos bebê-los puros, sem problemas, o que ele não recomenda fazer com os segundos. Do vinho de Auxerre, que se tornou hoje bastante setentrional, ele diz que é "demasiado pesado para a cabeça daquele que exagera" (Dion, 1959, p. 401)!

---

[2] Cf. também Lavaud (2007, p. 303) para ver a carta constituída a partir dos nomes de vinhos citados em *A batalha dos vinhos*.

Luxo, calma e volúpia

Mapa 12. O comércio de vinhos na Europa, por volta de 1250

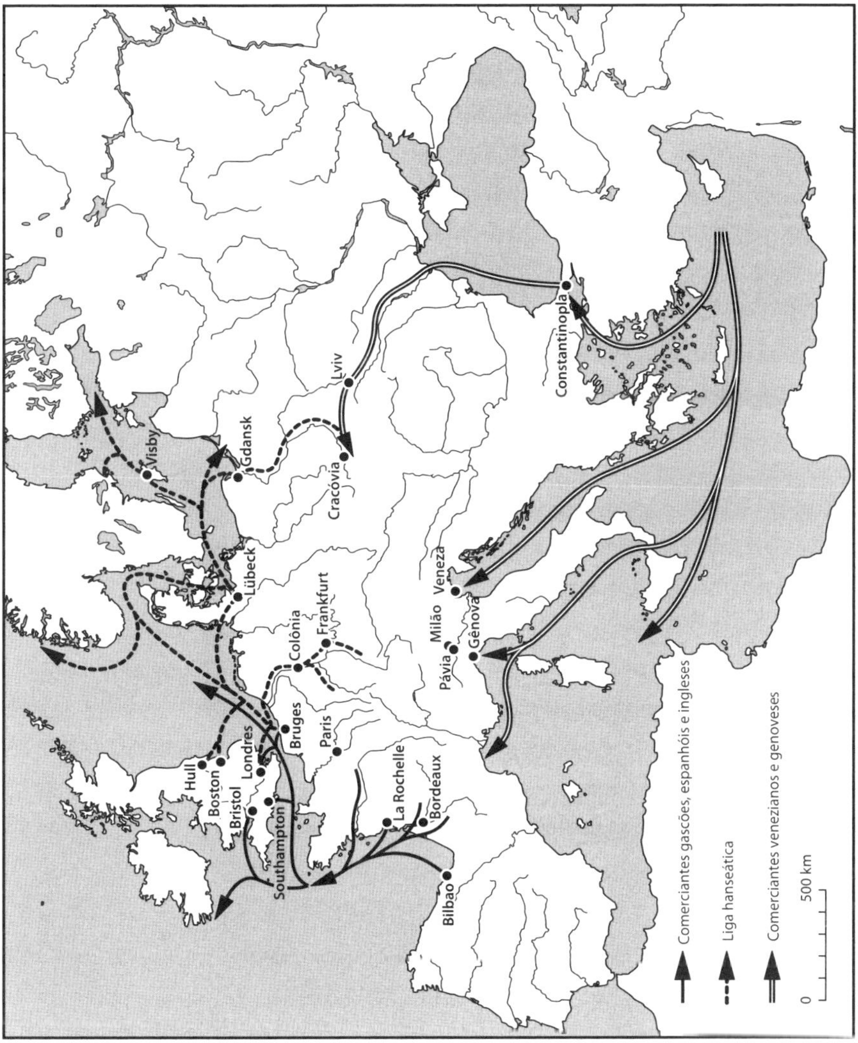

Fonte: Tim Unwin, 1991.

Mapa 13. Vinhos e destilados atlânticos e mediterrâneos criados para o mercado inglês (séculos XII-XIX)

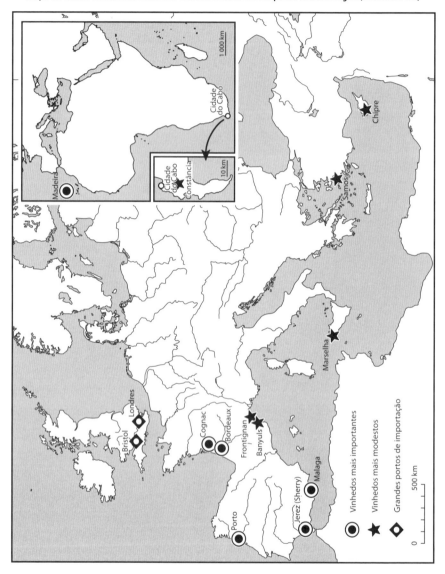

Progressivamente, durante a baixa Idade Média, os vinhedos mais setentrionais da Europa declinam. As vindimas são aleatórias e, com o esfriamento do clima, a partir do século XVI, tornam-se cada vez mais raras. Além do mais, os transportes marítimos melhoram. Os vinhedos situados nos pontos mais distantes dos portos atlânticos e mediterrâneos crescem e passam a fornecer para os mercados do norte. Poitou e Aquitânia são as regiões pioneiras dessa revolução comercial, graças aos portos de La Rochelle e Bordeaux. O vinhedo de Charentes existe ainda, mas agora dedicado à destilação e elaboração de uma bebida mundialmente famosa, o conhaque. O vinhedo da Aquitânia, apesar de algumas crises passageiras, não deixou de prosperar e melhorar sua reputação.

Afirma-se que o vinhedo bordalês conhece uma extraordinária expansão após a anexação da Aquitânia ao reino da Inglaterra, beneficiando-se especialmente de uma decisão real que vai assegurar-lhe a prosperidade por muito tempo: o exorbitante privilégio de 1241 (Pitte, 2005, pp. 52-57). No começo do século XIII, os bordaleses manifestam sua adesão à coroa inglesa que, em contrapartida, homologa um direito que eles próprios se haviam atribuído: o de poder vender e exportar em primeiro lugar os seus vinhos, ou seja, os das terras altas, que só podiam chegar ao porto do Garonne depois do dia de São Martinho, em 11 de novembro. Ora, nessa data, a parte essencial do mercado inglês já está abastecida e satisfeita. Não há, portanto, nessa época do ano, muita demanda para os vinhos de Bergerac ou Agen, cujos vinhedos estão, portanto, impedidos de expandir.

A habilidade dos bordaleses fica evidente quando verificamos que o retorno da Aquitânia ao reino da França, no final da Guerra dos Cem Anos, não será o bastante para restaurar a justiça para os vinhedos do interior do país. Seu privilégio será constantemente renovado e será preciso esperar até 1776 para que Turgot decrete a abolição dessa medida tão iníqua. Mas as regras do jogo estão estabelecidas e os bordaleses avançaram suficientemente no campo vitivinícola e comercial para que sua superioridade não seja afetada.

Após ter sido dominado pelos espanhóis e portugueses nos séculos XV e XVI, o comércio marítimo passa por vários séculos entre as mãos dos holandeses (15 mil navios em 1669) e dos ingleses (3 mil) (Dion, 1959, p. 423). Fortalecidos por essa supremacia marítima, os negociantes dos dois países e de outras nações do norte da Europa virão se instalar diretamente nos portos para ali praticar a compra e a exportação de vinhos no lugar mais próximo de sua origem. Com isso, eles não só aumentam assim seus benefícios, como também orientam o estilo da viticultura e da vinificação. Isso explica a implantação das dinastias de destiladores e negociantes vindos da Europa setentrional, alguns dos quais se tornaram depois proprietários de terras em Cognac (Hine, Martell), Bordeaux (Lawton, Barton, Cruse), no Porto (Croft, Sandman), em Jerez (Osborne, Harvey) e na ilha da Madeira (Malmsey, Leacock).

Roger Dion reuniu os fatores de desenvolvimento aos quais se deve essa evolução na França sob o título geral "Adaptação da produção vinícola às necessidades da sociedade moderna". Por meio de uma exposição bem embasada, o autor conclui: sem os amantes do vinho, não haveria vinhedos. Citando uma passagem de Olivier de Serres, escrita em 1601, ele demonstra que essa não é uma visão intelectual recente das coisas, mas uma opinião antiga e convincente: "Se não tendes onde vender vosso vinho, que fareis de um grande vinhedo?" (Dion, 1952, p. 418; Pitte, 1990).[3] A atualidade desse conselho não deixa lugar a dúvidas: o setor vitivinícola deve ter em mente que, por mais agradável que seja, o vinho é um produto supérfluo e, por conseguinte, sua produção e venda dependem do desejo dos consumidores e do prazer que encontram na bebida, principalmente quando seu preço é elevado e, sobretudo, muito elevado. O que Roger Dion provou, de maneira indiscutível, é que o amor ao bom vinho é a única origem dos vinhedos de qualidade.

Três inovações para grandes vinhos de reserva: o enxofre, a garrafa, a rolha

Várias invenções técnicas importantes ocorridas a partir do século XVII permitem prolongar a conservação do vinho e melhorá-lo

---

[3] Uma boa síntese dessa evolução comercial dos vinhedos encontra-se em Enjalbert (1975).

pelo envelhecimento, ou seja, fazê-lo revelar aromas e sabores complexos, insuspeitáveis quando ele é jovem. Essas técnicas contribuem para acentuar também a diferenciação dos *terroirs*. No mesmo momento em que se estabelece a alta cozinha francesa, sob o impulso da corte de Versalhes, define-se também o interesse dos *gourmets* pela diversidade de vinhos que se servem à mesa. Designam-se *Académie des coteaux** os finos conhecedores que se dizem capazes de reconhecer a proveniência de um vinho numa degustação às cegas (Quellier, 2007, p. 222).

Não é nada surpreendente que essas técnicas tenham vindo de países do norte da Europa, os mais interessados em importar vinhos aptos às viagens e à conservação. O mais importante, sem dúvida, foi a mecha holandesa, inventada, como o próprio nome indica, pelos negociantes dos portos dos Países Baixos por volta de 1765 (Pijassou, 1980, pp. 493-499). Impregnada de enxofre, essa mecha era queimada em barris novos ou usados, desde que previamente enxaguados com cuidado, a fim de desinfetar a madeira e evitar que ela estragasse o vinho.

Durante a Idade Média, todos os vinhos – e, até uma data muito recente, os vinhos rústicos da Europa – transformavam-se em vinagre já na primavera seguinte à vindima. Somente o inverno detinha esse processo natural que os antigos sabiam impedir, com os diversos aditivos que mencionamos anteriormente. Esses procedimentos, perdidos no Ocidente, eram bem conhecidos no mundo bizantino e se conservam até hoje nas culturas que o sucederam.

A melhoria das técnicas vitícolas e de vinificação permite obter vinhos mais tânicos, com maior teor alcoólico, o que favorece sua conservação. Nessa mesma época tenta-se também lotar os vinhos tintos de Bordeaux ou da Borgonha, um pouco fracos, com vinhos oriundos das terras mediterrâneas (do vale do Ródano, da Espanha e, no século XIX, da Argélia). Aprende-se, além disso, a elaborar vinhos suscetíveis à oxidação, que a acidez (o vinho amarelo do Jura, por exemplo, é enve-

---

* *Coteau*, em francês, quer dizer colina; diz-se especialmente das colinas plantadas com vinhedos. No século XVII, o plural *coteaux* passou a designar também as pessoas de gosto refinado, que sabiam não somente distinguir os melhores vinhos, mas também os vinhedos de sua procedência. (N. T.)

lhecido sob o véu protetor de leveduras naturais, como a *Saccharomyces bayanus*) ou o enriquecimento em álcool destilado (xerez, madeira ou marsala secos) permitem conservar durante longo tempo em barrica e depois em garrafa.

Da mesma forma, descobre-se que os vinhos ricos em álcool natural e açúcar, suaves ou licorosos, podem viajar e envelhecer sem nenhum problema, desde que dotados de um teor suficiente de acidez. Esses vinhos são destinados à venda a distância e são até hoje os preferidos dos povos germânicos e eslavos, que os consomem à mesa porque apreciam o sabor dessa mescla, entre açucarada, salgada e picante. A França abandonará essa bebida a partir do século XVII, sob a influência da corte real, salvo no leste, nas regiões da antiga Lotaríngia, que se tornaram francesas mais tarde.

Aperfeiçoam-se, assim, as técnicas de elaboração de todos os vinhos licorosos ou naturalmente doces do litoral do Atlântico e do Mediterrâneo. É bem recente entre os franceses o gosto de consumi-los com queijos, particularmente os azuis. Nada é mais inglês e deleitável que um velho queijo *stilton* acompanhado de uma taça de excelente porto ou málaga, de acordo com a ocasião que se celebre além do canal da Mancha, após a sobremesa.[4]

Outra descoberta crucial dessa época é a garrafa de vidro espesso.[5] Já se fabricavam garrafas de vidro desde a antiguidade egípcia, grega e romana, mas eram de tamanho pequeno e destinadas principalmente a conter perfumes. O vinho era conservado em odres ou ânforas de barro cozido e depois vertido em jarras de cerâmica, bronze ou prata (enócoa).

A palavra francesa *bouteille* (garrafa) vem do latim *buttis*, talvez por derivação do grego, e designa um recipiente destinado a conter líquidos ou sólidos. O latim *buticula* designa, por volta do ano 1001, um recipiente de vidro, salvo na região do Midi, na França, onde parece aplicar-se mais a uma espécie de cântaro, como na península Ibérica (*botija* em catalão, espanhol ou português). *Buticula flasca* refere-se a um

---

[4] Ordem de consumo habitual também na França do século XVII, conforme diz a velha expressão francesa: *"Entre la poire et le fromage"* ("Entre a pera e o queijo").
[5] A passagem a seguir retoma em grande parte o que se encontra em Pitte (2007a).

Luxo, calma e volúpia

Mapa 14. Principais vinhos licorosos na Europa ocidental

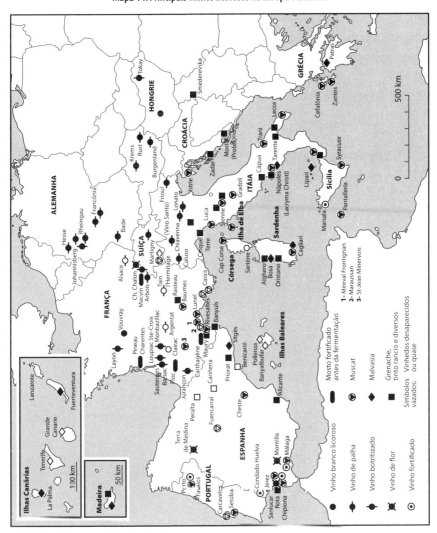

Fonte: A ain Huetz-de-Lemps, 1998.

frasco de vidro envolto por fibras de vime. Por volta de 1160-1170, registra-se na França o termo *botele*, que significa simplesmente recipiente. Progressivamente, no decorrer da Idade Média, essa palavra dará origem a *bouteille* e designará, mais tarde, um recipiente estreito de vidro. É esse o termo que passará depois ao italiano como *bottiglia* e ao espanhol como *botella*.

As primeiras garrafas de vidro destinadas a conter vinho aparecem em Veneza e diversas regiões da Europa no final da Idade Média e no século XVI. São muito finas e revestidas de palha ou couro; às vezes, em vez do revestimento, são pintadas ou esmaltadas, servindo como ornamento para as mesas de festa. Mas não é impossível que a palavra *bouteille* ainda designasse, naquela época, um recipiente de barro, o que explicaria estes versos de Ronsard, escritos em 1550:

> Corydon, corra na frente,
> Vá ver onde o bom vinho se vende.
> Faça esfriar a garrafa,
> Procure uma frondosa ramada
> E flores para me deitar. (Odes, II, 18)

Afinal, é difícil imaginar que se colocasse uma garrafa de vidro fino, nua ou recoberta de couro, para esfriar numa fonte ou num rio – ou uma garrafa revestida de vime, pois isso seria impróprio para a conservação do material vegetal.

Envolver em palha, vime ou couro era indispensável para proteger os frágeis recipientes. Os mais comuns tinham a forma de um bulbo bojudo com gargalo comprido e, por conseguinte, não podiam manter-se em pé por si sós. Um cordão ou uma correia prolongava o envoltório, permitindo pendurar o recipiente na parede ou na cintura, como as cabaças que usavam os camponeses ou os viajantes, feitas com abóboras secas.

É esse uso da cabaça que explica o achatamento lateral desse bulbo de vidro em alguns modelos antigos, hoje imitados na vidraria industrial – como, por exemplo, a garrafa do Minho português, do armanhaque ou do *bocksbeutel* da Francônia. Esse último modelo se im-

Luxo, calma e volúpia

pôs no século XVIII. Na época, o vinho produzido no vinhedo Stein da vinícola Bürgerspital, em Wurzburg, era tão renomado que havia imitações em toda a região; por essa razão, os religiosos responsáveis por sua elaboração decidiram, a partir de 1718, proteger seu vinho e comercializá-lo numa garrafa original e de difícil falsificação, tanto pela forma como pela cor (Dominé, 2003, p. 510).[6] Outro modelo em forma de cabaça conheceu fora da Europa um grande sucesso: a garrafa de Shiraz, no Irã. O vinho de Shiraz era consumido na Pérsia e foi exportado para o Egito e a Índia, especialmente entre os séculos XVII e XIX. John Fryer, um viajante inglês que visitou a Pérsia em 1677, escreveu em seu diário: "Esse vinho é transportado em garrafas, e estas são tão bem empalhadas dentro das caixas, que raramente se quebram" (*apud* Planhol, 1990, p. 57).

No final do século XVII, contam-se três vidrarias em Shiraz "dedicadas exclusivamente a fabricar vasos e garrafas" (*ibid.*).[7] Essas garrafas são extremamente espessas e seu gargalo fino é reforçado por uma serpentina de vidro enrolado.[8] Não ficam em pé facilmente, pois a forma de sua base é imperfeita. Sua espessura deve-se ao mesmo tempo à composição e à viscosidade da pasta de vidro, mas também à vontade de fabricar um recipiente mais resistente, tendo em conta a aventura que representa descer os fardos desde uma altitude de 1.500 metros até o golfo Pérsico, por caminhos quase impossíveis, percorridos por mulas. Aproximadamente 2 mil hectolitros eram exportados a cada ano para a Índia, o que requeria umas 250 mil garrafas.

As garrafas europeias revestidas de vime apresentaram durante muito tempo o mesmo problema que as garrafas de vinho de Shiraz: não se mantinham na vertical. Para remediá-lo, o envoltório de vime prolongava-se às vezes até a base da garrafa, formando uma coroa que

---

[6] Essa é a preocupação constante de todos os fabricantes de bebidas, que há muito tempo cuidam de proteger seus modelos de garrafas e seus rótulos.
[7] Xavier de Planhol cita aqui o viajante Jean Struys, que publicou seu diário de viagem em Amsterdã, em 1681.
[8] Encontram-se ainda essas garrafas em alguns antiquários iranianos. Uma delas, ofertada em 1708 à rainha Ana, da Inglaterra, está atualmente no Victoria and Albert Museum de Londres.

permitia colocá-la de pé, como ainda podemos ver nos *fiaschi*[9] de Chianti, que conservam sua forma de bulbo.

Hoje, apesar da proteção de palha e da base em forma de coroa, esses recipientes têm o fundo plano; no passado, até a primeira metade do século XX, eram totalmente esféricos, ou seja, não havia retoques após a obtenção, por sopro, do bulbo de vidro. É o caso, sem dúvida, da garrafa rústica representada no impressionante quadro *Natura morte con piatto de sarde* (*Natureza-morta com prato de sarda*),[10] de Giuseppe de Luca, pintor e escultor de presépios napolitano do século XVIII – o colo da garrafa é cortado ainda quente, com tesoura, sem modelar a boca do gargalo. Note-se que essas garrafas conservam, além do revestimento de palha de milho, outro acessório "fóssil", uma correia do mesmo material que permite pendurá-la na parede ou na cintura, possível vestígio de uma época antiga na qual, muito provavelmente, não dispunham da coroa basal que lhes permitia ficar de pé.

Somente os *fiaschi* de vidro mais requintados tinham uma base de vidro aplicada ao fundo após a sopragem. Sabe-se que 78 deles foram colocados às mesas de um festim oferecido em Paris a Catarina de Médici, em 1559 (Barrelet, 1953, p. 71). Existem dois magníficos exemplares no Museu Cívico-Medieval de Bolonha (sala 22), que datam da segunda metade do século XV, e foram fabricados em Murano para um casamento principesco na família Sforza. Estão pintados com as armas das famílias e trazem belas tampas de vidro, de forma oval, que protegem o conteúdo contra a eventual entrada de impurezas, mas não são totalmente herméticas.

Excluindo esses frascos de prestígio, sempre apresentados em pé, a questão do fechamento das garrafas destinadas ao transporte está sempre presente. Utilizava-se, às vezes, o vidro, como em certas garrafas de vinho de Shiraz, mais comumente um fecho de madeira, chamado em francês *broquelet*, envolto em estopa, gaze, linho ou outros tecidos lubrificados com gordura ou embebidos em óleo. Essa estopa

---

[9] A palavra derivada do latim *flasco* ou *fiasca* resultou no italiano *fiasco* (frasco), que designa uma garrafa bojuda, ou *fiasca*, uma garrafa plana. O termo é ainda usado para designar a garrafa redonda e coberta de palha de milho do Chianti clássico.

[10] Conservado no Museu da Certosa di San Martino, em Nápoles.

deu origem à palavra francesa *bouchon* (rolha), derivada do francês antigo *bousche*, que designava um punhado de palha ou um feixe de cânhamo e provinha do latim vulgar *bosca*, molho de ervas, e *bosci*, madeira.

De qualquer forma, era necessário um acabamento com cera para evitar vazamento, mas esse lacre nunca era perfeitamente hermético, nem durável, embora permitisse ao engarrafador pôr um selo de reconhecimento e de garantia do conteúdo. Em nenhum caso, porém, estava garantido um envelhecimento prolongado e benéfico.

Exceto nas ocasiões festivas, nos meios aristocráticos, o vinho jamais era apresentado em recipientes de vidro. Quando se perfurava um tonel para abri-lo, era preciso esvaziá-lo rapidamente ou voltar a preenchê-lo até o orifício, chamado "olho" pela semelhança da forma. O vinho era distribuído em jarras de cerâmica ou em potes de estanho ou ferro.

Esse é um costume que ainda hoje se observa nas tavernas gregas mais tradicionais que, lamentavelmente, servem o vinho em horríveis recipientes de alumínio. A prática de engarrafar o vinho resinado, como se faz hoje em dia, é um contrassenso, um hábito que lembra uma tecnologia que deixou de ser utilizada quando a extração lenta foi abandonada, mas que revela um apego nostálgico dos gregos e de alguns turistas ao gosto estrangeiro, para não dizer estranho, da amarga resina de pinho, que mascara a personalidade do vinho.

A partir do século XVII, os ingleses, os flamengos e depois os habitantes da Champanhe aprendem a fabricar garrafas de vidro escuro e espesso, obedecendo à demanda dos importadores das cidades inglesas ou dos Países Baixos, que recebiam em barris os vinhos de qualidade vindos de Bordeaux, do Porto, da Andaluzia, da Madeira, mas também da Champanhe, do vale do Reno e da África do Sul.

O armazenamento dos vinhos bons e caros em garrafas eliminava o problema de ter que esvaziar o barril imediatamente após a sua abertura; além disso, percebe-se, a partir dessa época, que o vinho podia melhorar na garrafa.[11]

---

[11] Conforme registra *La nouvelle maison rustique*, escrito em 1768: "Os vinhos serão bem mais delicados, mais leves, mais brilhantes e menos coloridos [...], especialmente se colocados em frascos [...]. O vinho se conserva muito bem por quatro, cinco e até seis anos dentro de frascos de vidro" (*apud* Barrelet, 1953, p. 100).

Os primeiros formatos adotados imitam a forma de meia cebola, com a base larga e bem plana, de forma a permitir o equilíbrio do recipiente. Foram inspirados em modelos idênticos, feitos no entanto de vidro mais fino e claro, dos quais podemos ver um exemplar em uma das mais antigas naturezas-mortas da história da pintura moderna, datada do início do século XVI.[12]

Mais tarde, a garrafa alonga-se um pouco, mas o corpo de forma cônica impede deitá-la.[13] São garrafas desse tipo que podemos observar, no Museu Condé, em Chantilly, nos quadros *Le déjeuner d'huîtres* (*Almoço com ostras*), de Jean-François de Troy (1734), e *Le déjeuner de jambon* (*Almoço com presunto*), de Nicolas Lancret (1735), pintados para os pequenos salões do rei em Versalhes. A casa Moët et Chandon, em Épernay, conserva alguns modelos dessas garrafas, uma das quais adornada com um selo de vidro com o brasão real (Orsini, 2000).[14]

As formas e a capacidade ainda não estão definidas. No início do século XVIII, os modelos mais frequentes medem aproximadamente 10 polegadas (cerca de 27 centímetros) e contêm uma pinta de Paris menos meio copo (0,80 a 0,90 litro) (Dion, 1959, p. 642). Um édito de Luís XV fixa a capacidade em 0,80 litro (Givelet, 1984). Atendendo à demanda dos negociantes e transportadores, as vidrarias passam, em seguida, ao formato mais cilíndrico, que facilita deitar a garrafa, guardá-la em cavas e transportá-la, desde que esteja bem fechada, o que se consegue com a invenção, também no século XVII, da rolha fabricada com a cortiça portuguesa, introduzida pelos ingleses (Devroey, 1989, pp. 175-176).

O vidro das novas garrafas é composto de areia de silício altamente ferruginosa; a cor verde-amarronzada vem do óxido de ferro resultante da cocção. Acrescentam-se então as cinzas – se possível de xaxim,

---

[12] Obra de autor anônimo, pintada na Alemanha, que se encontra no Musée d'Unterlinden, em Colmar, na França.

[13] As coleções mais completas de garrafas estão fotografadas e comentadas em três grandes obras: Kosler (1998), Van den Bossche (2001) e Soetens (2001). Uma amostra mais sucinta encontra-se em Woodhams (1998). Jacqueline Bellanger (1988) aborda de forma parcial as garrafas de vinho francesas, mas enumera todas as vidrarias francesas conhecidas.

[14] Ver foto da página 54 do livro citado de André Orsini; e, também, *Champenoises. Champagne 2000*.

Luxo, calma e volúpia

pois são excelentes –, ricas em carbonato de potássio, que abaixa o ponto de fusão. Além das cinzas, a mistura leva também vidro moído e diversos outros componentes.[15]

O combustível é primeiro a madeira – carvalho ou faia, de preferência, pois são as mais caloríferas – e depois o carvão de terra, usado na Inglaterra desde 1635 e, na França, a partir do começo do século XVIII (Bellanger, 1988, p. 22), com o qual se obtém um vidro preto. Os ingleses continuarão durante muito tempo a exportar para o continente suas "garrafas inglesas" de excelente qualidade.

Ao começar o século XVIII, a técnica de obtenção e conservação do champanhe está bastante desenvolvida e prevalecem, então, os modelos cilíndricos, que permitem colocar as garrafas deitadas e empilhadas, tanto nas cavas quanto em caixas ou em depósitos. Um texto de 1718 o certifica (*apud* Devroey, 1989, p. 176):

> O uso de frascos redondos[16] é muito comum na Champanhe; como há muitos bosques na Provença, estabeleceram-se aí várias vidrarias que se dedicam, em sua maioria, a fabricar somente essas garrafas. Fecha-se [...] cuidadosamente cada frasco com uma boa rolha de cortiça bem escolhida, que não seja mole demais, mas sólida e compacta [...]. Todo cuidado é pouco nessa escolha: os vinhos só se deterioram em certos recipientes porque as rolhas são defeituosas [...]. Quando todas as garrafas [...] estão cheias, enlaça-se com um forte cordão a rolha ao gargalo; e se, o vinho for fino, costuma-se colocar por cima um selo de cera espanhola, a fim de que não se possa substituir o vinho, nem o frasco, e de assegurar o envio e a fidelidade dos criados. Há até mesmo senhores que mandam fabricar as garrafas com seus brasões. (Godinot, 1718)

Na verdade, até o fim do século XIX, as garrafas não serão perfeitamente cilíndricas. Seu formato será, mais exatamente, o de um cone invertido, com o fundo mais estreito que o corpo, de maneira a permitir que o soprador as retire do molde.

---

[15] Sobre a questão complexa da composição, ver Chopinet (2000, pp. 63-70).
[16] Nessa época, "redondo" aplicava-se à forma cilíndrica, não à semiesférica.

A *Enciclopédia* de Diderot e d'Alembert descreve essa técnica com precisão.[17] O vidro fundido é colocado no forno com a ajuda de um tubo metálico oco. Essa bola de vidro, chamada pré-forma, é trabalhada sobre uma pedra de mármore para dar-lhe uma forma cônica e esboçar o pescoço da garrafa. O mestre vidreiro sopra, então, através do tubo, para inflar a massa em forma de ovo, operação que se conclui num molde de cerâmica também cônico, enterrado no chão. Com a ajuda de uma ferramenta chamada braçadeira, o fundo é empurrado, o que permite criar um suporte estável.

Depois, o mestre fixa ao fundo um tubo metálico cheio, com a ajuda de uma gota de vidro fundido. O gargalo é separado do tubo vazio com uma tesoura e, após reaquecimento, guarnecido com um anel de vidro,[18] eventualmente achatado, destinado a reforçá-lo. No caso do champanhe, esse anel serve também para enrolar o cordão, antecessor da peça metálica, que retém a rolha em caso de aumento da pressão. Agora só resta romper a junção com o tubo metálico, operação que deixa, às vezes, pontas cortantes de vidro sob a garrafa.

Todas as garrafas atuais derivam dessa forma. As garrafas do Jura (Michel, 1989; Kuster, 2005), assim como algumas do Porto ou do Château Haut-Brion, de perfil cônico invertido, conservam a lembrança da finalidade identificadora e estética da época em que eram sopradas com um tubo.

No século XVIII, os modelos regionais não estão bem definidos e, além do mais, como os vinhos viajam em barricas e só são engarrafados no país de destino – na Inglaterra, por exemplo –, as formas não expressam a origem geográfica do vinho. Os ingleses geralmente utilizam garrafas cilíndricas de diâmetro bastante grande e com o corpo quadrado, sobre o qual aplicam selos de vidro com o nome do negociante, o do produtor (ou seu brasão) e, com frequência, o ano da safra, o que é ainda raro na França durante essa época. Existem fabricantes

---

[17] Ver o verbete "Vidraria", acompanhado de 69 lâminas. As últimas foram reeditadas em 1989 num volume especial pela Inter-Livres, em Paris.
[18] Em alguns raros modelos europeus, e particularmente em garrafões de vinho branco, o anel se enrola ao redor do gargalo em várias espirais. Isso é bastante comum nas garrafas persas do vinho de Shiraz.

de garrafas em todas as regiões da França, mas os modelos produzidos, assim como sua capacidade,[19] são muito variados.

Antes da segunda metade do século XX, certas regiões vitícolas engarrafam somente uma pequena parte de sua produção. Citemos, por exemplo, na França, o imenso vinhedo parisiense, hoje desaparecido, o vale do Loire, a região do Beaujolais, o vale do Ródano, a Provença[20] e o Languedoc, e os vinhedos do sudoeste, exceto os de Bordeaux. Em todas essas regiões, o vinho destina-se principalmente ao consumo local. É colocado em jarras e, nas tavernas e outros estabelecimentos, em garrafas de aproximadamente 50 centilitros, de vidro branco com fundo espesso para assegurar sua estabilidade pelo peso; essas garrafas recebem o nome de *pots* ou *fillettes*, de acordo com a região. O mesmo ocorre na maioria das regiões da Itália (com exceção de Marsala), da Espanha (menos em Jerez e Málaga), de Portugal (salvo o Porto), da Europa central e oriental (exceto Tokaj), da Grécia, do Cáucaso e, geralmente, em todos os vinhedos fora da Europa (afora Constantia, na Cidade do Cabo, e, mais uma vez, Shiraz).

Quanto aos vinhos destinados à exportação, somente no século XIX começam a ser engarrafados no próprio lugar de produção – pelos negociantes, raramente pelos próprios viticultores. As formas das garrafas variam. Alguns vinhedos (Jura, Minho, Francônia, Tokaj, Chianti, Constantia, etc.) conservam os formatos arcaicos, ovais, cônicos ou cilíndricos, com ombros largos e quadrados, que passam então a fazer parte de sua identidade e subsistem até hoje. Os outros vinhos europeus mais prestigiosos são conservados em três tipos de garrafas: a champanhesa-borgonhesa, a bordalesa e a flauta renania. Cada modelo porta a identidade e a cultura de seus produtores, mas também de seus consumidores. É inimaginável a quantidade de informações que a

---

[19] Elas correspondem às medidas de capacidade que existiam no Antigo Regime e variavam de uma região a outra.

[20] O primeiro produtor a engarrafar na Provence parece ter sido a Maison Ott, que explora três domínios em Var. Criaram um modelo que lembra vagamente a forma de uma ânfora, patenteada em 1923 e 1932. Somente após a Segunda Guerra Mundial surgem os modelos que evocam as generosas formas das mulheres que frequentam as praias da Côte d'Azur. Essas garrafas foram muito importantes para a popularidade do vinho rosado da Provence, cuja bela cor, que ressalta o vidro branco da garrafa, lhe confere mais valor que suas qualidades olfativas e gustativas.

Mapa 15. As formas das garrafas de vinho na Europa do começo do século XXI

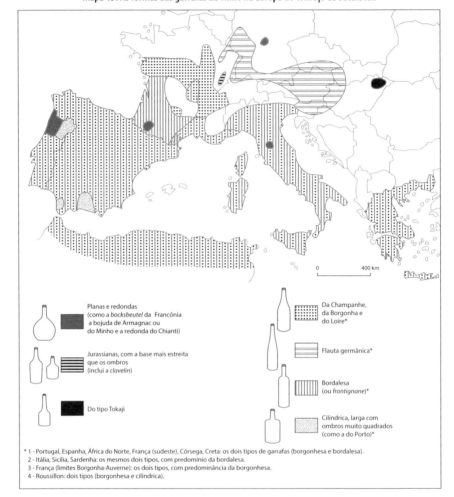

* 1 - Portugal, Espanha, África do Norte, França (sudeste), Córsega, Creta: os dois tipos de garrafas (borgonhesa e bordalesa).
2 - Itália, Sicília, Sardenha: os mesmos dois tipos, com predomínio da bordalesa.
3 - França (limites Borgonha-Auverne): os dois tipos, com predominância da borgonhesa.
4 - Roussillon: dois tipos (borgonhesa e cilíndrica).

variedade de formas das garrafas de vinho revela sobre a identidade das regiões vitícolas e dos consumidores.

A champanhesa-borgonhesa, com seus ombros caídos e seu flanco largo, é relativamente arcaica e rústica, à moda dos borgonheses, que continuam arraigados a essa forma. Inspira confiança pelo diâmetro de sua base e de seu corpo cilíndrico. Dispensa a decantação dos vinhos misturados com depósitos – aliás, na Borgonha, como em Paris, o vinho até hoje é servido em garrafas colocadas sobre a mesa, mesmo quando cobertas de pó ou mofo, o que as torna mais veneráveis. É muito raro ver decantar o vinho na Borgonha, ainda mais considerando que os taninos, geralmente os mais leves dos tintos obtidos da uva *pinot*, precisam de menos oxigenação e climatização, indispensáveis aos vinhos provenientes da cabernet sauvignon, principalmente quando jovens. O gastrônomo parisiense Grimod de La Reynière, apesar de pertencer à melhor sociedade do Antigo Regime, opunha-se à pratica da decantação, e escreveu em 1808:

> É fazer-lhes perder o buquê, assim como uma parte de seu espírito e de sua qualidade, passá-los para frascos de cristal a fim de apresentá-los com maior brilho sobre a mesa. Esse tipo de luxo, desconhecido por nossos pais, não pode ter sido adotado senão por homens absolutamente estrangeiros à grande arte do bem viver. O verdadeiro ornamento do vinho reside mais na sua respeitabilidade que no brilho do recipiente que o encerra. Seria ainda melhor que o bebêssemos em taças muito finas [*verres de fougère*]. As taças de cristal, que colocam demasiada distância entre o licor e os lábios do bebedor, são as grandes inimigas da degustação. Os verdadeiros gourmets deveriam proscrever esse uso, que foi introduzido unicamente por um luxo mais fastuoso que razoável. (Grimod de La Reynière, 1978, pp. 228-229)

Parece evidente que o gastrônomo bebia mais o vinho da Borgonha que o de Bordeaux, conforme o hábito dos parisienses da época...

Os vales do Loire, do Saône e Ródano, ao menos até Châteauneuf-du-Pape, tradicionalmente voltados ao mercado parisiense, continuaram fiéis à champanhesa-borgonhesa. A fim de individualizar-se, eles foram progressivamente adaptando a forma das garrafas, por exemplo, modificando ligeiramente o pescoço e o ângulo que este faz com o corpo, como na garrafa de muscadet. De maneira geral, porém, a distinção se faz por uma estampa em relevo reproduzindo antigos brasões (Chateauneuf-du-Pape, Anjou...) ou um motivo estilizado, como a pequena onda da garrafa de muscadet.

Os maiores vinhateiros, por uma questão de qualidade ou quantidade, confeccionam cada vez mais modelos originais, estes também às vezes imitados das garrafas artesanais. Nos últimos anos, a indústria vidreira baixou consideravelmente o custo dessas fabricações especiais, e podemos mesmo dizer que essa é uma tendência mundial.

A rusticidade borgonhesa, repleta de um arcaísmo ainda mais pronunciado no Franco-Condado, explica por que os produtores dessa região, preocupados em afirmar a nobreza de seu produto, vestiram uma garrafa, de origem semelhante, de ouro, prata e rótulos brilhantes, ao mesmo tempo que refinaram sua forma de mil maneiras próprias para cada marca e cada safra. Algumas dessas garrafas prestigiosas recentes imitam ou se inspiram nos modelos dos séculos XVIII e XIX; lembremos a cuvée Dom Pérignon, da Moët et Chandon, a cuvée Grand Siècle, da Laurent Perrier, a cuvée Comtes de Champagne, da Taittinger, a cuvée brut rosé, da Billecart-Salmon, as cuvées Celebris ou Grand Millésime, da Gosset, e a cuvée Dom Ruinart, da Ruinart. Curiosamente, a imagem dessas cuvées não é a de um arcaísmo rústico, como no caso do vinho de Arbois ou o do Château-Chalon, mas, ao contrário, a de uma nobre e bastante antiga tradição que resulta, por essa razão, muito cara.

O grande acontecimento que inaugura a geografia das garrafas é a invenção, pelos bordaleses, do modelo cilíndrico alto, com ombros estreitos e quadrados, chamado originalmente de *frontignane* e, hoje, de bordalesa.

A champanhesa-borgonhesa tem uma parte cilíndrica de 14 ou 15 centímetros e ombros inclinados a 140 ou 150 graus. A bordalesa mede 18 ou 20 centímetros do pé à base do pescoço e os ombros formam um ângulo de 110 ou 120 graus com o corpo. Ninguém sabe por que essa garrafa se chama *frontignane* (Roudié, 1984, pp. 9-11) e qual é a sua relação com a comuna vitícola de Frontignan, perto de Sète, no Languedoc.

Luxo, calma e volúpia

As garrafas de Haut-Brion de 1787, que pertenceram a Thomas Jefferson, têm os ombros caídos e o formato acentuado de um cone invertido; várias delas, mais ou menos autênticas, estão ainda em circulação entre colecionadores do mundo inteiro.[21] O modelo bordalês faz sua aparição no século XIX, sob o Primeiro Império. Esse modelo se estabelece em 1825, ano em que o marquês de Aligre mandou soprar um certo número dessas garrafas para colocar o vinho produzido no seu Château Bel-Air, em Margaux.[22] Ele corresponde à forte e voluntária diferenciação das culturas regionais francesas (vestimentas, alimentação, etc.), que é bem mais recente do que geralmente imaginamos .

A garrafa apresenta vantagens, tendo em conta a evolução da viticultura regional. Uma delas é a facilidade da estocagem em pilhas e o acondicionamento das garrafas em caixas de madeira de doze unidades, dispostas horizontalmente uma ao lado da outra, em sentido inverso, para ocupar o menor espaço possível.

Mas a verdadeira explicação para o surgimento desse modelo deve provavelmente ser procurada em outra parte. Um dos aperfeiçoamentos da vinificação no século XVIII consistiu em clarificar mais cuidadosamente os vinhos. Bordeaux empenhou-se mais nessa técnica, devido à exigência de sua clientela nórdica. No entanto, apesar da remoção de impurezas, da filtragem por tamisação, da sifonação e da clarificação com claras de ovo ou sangue de boi, os vinhos traziam ainda muitas matérias sólidas em suspensão, que se depositavam nas garrafas durante o envelhecimento. Apesar das precauções respeitadas no momento da degustação, de se retirar a garrafa da cava dois dias antes e deixá-la repousar deitada em um cesto, o risco de verter na taça um vinho turvo ainda era grande.

Essa é a origem da decantação, ou seja, da transferência cuidadosa do vinho engarrafado para uma jarra de vidro ou cristal, chamada *decanter* em inglês. Essa prática nasceu na Inglaterra, onde é objeto de

---

[21] Curiosamente, o Château Haut-Brion continua acondicionando seus vinhos em garrafas que imitam um modelo antigo, com o formato de um cone invertido e ombros caídos.

[22] Essas belas garrafas são enfeitadas com dois selos. Um é circular e menciona o nome do castelo; o outro, em forma de boca, traz o texto "Proibido deixar sobrar", razão pela qual esse vinho é chamado, às vezes, de "Margaux-proibido". Essas garrafas eram destinadas ao consumo pessoal do marquês.

um ritual minucioso, assim como a degustação que se segue. Os ombros pronunciados da garrafa permitem reter o depósito.[23] Os ingleses inventaram, inclusive, uma curiosa máquina prateada que permite, com a ajuda de um sistema com parafusos e manivela, inclinar levemente a garrafa no sentido horizontal. O ambiente ideal é uma sala iluminada com candelabros de prata, colocados sobre uma mesa de mogno envernizado ou recoberta com uma toalha branca engomada, imaculada; o vinho é vertido cuidadosamente da jarra para uma taça de cristal. Tudo deve estar brilhando, e a luz das velas fará aparecer a cor do vinho.

A boa sociedade bordalesa, fosse ela afeita ou não ao vinho, adotou de bom grado os costumes ingleses e holandeses. O prefeito de Bordeaux em 1845, M. Duffour-Dubergier, conhecido como "o príncipe da Aquitânia", era amante e conhecedor de vinho. De acordo com o marechal de Castellane, ele "falava como ninguém sobre o vinho de Bordeaux e como tomá-lo" (*apud* Cavaignac, 1984, pp. 103-120). O poeta Biarnez, em um poema de 1849, descreveu a maneira pela qual o primeiro magistrado preparava, ele mesmo, as garrafas que queria oferecer a seus hóspedes, tomando mil precauções. A cena se passa no castelo de Gironville, em Macau (*ibid.*, p. 114):

> Sob a garrafa, que ele mantém sempre na horizontal,
> Dispõe em seguida um frasco de cristal;
> O olhar atento fita o líquido brilhante,
> e a mão o faz verter enquanto sair límpido.
> Se um átomo de tártaro ou borra aparece,
> Ele se detém... o fundo não vale um lamento.
> É assim que, sempre transparente e vermelho,
> O licor deve sair de uma velha garrafa.

Esse desejo inglês, norte-europeu e, por contágio, bordalês, de consumir unicamente vinhos clarificados – chamados de *clarets* na Inglaterra – talvez esteja relacionado com a preocupação de transparência

---

[23] Essa é a opinião de P. Moniot, conservador-chefe do Museu da Aquitânia (*in letteris*) e de Hugh Johnson (1990, p. 48).

moral da ética protestante. É essa mesma claridade que encontramos no interior das casas da Europa setentrional, sem cortinas, e nas igrejas desprovidas de vitrais coloridos e de ornamentos pintados ou esculpidos. Os pintores flamengos e alemães dos séculos XVI a XVIII foram os que melhor representaram a luz filtrada ou refletida por uma preciosa taça de vinho branco ou vermelho.

As garrafas de ombros quadrados são, portanto, de origem claramente inglesa. Nas garrafas destinadas ao vinho do Porto, que pode conter muito mais depósito que o Bordeaux, os ombros são ainda mais pronunciados. A garrafa alongada, *frontignane* ou bordalesa, adquire ao longo dos séculos XIX e XX uma imagem de elegância que combina bem com as maneiras de beber o bordô, que são simplesmente as maneiras da elite de Bordeaux e do norte da Europa. Ela foi adotada no decorrer do século XX, especialmente durante sua segunda metade, pelos vinhedos do sudoeste da França, à medida que começaram a fazer o engarrafamento na região de produção (Bergerac, Monbazillac, Cahors, Jurançon, etc.).

Os outros vinhedos franceses que aderiram mais tarde ao engarrafamento na própria região de produção, como os da Provença, da Córsega e do Languedoc, usavam ora a garrafa borgonhesa, ora a bordalesa. Os produtores de vinhos naturalmente doces do Roussillon, como o Banyul e o Maury, geralmente preferiam o modelo inglês do porto ou do xerez, com ombros quadrados; às vezes, porém, optavam pela simples bordalesa. Portugal – com exceção do Porto e do Minho –, Espanha, Itália e Grécia oscilam igualmente entre os dois grandes tipos de garrafas, mas a bordalesa vai aos poucos ganhando terreno.

Atualmente, fabricam-se no mundo em torno de 10 bilhões de garrafas bordalesas a cada ano, enquanto as borgonhesas chegam a 3 ou 4 bilhões.[24] É possível que haja uma razão econômica para isso. De fato, uma máquina só para colocar o rótulo, como no caso da garrafa bordalesa, custa menos de 15 mil euros, enquanto outra que, além do rótulo, aplica também o colarinho, pode chegar a 40 mil euros.[25]

---

[24] Agradeço a M. Bachy, ex-membro do corpo diretivo da Saint-Gobain, por essa informação.
[25] Agradeço a M. Gianpaolo Dogliani, da empresa Gai, em Ceresole d'Alba (província de Cuneo, Itália), por fornecer-me essa informação e iniciar-me na indústria das engarrafadoras.

Compreende-se, assim, por que certos produtores preferem a bordalesa, apesar das críticas que se possam fazer a essa escolha, quando a imagem de seus vinhos não está diretamente associada, especialmente no que se refere à lei, a um tipo particular de garrafa. Um exemplo raro, mas interessante, é o caso do vinho amarelo da região do Jura, que deve ser engarrafado numa *clavelin*, modelo diretamente herdado do século XVIII, contendo 62 centilitros (Bienmiller, 1988).[26]

É preciso dizer também que os vinhos apresentados na bordalesa são beneficiados por uma elegância e um refinamento adicionais, particularmente se o produtor ou o negociante atuam numa região na qual a champanhesa-borgonhesa é mais utilizada. Os exemplos incluem o Domaine de Durban, em Beaumes-de-Venise; o Château de Cléray, na região do Muscadet; as frasqueiras de Pouilly-sur-Loire, por sua capacidade de 50 centilitros especialmente destinada à restauração. Encontramos ainda alguns casos na margem alemã do vale do Mosela, onde alguns produtores descartaram a flauta tradicional. Michel Creignou oferece uma boa explicação para o fascínio exercido pela bordalesa: "Garrafa mítica, ela seduz o mundo graças à sua aparência aristocrática... Por várias razões, a bordalesa identifica-se ao vinho que contém. Austera na medida certa, não lhe falta classe" (Creignou, 1999, pp. 60-61). É sem dúvida essa imagem que explica por que numerosos viticultores e negociantes do mundo inteiro têm recorrido cada vez mais às garrafas bordalesas para transmitir a noção de elegância.

A flauta renana é o terceiro entre os principais tipos de garrafa, que vem muito atrás das duas primeiras, quantitativamente falando. É destinada sobretudo aos vinhos brancos ou dourados, que não precisam de decantação. A verticalidade, a espessura fina e a maior transparência do vidro lembram as torres e os campanários das catedrais das cidades do norte da Alemanha, onde são apreciadas. Entretanto, existe

---

[26] Uma garrafa de Château-Chalon 1937, proveniente dos filhos de Joseph Tissot, foi ainda soprada com a boca. Trata-se provavelmente de um resgate de uma garrafa mais antiga, prática comum em todos os vinhedos até os últimos anos do século XX. A redução do custo das garrafas industriais, o aumento do preço de venda dos vinhos engarrafados, assim como um maior conhecimento da higiene do vinho, explicam a adesão mundial às novas garrafas.

uma tradição antiga na Alemanha e nos países germânicos de usar vidro azul-escuro ou marrom para certos vinhos nobres, reservando a cor verde, clara ou mais escura, para o resto dos vinhos. Os tintos, minoritários, são apresentados em todos os tipos de garrafas: a *bocksbeutel*, a flauta (para os *pinots noirs* da Alsácia), a champanhesa-borgonhesa ou a bordalesa na Áustria, na Hungria e na Suíça.

A técnica tradicional de fabricação das garrafas por sopro somente começa a desaparecer depois da Primeira Guerra Mundial, ou seja, muito tarde, considerando o trabalho extremamente árduo dos sopradores de vidro. Diversas máquinas já haviam reduzido um pouco os rigores dessa atividade, mas levou muito tempo até que a automação fosse suficientemente aperfeiçoada. As primeiras máquinas mecânicas de soprar vidro foram implantadas em 1894, em Cognac, Denain e Carmaux. Hoje, essa tecnologia está difundida por todo o mundo e as possibilidades de uso do vidro são ilimitadas.

Os novos vinhedos comerciais do planeta escolhem modelos que ainda mantêm, de maneira geral, uma das três grandes formas antigas, embora com variantes no que toca aos detalhes (espessura do vidro, diâmetro do corpo, gargalo, colarinho, selo, cor do vidro, etc.). Essa é a prova de que a globalização não obriga à uniformidade. Poderíamos pensar o contrário com respeito aos estilos de vinhos. O que assistimos no âmbito das embalagens é muito tranquilizador: o futuro evidentemente aponta, tanto no caso das garrafas como dos vinhos, para a diversidade e, portanto, para o *terroir*.

Um outro aperfeiçoamento permitiu prolongar a conservação e melhorar os vinhos: a rolha de cortiça. Esse material já era conhecido na Antiguidade e servia, às vezes, para fechar as ânforas, assim como a madeira e a pozolana. Fosse qual fosse o material escolhido, depois de tampar as garrafas, recorria-se a uma impermeabilização com argamassa que as tornava tão herméticas quanto possível, graças também ao revestimento interno de piche. Isso explica o fato de terem sido encontradas ânforas cheias de vinho durante as explorações feitas em barcos que naufragaram no Mediterrâneo há mais de dois milênios. Os ingleses redescobriram as virtudes da cortiça em Portugal e conceberam a ideia de utilizar esse material para tampar, de maneira fácil e eficaz, as novas garrafas de vidro espesso que haviam aprendido a fabricar. Foi graças a essas duas inovações que eles inventaram o champanhe espumante, esse vinho que marcou, a partir do século XVII, uma etapa decisiva na evolução da cultura do vinho na Europa.

O vinho é uma festa: o incrível sucesso do champanhe

À medida que seu comércio internacional se amplia no seio da cultura cristã, que sua qualidade geral aumenta e se hierarquiza, o vinho une cada vez menos o homem aos Céus e cada vez mais aos homens entre si. Mais laico a partir do século XVI, ele não deixa de ser uma bebida ligada à cultura, pois, à diferença da água, seu consumo, tanto na versão culta e refinada quanto na popular, não se deve à necessidade de saciar a sede, mas, sim, à procura do prazer.

Montaigne é um dos primeiros escritores para quem o vinho não representa um dom de Deus, mas antes um elixir de saúde, de prazer e de convívio social. É de lamentar que o ensaísta não tenha dedicado a esse tema a mesma sutileza com que tratou tantos outros. Sabemos que Montaigne é amante da boa carne simples e também do bom vinho bebido em abundância: em torno de cinco vezes no decorrer de uma refeição. Ele não se mostra de forma alguma contrário a um excesso ocasional, revelando assim uma concepção condescendente da higiene digestiva:

> Ouvi dizer a Silvius, excelente médico de Paris, que, para não permitir que nosso estômago crie hábitos preguiçosos, é bom, uma vez ao mês, incitar suas forças por meio desse excesso, obrigando-o a trabalhar. [...] Vi um ilustre senhor de meu tempo, personagem de importantes empresas e famosas conquistas que, sem esforço, durante refeições comuns, não bebia menos de cinco lotes de vinho,[27] sem por isso deixar de mostrar-se extremamente atento e ponderado na discussão de nossos negócios. (*Ensaios*, livro II, cap. 2)

---

[27] Aproximadamente dez garrafas.

No entanto, a razão o preserva de todo excesso habitual e ele chega mesmo a formular um ponto de vista bastante breve que Sócrates ou Platão teriam refutado: "Não posso, entretanto, entender como alguns chegam a prolongar o prazer de beber além de suas necessidades e forjar assim, em sua imaginação, um apetite artificial e contrário à natureza". (*Ensaios*, cit.)

Curiosamente, é essa a visão que se refletirá na forma de apreciar e tomar o bordô, tanto na Inglaterra como no norte da Europa depois da Reforma (Pitte, 2005) e, mais tarde, nos Estados Unidos.

Outro bom exemplo dessa mudança de *status* do vinho, com a chegada dos tempos modernos, é o do champanhe espumante, que se torna o companheiro da libertinagem e das "Luzes", mas também do poder, evocando as palavras imortalizadas por Baudelaire: "luxo, calma e volúpia". Como o champanhe, esse curioso vinho repleto de gás carbônico que o faz primeiro espumar e depois borbulhar, chegou a se impor como o atributo necessário de toda festa digna desse nome? Por que o imperador do Japão, a rainha da Inglaterra ou o presidente dos Estados Unidos o reservam para o brinde final, assim como o presidente da República francesa ou, no passado, o czar de todas as Rússias? Por que se banham com champanhe os campeões de uma corrida automobilística, qualquer que seja a nacionalidade do piloto ou de sua escuderia? Por que batizamos os navios quebrando sobre seu casco uma garrafa de champanhe? Por que acolher com champanhe os passageiros da primeira classe e da classe executiva em todos os aviões – exceto em algumas companhias do Oriente Médio? Por que os apaixonados de todos os países que receberam alguma influência das culturas ocidentais selam sua união com champanhe, como propõem todas as agências de viagem do mundo inteiro aos recém-casados em sua noite de núpcias? Não chega a ser incrível que os jovens casais coreanos de Seul ou de Pusan, os noivos do dia, tomem nessa mesma noite o avião para a ilha subtropical de Cheju, levando uma cesta repleta de flores, frutas, guloseimas e uma garrafa de champanhe?

O fenômeno não é tão recente, pois em 1882 o editor e escritor inglês Henry Vizetelly afirmava:

Não somos capazes de abrir uma linha de estrada de ferro; de lançar um navio; de inaugurar um edifício público; de criar um jornal; de distrair um hóspede ilustre; de convidar um político importante para nos brindar com suas opiniões sobre questões de interesse geral; de celebrar um aniversário ou fazer um pedido especial a uma instituição de caridade sem [organizar] um banquete e, por conseguinte, sem contar com a presença do champanhe. (Vizetelly, 1882, p. 109; citado por Guy, 2003)

Como é que essa bebida alcançou tal sucesso universal ? Graças a algumas virtudes reais e, especialmente, devido à capacidade comunicativa daqueles que, tendo vivido bons momentos regados a champanhe, falaram e continuam falando dela como verdadeiros apaixonados, ou ainda daqueles que vivem de seu comércio. Como acontece com todas as celebrações, o champanhe favorece primeiro as palavras, depois os sonhos e, por fim, as carícias do vento.

Tudo começa na Inglaterra, no final de século XVII, quando se inventa, por volta de 1660, um meio seguro de fazer espumar o vinho, quer seja da Champanhe ou de outro lugar, engarrafando-o com açúcar e especiarias diversas. A técnica aperfeiçoa uma particularidade relacionada com a localização bastante setentrional do vinhedo champanhês. Com efeito, o frio precoce do outono nessa região bloqueia a fermentação, que só recomeça na primavera seguinte e se conclui com a transformação em álcool do açúcar residual.

Se o vinho for colocado numa garrafa de vidro espesso durante o inverno e vedado hermeticamente, o gás carbônico emitido pela fermentação permanece no interior, produzindo borbulhas. Como já vimos, os ingleses já sabiam, nessa época, fabricar garrafas com vidro preto resistente, fundido em fornos de carvão. Esses recipientes serviam para conservar e melhorar, pelo envelhecimento, os vinhos tânicos que eles importavam de Bordeaux e do Porto. Eles haviam tomado conhecimento, em Portugal, das qualidades da rolha de cortiça, e foi assim que o acaso os levou a descobrir a receita do vinho espumante cuja efervescência aumenta quando se adiciona açúcar a ele entre as duas fases da fermentação. Atribuir a invenção desse processo a dom Pérignon revela uma tentativa de recuperar para os franceses a criação de um produto que continua enriquecendo de forma significativa uma região e melhorando a balança comercial de um país inteiro (Bonal, 1995).

Será preciso esperar até 1801 para que o químico Chaptal compreenda o processo (*ibid.*, pp. 148-149): todo vinho jovem cria borbulhas, tanto durante a fermentação alcoólica quanto ao término desta, assim como no momento da fermentação malolática, quando esta não se completa no decorrer da primeira etapa, mas, sim, na primavera seguinte. No entanto, esse é somente um sintoma passageiro, considerado uma qualidade pelos que apreciam a cerveja ou a sidra, mas não pelos amantes do bom vinho. A única exceção é o champanhe, provavelmente em razão de seus efeitos euforizantes. O gás carbônico aumenta e acelera os efeitos do álcool sobre o sistema nervoso, estimulando-o – ao menos até uma certa dose, além da qual este entorpece. O açúcar combate a hipoglicemia e também excita, assim como os sais de potássio que se encontram no vinho. Essa mistura alivia a angústia e dissipa eventuais sensações dolorosas.

O doutor Roques, em seu texto *Physiologie médicale*, de 1821, explica com precisão os efeitos fisiológicos e psicológicos dos champanhes espumantes sobre os quais se assenta todo o imaginário desse vinho:

> Esses vinhos rompem a monotonia e algumas vezes o tédio das refeições que se prolongam; sua cor âmbar, seu brilho, sua espuma borbulhante, seu perfume, tudo isso desperta os sentidos, dá um tipo de hilaridade que se transmite rapidamente, como uma faísca elétrica. Ao ouvir essa palavra mágica, champanhe, os convivas adormecidos, entediados pela boa carne, acordam subitamente. esse licor vivo, etéreo, encantador, agita todos os espíritos; os homens frios, graves ou sábios se surpreendem ao ver-se afáveis. (*apud* Bonal, 1990, p. 182)

Essa é a explicação científica dada no século XIX. É, evidentemente, insuficiente para compreender a amplitude da notoriedade do champanhe e da admiração que lhe devotam todos os países. Sem o imaginário e o discurso associado a essa bebida, não seria assim.

O champanhe foi inventado em Londres e, portanto, foi nessa cidade que foram provadas e apreciadas pela primeira vez suas virtudes reais e simbólicas, graças particularmente ao filósofo libertino Saint-Évremond. Exilado em Londres, ele era a coqueluche dos salões, nos quais introduziu a moda do vinho espumante.[28]

Em *The Man of Mode*, uma comédia ligeira de 1675, Sir George Etheredge apresenta um coro que entoa:

> Os prazeres do amor e as alegrias dos bons vinhos,
> Unem-se sabiamente para aumentar nossa felicidade.
> Então o champanhe efervescente
> Reanima rapidamente
> Os pobres amantes lânguidos.
> Ele nos torna felizes e satisfeitos e afoga todas as nossas dores.

E, em 1698, George Farquhar, em outra comédia com o sugestivo título de *Love and a bottle*, afirma que "o champanhe é um bom vinho que todos os dândis bebem para ter vivacidade".

Como resistir a tanta sedução? Esse vinho torna uma pessoa vivaz e libertina; faz maravilhas na celebração da amizade e do amor. Ele "cintila" como olhos brilhantes, como se dizia no século XV, e como o espírito refinado, como se diz a partir da metade do século XVIII. Ninguém o poderia descrever melhor que Voltaire em *O mundano*, de 1736:

> Jantemos. Que estes magníficos pratos,
> Que estes guisados são para mim deliciosos!
> Que um cozinheiro é um mortal divino!
> Cloris, Eglé vertem para mim,
> Um vinho de Ay, cuja espuma pressionada,
> Da garrafa com força lançada,
> Como um raio faz voar a rolha;
> Ela parte, nós rimos, ela toca o teto.
> Desse vinho fresco a espuma borbulhante
> De nossos franceses é a imagem brilhante.

---

[28] As citações que seguem foram todas extraídas, salvo quando se especifica outra referência, do admirável trabalho de François Bonal (1990).

Luxo, calma e volúpia

Frederico da Prússia, fervoroso amante do champanhe, convida o escritor a beber em sua companhia, enviando-lhe este poema em 1742:

Para manter nosso bom humor
E a força de nossa parceria,
O vinho de Ay, néctar encantador,
Nos servirá de ambrosia.

Desse momento em diante, a reputação do champanhe percorre toda a Europa e, rapidamente, o continente americano. Mozart lhe consagra uma ária em seu *Don Giovanni*. De passagem por Milão, Casanova passa uma tarde com amigos degustando ostras: "Nós as regamos com inúmeras garrafas de champanhe. Permanecemos por mais de três horas à mesa, bebendo, cantando, brincando, um mais que o outro".

É, sem dúvida, o champanhe que torna indiscretas as joias de Diderot,* nascido em Langres. Restif de La Bretonne não deixa nada a dever com seus *Tableaux de la vie*, em 1791: "Trouxeram-nos champanhe; nossos propósitos se alegraram; eu me pus ao uníssono, minha vizinha não me viu mais como um estranho; [...] eu bebi à sua saúde e nós conversávamos de muito perto".

Brillat-Savarin aprecia muito a bebida, particularmente durante os almoços no campo e as pausas da caçada: "sentamo-nos sobre a relva, comemos, as rolhas voam; conversamos, rimos, brincamos com toda a liberdade, pois temos o universo como salão e o sol como luminária". (1965, p. 197)

O czar Pedro, o Grande, embriaga-se com champanhe em Fontainebleau durante sua visita oficial à França, em 1717, mas nem por isso seus sucessores deixam de importar a bebida. A Cristal foi inventada por Louis Roederer, em 1876, para Alexandre II; a garrafa transparente tinha a finalidade de impedir que se ocultasse uma bomba no seu interior.

Já o príncipe de Ligne demonstra grande resistência aos excessos: "Não gostando de ficar atrás em nada, costumava beber duas garrafas e meia do vinho de Champanhe, quando este estava na moda, na com-

---

* Alusão ao livro *As joias indiscretas*, livro de contos libertinos escrito por Diderot em 1748. (N. T.)

panhia do duque de Chartres e, depois, do conde de Artois... Porém, jamais estive embriagado".

O champanhe é o remédio ao qual Luís XV recorre para reencontrar a alegria de viver, como relata o duque de Richelieu: "Para ter controle sobre o rei e retirá-lo de seu estado de melancolia, os pequenos cortesões desenvolveram a arte de prolongar os jantares e fazer-lhe beber, desde 1732, grandes quantidades de champanhe. Luís XV, quando se encontrava com esse temperamento sombrio, era insuportável; mas uma pequena taça de vinho deixava-o alegre, amável e eloquente".

O rei aprecia tanto a bebida que, em 1735, encomenda dois quadros em homenagem ao champanhe, para decorar de maneira aprazível a sala de jantar de Versalhes chamada *des retours de chasse*.* Um desses quadros é *Le déjeuner de jambon*, de Nicolas Lancret; o outro é *Le déjeuner d'huîtres*, de Jean-François de Troy, no qual dois criados seguem com os olhos uma rolha que acaba de saltar e está a um ou dois metros acima de suas cabeças![29]

Da mesma forma, atribui-se à madame Pompadour certa inclinação pelo champanhe e várias anedotas que contribuíram para construir a lenda do vinho borbulhante. Dentre elas, a afirmação da marquesa de que esse é o único vinho que deixa as mulheres mais belas. As famosas taças, tão inadequadas para a conservação das borbulhas e sua lenta subida, permitidas somente pela *flûte*,[30] teriam sido inspiradas na forma do seio da bela amante do rei, fazendo voltar à moda uma prática proveniente da Antiguidade e que ratifica a ideia das virtudes eróticas do champanhe.

Várias vezes, durante os séculos XIX e XX, a região da Champanhe foi invadida por europeus vindos do Leste. A cada invasão, as adegas eram saqueadas pelos conquistadores para celebrar sua vitória, mas os habitantes da região nunca tiveram do que se lamentar, pois os bons hábitos eram mantidos e, sempre que a paz voltava a se instalar, os pedi-

---

* Pequena sala de jantar usada pelo rei para receber seus amigos no regresso das caçadas. (N. T.)
[29] *Tables princières de Chantilly du XVIIᵉ au XIXᵉ siécle*, Chantilly, nº 63, setembro de 2006. Os dois quadros, adquiridos no século XIX pelo duque de Aumale, estão conservados no Museu Condé, em Chantilly.
[30] Os copos em forma de flauta já eram utilizados na Inglaterra desde o século XVII (Devroey, 1989, p. 168).

FOTO 1. O vinhedo armênio, ao pé do monte Ararat e do mosteiro de Khor Virap (São Gregório, o Iluminador), no vale do Arax, evoca a antiguidade da viticultura caucasiana, mencionada pela primeira vez no texto bíblico do Dilúvio.

FOTO 2. Enviados de Moisés trazem frutos de Canaã atestando a fertilidade da Terra Prometida por Deus aos hebreus. Nicolas Poussin, *O outono* ou *O cacho de uvas trazido da Terra Prometida*, 1660-1664. Paris, Museu do Louvre.

FOTO 3. A vindima e o acondicionamento em jarras de vinho no Egito do Novo Império (tumba de Khaemwaset, 18ª dinastia).

FOTO 4. Véronèse, *As bodas de Canaã* (detalhe). Paris, Museu do Louvre.

FOTO 5. Mohamed Qâsim Mussarvir, *O xá Abbas I bebendo em companhia de seu jovem servo*. Isfahan, século XVII. Paris, Museu do Louvre.

FOTO 6. Ânforas destinadas à conservação do vinho na propriedade de um viticultor de Areni (Armênia). O Cáucaso é um conservatório da viticultura e das técnicas de vinificação antigas.

FOTO 7. Parreiras em Turfan (Xinjiang), o vinhedo mais antigo da China, criado pelos turcos-mongóis uigures.

FOTO 8. As vindimas em Iwasaki (Yamanashi, Japão), no começo da era Meiji. Estampa de Ando Tokube.

FOTO 9. O muro de tonéis de vinho da Borgonha, instalado na alameda sagrada do templo dedicado ao imperador Meiji, em Tóquio.

FOTO 10. Cartaz colocado ao lado dos tonéis de vinho da Borgonha.

FOTO 11. Cave vinícola sob vinhas em pérgola, em Katsunuma-cho (Yamanashi), no Japão. Esse vinhedo tem mais de mil anos, mas a vinificação só começou na era Meiji no fim do século XIX.

FOTO 12. Parreiras em pérgulas no jardim de Pompeia.

FOTO 13. Os georgianos continuam apreciando o vinho, que bebem em abundância, em grandes chifres bovinos.

FOTO 14. Uma garrafa de vidro preto espesso, do século XVII, tal como era fabricada na época, na Inglaterra e em Flandres. Museu do Vinho, Beaune, França.

FOTO 15. "A água está poluída... Beba vinho!" Publicidade francesa dos anos 1960.

FOTO 16. Tempos felizes, quando as pessoas sabiam beber sem se embriagar e quando Pasteur justificava, com sua legitimidade, um razoável consumo de vinho!

FOTO 17. Campanha francesa destinada a combater a proibição crescente. Página publicitária publicada no jornal *Le Monde* de 26 de fevereiro de 2004.

FOTO 18. Banyuls. Um bom exemplo de paisagem valorizada pela vinha e de um vinho valorizado pela beleza da paisagem de seu lugar de origem.

FOTO 19. Château Margaux, magnífico palácio do começo do século XIX, no coração de um dos primeiros *grands crus classés* do Médoc. Tanto o palácio quanto a cave são considerados monumentos históricos.

FOTO 20. Leonetto Cappiello, litografia. Publicidade de 1933, evocando os estreitos laços entre o vinho, o amor e a alegria.

dos do espumante aumentavam. Brillat-Savarin afirma que os aliados que derrotaram Napoleão esvaziaram, sem pagar, 600 mil garrafas da casa Moët em 1815, mas que o proprietário "se consolou dessa enorme perda quando viu que os saqueadores haviam tomado gosto pela bebida e que os pedidos que ele recebia do Norte dobraram desde essa época" (1965, p. 271). Estima-se em aproximadamente 2 milhões o número de garrafas bebidas, em situação semelhante, pelos prussianos, entre 1870 e 1872.

A parada realizada em Vertus, que reuniu, no dia 10 de setembro de 1815, 200 mil soldados aliados na presença do czar Alexandre I, do imperador da Áustria, do rei da Prússia e do duque de Wellington, deu lugar a um banquete para 300 pessoas, preparado por ocasião da Quaresma. Nesse dia, 1.900 garrafas de champanhe Moët foram consumidas pela fina flor da aristocracia europeia: apreciadores que conhecem bem a bebida e já não poderiam passar sem ela...

Além da alegria e do amor, o champanhe inspira também sentimentos de identidade patriótica ou francófila. Ele se torna, no decorrer de sua história, um símbolo associado à França, tanto para os próprios franceses quanto para os estrangeiros (Guy, 2003). Faz parte dos ícones do país, ao lado de outros produtos alimentícios (a baguete, o *croissant*, o queijo e vários outros vinhos), das criações de alguns costureiros, marroquineiros, perfumistas, de certos cantores populares e atores de cinema, de castelos como o de Versalhes ou os do Loire, dos Champs-Élysées da Sorbonne, etc. Além de tudo isso, a difusão mundial do champanhe e o elo estreito que essa bebida mantém com todas as celebrações fazem muito pela notoriedade da França e contribuem de forma evidente para ampliar sua prosperidade econômica, política e cultural.

Antes aristocrático, o champanhe tornou-se burguês no século XIX e, desde então, está associado às grandes comemorações da classe média de numerosos países do mundo.[31] Para fazer sonhar essas sociedades, é importante vestir as garrafas de champanhe da maneira mais

---

[31] E até mesmo dos burgueses com ideias sociais e políticas avançadas. É por isso que os ingleses falam de *Champagne left* para referir-se ao que os franceses chamam de *gauche caviar* (Joffrin, 2006, p. 10). [*Gauche caviar*: expressão pejorativa que designa pessoas que se dizem socialistas, mas não abrem mão de apreciar o luxo. (N. T.)]

aristocrática possível. Hoje, as casas produtoras rivalizam em talento para acondicionar seu vinho em embalagens personalizadas, imitando modelos antigos ou, ao contrário, muito modernos, revestidos com colarinhos dourados ou prateados, rótulos ornamentados com cordões vermelhos, águias, escudos, coroas, selos, estrelas e outros símbolos de um mundo desaparecido.[32] Comprar champanhe significa fazer parte desse universo, assim como se imaginam membros do *Gotha*[*] os compradores desse almanaque especializado na vida das famílias reais.

Tal prestígio resulta de um esforço comercial prolongado que precisa ser mantido. Ao "saber fazer" enológico, incontestável, deve-se somar a capacidade de "fazer saber", constantemente renovada. Os produtores de champanhe sempre gastaram somas muito elevadas com a finalidade de preservar uma hábil comunicação, mas esta é, no final das contas, paga pelo consumidor. Acontece exatamente o mesmo com a moda ou os perfumes. Seu custo integra o das campanhas publicitárias, tão onerosas quanto talentosas.

Christian Barrère explica os fundamentos: "Um bem de luxo não é um 'naturalmente' ou 'intrinsecamente' de luxo. Ele é percebido como um bem de luxo, e essa percepção se baseia na imagem de uma particularidade, de uma 'distinção', de um 'diferencial' em relação aos bens 'normais', 'necessários'" (Barrère, 2003, p. 26).

Uma análise dos anúncios de champanhe publicados nestes últimos anos na imprensa permite estabelecer o amplo registro de temas utilizados: o frescor que proporciona uma bebida espumante, a leveza, o mistério, a simplicidade, o luxo dos lugares de degustação, a fortuna, o poder, as viagens, a mulher, o erotismo. O *terroir* é o tema mais raramente utilizado, bem como a paisagem vitícola do Champanhe; somente os *Récoltant manipulant*[**] se referem a esses aspectos, às vezes. Isso

---

[32] Trata-se da mesma "corda sensível" que os bordaleses buscam fazer vibrar ao estampar castelos que, com frequência, só existem nos rótulos, ou as casas de Cognac com suas garrafas de belo formato.

[*] Publicado entre 1763 e 1944, o *Gotha* era um guia de referência da alta nobreza e das famílias reais europeias. Voltou a ser publicado em 1988 por um editor inglês e teve apenas seis edições, a última em 2004. (N. T.)

[**] Produtores que fabricam o champanhe a partir das próprias uvas, utilizando no máximo 5% de uvas compradas de outros produtores. (N. T.)

poderia mudar com o pedido de classificação do vinhedo champanhês como patrimônio mundial da Unesco.

Não se veem hoje em dia temas amplamente explorados pela literatura dos séculos XVII a XIX: o prazer da conversação, o humor, a leveza e a alegria de viver, a brincadeira amorosa. A decisão de excluí-los não deixa de intrigar, particularmente quando traçamos uma comparação com as campanhas publicitárias do setor da moda e dos perfumes, que não se privam de seduzir os jovens – e também os menos jovens que desejam continuar a sê-lo, por sua natureza vaidosa ou mesmo erótica. Indicaria isso uma preocupação dos capitalistas proprietários das grandes casas produtoras? Seria porque, se a publicidade fizesse rir, os consumidores não gastariam tão facilmente a soma, nada desprezível, necessária para a aquisição de uma garrafa de champanhe, ainda que de qualidade inferior?

E depois conversamos!

Atribui-se a Talleyrand esta bela anedota na qual ele explica a de um de seus hóspedes, pouco afeito aos refinamentos da arte de degustar, que, antes de levar uma taça de bom vinho aos lábios, é preciso olhá-lo e depois sentir longamente seu aroma. "E depois – pergunta-lhe o homem impaciente – o bebemos? Não, meu caro, ainda não – responde o príncipe. Depois deixamos repousar o vinho sobre a mesa e conversamos sobre ele!".

Verdadeira ou falsa, a anedota é reveladora. É, com efeito, no século XVIII e no começo do XIX que se estabelece, na França e em alguns outros países europeus, o refinamento supremo do novo ritual de consumo do vinho: falar dele da maneira mais elegante, poética e metafórica possível.

Tornou-se *démodé*, inclusive inapropriado, relacionar o vinho às convicções religiosas, salvo, como já vimos, se fosse com humor e até com um toque de ironia, mesmo quando a conversa fosse entre clérigos. Isso marca um novo momento na história das representações do vinho. No *Banquete* de Platão, o consumo ritual e abundante ajuda os convivas a falar de amor, mas em seu discurso o caráter sagrado do divino fermento está sempre presente. Essa sacralidade fica ainda mais evidente nas palavras de Cristo, no momento da ceia que institui a transubstanciação – a transformação do vinho em seu próprio sangue – por amor à humanidade. Algo parecido ocorre com a música religiosa; podemos apreciá-la de um ponto de vista musical e artístico, falar dela com conhecimento ou sensibilidade, mas deixando totalmente de lado sua função original de acompanhar ou elevar a prece dos fiéis.

O primeiro gastrósofo[*] de verdade foi Grimod de La Reynière, que, embora tenha escrito na época do Império, herdou o *savoir vivre* e a arte de bem comer da alta sociedade do fim do Antigo Regime. O príncipe Louis François de Conti, bom exemplo dessa sociedade, oferecia a seus hóspedes, durante os jantares de segunda-feira no seu palácio do Templo, vinho da Romanée, vinhedo borgonhês cuja propriedade ele havia adquirido a preço de ouro.

Grimod de La Reynière pouco menciona o vinho em seus textos, embora seja possível perceber que ele era um conhecedor. Ele recomenda o champanhe para cozinhar o salmão ou as vagens (Grimod de La Reynière, 1978, pp. 164-188), um excelente vinho branco para preparar o melro ou acompanhar as ostras, "após o qual não é mais permitido servir vinho medíocre" (*ibid.*, p. 167), o málaga para aromatizar "uma certa torta quente de codorniz [...] digna da mesa dos deuses" (*ibid.*, p. 256).

Na origem da *sommellerie* francesa que exalta o *terroir* está sua ideia de servir um prato com o vinho da própria região, ainda que a geografia do autor seja um pouco elástica: vinho de Pic-Pouille e de Roussillon com presuntos de Bayonne, vinho do Reno com o presunto de Mayence. "É um respeito que lhes devemos: regá-los apenas com vinho de seu país. Assim são bem mais fáceis de digerir." (*ibid.*, pp. 176-177)

O serviço dos vinhos durante a refeição começa então a se organizar. Antes de sentar à mesa e começar a sopa, deve-se servir "o primeiro gole", que consiste em um copo de vermute (*ibid.*, p. 341). Depois, terminada a sopa, recomenda-se beber

---

[*] Adepto da gastrosofia, a arte de apreciar os alimentos. (N. T.)

aproximadamente um dedo de vinho puro; é o que chamamos de segundo gole. Embora não seja obrigatório, é o único momento da refeição no qual está permitido beber, sem água, um vinho comum, a menos que sejamos provincianos ou que nunca sirvamos vinhos finos; o que é inconcebível em um grande jantar. (*ibid.*, p. 347)

Os hábitos do Antigo Regime evoluíram. Nessa época, pedia-se aos valetes que trouxessem o copo de vinho servido sobre um pequeno aparador; então eles o cortavam com água, a seu critério, sem nenhum discernimento. "Os copos e o vinho ficam agora sobre a mesa. Seu serviço restringe-se a fazer circular os pratos." (*ibid.*, p. 357).

Grimod consagra um capítulo de seu *Manual dos anfitriões*, publicado em 1808, à forma de servir os vinhos (*ibid.*, pp. 362-370). Como o serviço à francesa prevê vários pratos, colocados simultaneamente sobre a mesa a cada etapa da refeição, o casamento entre pratos e vinhos é pouco observada. O autor concebe muito bem uma refeição inteira regada a vinho branco de Chablis. As garrafas devem ser apresentadas cobertas de pó, para comprovar sua antiguidade, abertas, com a rolha apenas apoiada no orifício do gargalo. Para ele, a jarra é um hábito estrangeiro que nada acrescenta aos vinhos. Entretanto, os copos devem ser os mais finos possíveis. O champanhe, que deve ser bebido com moderação, por ser pouco digestivo e, além do mais, adulterado em Paris, não deve ser servido desde o alto, para evitar que se derrame sobre a toalha de mesa. Deve-se beber um pouco de licor no meio da refeição: o "gole do meio". Em seguida, passa-se aos vinhos dos pratos principais (tintos?) e termina-se com os vinhos de sobremesa, mais doces

Brillat-Savarin, apologista da união vinhos-alimentos

A fisiologia do gosto está repleta de exaltações à excelência do vinho e de conselhos sobre a maneira de obter dele o maior prazer. Tendo escrito menos de duas décadas após Grimod de La Reynière, Brillat-Savarin vai bem mais longe. Notaremos, em primeiro lugar, que ele pede várias vezes perdão por não se deter em certos temas, por falta de espaço e porque não os previra em seu projeto de redação, embora, a seu ver, não devessem ser negligenciados. Seu livro, escrito sob a afetuosa pressão dos amigos, não contempla um plano lógico; é um labirinto concebido para que o leitor circule por ele despreocupadamente, com deleite, e decididamente não é para ser lido da primeira à última página. O autor pede a seus herdeiros espirituais que escrevam obras que ele teria assinado com gosto: "O que eu não fiz, outro o fará" (Brillat-Savarin, 1965, p. 405). Seus admiradores esperam ainda três livros importantes: uma monografia da obesidade, uma antologia cronológica dos poemas gastronômicos e – sem dúvida, o que mais faz falta ao conhecimento da arte de viver naquele século – um tratado teórico e prático dos piqueniques durante as caçadas, que facilmente imaginamos ilustrado com gravuras libertinas e repleto de suculentas receitas de tortas, pratos quentes ou frios e de musses salgadas.

A propósito do vinho, é verdade que Brillat-Savarin é breve, embora sem deixar de ser pertinente, entusiasmado e sensual. Obviamente, ele não é nada rabelaisiano, além de mostrar verdadeiro horror aos exageros e à embriaguez: "Aqueles que sofrem indigestões ou se embebedam não sabem nem beber, nem comer" (*ibid.*, p. 23). Sua boa educação provinciana, sua dignidade de magistrado, sua afeição pelos cavalheiros e abades refinados do fim do Antigo Regime, perfeitamente compatível com sua concepção do Iluminismo e da Revolução, sua nostalgia dos anos de exílio na puritana Nova Inglaterra, tudo isso o distancia dos excessos que ele condena. Entretanto, ele não é avesso ao vinho em abundância, desde que este não faça o bebedor perder a cabeça e que, ao contrário, exalte sua verve e seu talento.

Assim sendo, esse advogado, político e cozinheiro francês rende homenagem ao padre de Brégnier, nos arredores de Belley, que todo dia abre uma garrafa de vinho para acompanhar seu almoço (*ibid.*, p. 75). Da mesma forma, glorifica o valente general Bisson,

> que bebia todos os dias oito garrafas de vinho durante a refeição do meio-dia. [...] Sua taça era maior que a dos outros e ele a esvaziava com mais rapidez; no entanto, quem o via tinha a impressão de

Luxo, calma e volúpia

que ele nem se dava conta; mesmo bebendo oito litros de líquido, isso não o impedia de brincar e dar ordens, como se tivesse bebido apenas uma jarra. (*ibid.*, p. 76)

O próprio Brillat-Savarin, relatando um dia de caça nas terras altas e ventosas de Nantua, ao fim do qual ele e seus companheiros estão sedentos, termina sua descrição desta magnífica maneira: "Não éramos mais que corpos sem alma, e caímos nos barris dos cabareteiros" (*ibid.*, pp. 145-146). O vinho em questão servia apenas para saciar a sede, pois o autor o considera meramente equivalente ao de Surêne, perto de Paris, ou ao de Périeux, perto de Belley; fato que ele lamenta, porque o dono do albergue lhes serve um delicioso prato de espinafre, preparado com gordura de codorniz. Depois, mais razoável, ele prescreve, bancando o médico amador, como fazia de vez em quando: "Um homem de boa constituição pode viver muito tempo, bebendo duas garrafas de vinho por dia" (*ibid.*, pp. 123-124).

O vinho, que é "a mais gentil das bebidas" (*ibid.*, p. 148), fortalece os trabalhadores" (*ibid.*, pp. 142-143) e "devolve o sorriso às faces mais hipocráticas" (*ibid.*, p. 169). O vinho é, de modo geral, tão benéfico quanto as frutas: "Um bebedor estava à mesa e, chegado o momento da sobremesa, ofereceram-lhe uvas. 'Obrigado, disse ele rejeitando o prato; não tenho o hábito de tomar o meu vinho em pílulas'" (*ibid.*, p. 392).[33] Além do mais, o vinho é, indiscutivelmente, preferível à cerveja, que provoca certa corpulência (*ibid.*, p. 238). Aliás, contra essa ameaça, é preciso beber vinhos brancos secos e leves, acidulados, como os produzidos em Anjou (*ibid.*, p. 249), eventualmente quinados (*ibid.*, p. 254); já para combater a magreza, é preciso recorrer ao bordô ou ao vinho da região do Midi (*ibid.*, p. 259). De qualquer forma, não devemos privar-nos de beber, como fez aquele soldado do rei Luís XVI, que apostou dez garrafas de vinho, dizendo que poderia ficar 24 horas sem beber. O infeliz morreu antes que expirasse o prazo, "sem poder provar uma única gota do vinho que havia ganhado"! (*ibid.*, pp. 141-142).

---

[33] Não é difícil que essa anedota seja autobiográfica, como geralmente é o caso quando ele menciona alguém de maneira indefinida.

De maneira geral, Brillat-Savarin considera que o mais indicado é bebericar (*sip*, diz ele, como bom anglófilo); ao menos é o que ele recomenda para o Chambertin (*ibid.*, p. 56), opinião que não compartilhamos. Uma taça de vinho no final da tarde pode ajudar a meditação. É essa a prática em algumas abadias – provavelmente do Bugey – no momento das conferências sobre os Pais da Igreja (*ibid.*, p. 262).

Misturado com açúcar, o vinho serve para umedecer os assados servidos aos jovens esposos, para fortalecê-los ao final de sua noite de núpcias (*ibid.*, p. 118). Um funcionário do almirantado britânico, obrigado a permanecer de vigília 52 horas consecutivas, recorreu ao auxílio do vinho – mas isso não foi suficiente e ele teve de apelar ao... ópio (*ibid.*, p. 229)!

Em caso de doença grave, é uma boa ideia consolar-se admirando uma garrafa e sonhando em beber seu conteúdo após a cura. Foi o que fez o clérigo Rollet, que assim se explicou ao seu médico quando este se surpreendeu ao ver, perto de sua cama, uma mesa coberta por uma bela toalha, com uma taça de cristal e uma boa garrafa de vinho: "Ah, doutor! Lembre-se de que o senhor me proibiu de beber, mas não de desfrutar o prazer de olhar para a bebida"[34] (*ibid.*, pp. 169-170).

No entanto, chegado o momento da morte, não devemos hesitar antes de beber um grande vinho. Uma tia de 93 anos, a quem Brillat-Savarin devota uma terna afeição, expira em seus braços após haver tomado meia taça do melhor vinho envelhecido de seu sobrinho. Suas últimas palavras são históricas: "Sirva-me, meu querido; o líquido sempre acaba descendo" (*ibid.*, p. 270).

Porém, é ao discorrer sobre o acompanhamento das refeições, bem como do sutil casamento entre os pratos e os vinhos, que Brillat-Savarin mostra-se verdadeiramente insuperável.[35] Percorrendo as diferentes passagens de seu livro que se referem a esses temas, nota-se que se trata de um trabalho pioneiro. Nenhum tratado anterior é tão completo e de tão bom gosto.

---

[34] É bem possível que o bom homem não se tenha contentado apenas com essa contemplação platônica.
[35] Como bem observou Roland Barthes no prefácio intitulado "Lecture du Brillat-Savarin", que ele escreveu para a edição francesa de 1975 de *A fisiologia do gosto*, publicado pela Hermann, em Paris (pp. 7-33).

Existem, é verdade, pequenos vinhos feitos para ocasiões mais corriqueiras, como o branco do Bugey que, embora mais grosseiro, acompanha muito bem as castanhas assadas no outono – e que o escritor bebe no albergue Genin, em Belley (*ibid.*, p. 76).

Entretanto, é indispensável beber um bom vinho para acompanhar a comida. É, na verdade, uma das quatro condições que determinam o sucesso de uma refeição: "uma carne no mínimo aceitável, um vinho bom, uns convidados amáveis e tempo suficiente"(*ibid.*, p. 187). Observemos que, se a comida pode ser apenas aceitável, o vinho deve ser obrigatoriamente bom! Quem dirá agora que Brillat-Savarin não devota nenhuma paixão ao vinho?

Segundo preceito magistral e que surpreende, ainda hoje, tantos maus bebedores: é preciso beber vários tipos de vinho no decorrer de uma refeição: "Pretender que não é necessário trocar os vinhos é uma heresia; a língua se satura e, depois da terceira taça, o melhor vinho não desperta mais que uma sensação obtusa" (*ibid.*, p. 24).

É importante, porém, respeitar uma ordem no serviço: "A ordem das bebidas parte das mais temperadas para as mais sutis e as mais perfumadas" (*ibid.*, p. 23).[36] Por outro lado, o autor acrescenta que os vinhos devem ser "de primeira qualidade, cada um na sua medida" (*ibid.*, p. 189) e, obviamente, não mesclados.[37]

O champanhe deve ser servido bem frio (*ibid.*, p. 168) e os brancos secos, frescos (*ibid.*, p. 195).[38] No entanto, o autor não diz nada sobre a temperatura dos vinhos tintos. Em todo caso, podemos adivinhar o que ele pensa a respeito ao ler que a atmosfera de uma sala de jantar deve estar entre 13 e 16 graus Réaumur (*ibid.*, p. 188), ou seja, 16 a 20 °C; temperatura ideal para apreciar a excelência de uma refeição, já que o corpo se aquece à medida que o banquete avança, que os copos se esvaziam, que a conversa se anima e que se propaga o famoso e agradável calor comunicativo.

---

[36] Preceito que se repete na p. 189.
[37] O grande gastrônomo M. de Borose, por exemplo, compra seus vinhos de um comerciante reputado por não misturar a bebida (*A fisiologia do gosto*, pp. 313-315).
[38] Refrescados em fontes naturais durante as pausas da caçada.

Brillat-Savarin é um conhecedor excepcionalmente curioso para seu tempo. Ele bebe apenas os melhores vinhos (*ibid.*, p. 231), embora de todas as procedências. Não ignora que a gula é "o que faz viajar os vinhos de um polo ao outro" (*ibid.*, p. 153).[39] Seu ecletismo provém, em primeiro lugar, de suas origens. Belley fica perto de Lyon, "uma cidade de bons produtos: sua posição faz que aí sejam abundantes, com igual facilidade, os vinhos de Bordeaux, os da Ermitage e os da Borgonha" (*ibid.*, p. 353). Esse homem extraordinário é um dos raros especialistas de sua época, que soube apreciar tanto o bordô quanto o borgonha (Pitte, 2005). Ao que tudo indica, foi ele, como conselheiro no supremo tribunal de justiça, que se manifestou na célebre anedota do processo dos vinhos:

> Senhor conselheiro – disse um dia, de um extremo de uma mesa ao outro, uma velha marquesa do subúrbio de Saint-Germain –, qual é o seu favorito, o de Borgonha ou o de Bordeaux?
> – Madame –, respondeu, com voz de druida, o magistrado assim interrogado –, este é um processo cujos pormenores tenho tanto prazer em estudar, que adio sempre ao máximo o pronunciamento da sentença. (Brillat-Savarin, 1965, p. 391)

É preciso lembrar que, ao redor das boas mesas da Paris do fim do século XVIII e começo do século XIX, bebe-se champanhe espumante e, como vinho tinto, especialmente o borgonha, que chega a montante do Sena. É o que mostra a carta de vinhos do restaurante Véry, no Palácio Real, em 1790 (Pitte, 2001); a mais antiga até hoje conservada, que revela também alguns tesouros exóticos, como o Tokaj da Hungria, o Constantia da Cidade do Cabo, os vinhos licorosos da Espanha e de Portugal (Alicante e Setúbal), que Brillat-Savarin não se absteve de provar (Brillat-Savarin, 1965, p. 308),[40] assim como o malvasia da Grécia e o Shirzz da Pérsia, ausentes na carta de 1790.

Ao norte do Bugey, encontram-se os vinhos do Jura. Brillat-Savarin aprecia-os intensamente, por ocasião de um banquete no albergue

---

[39] Ideia que Roger Dion desenvolverá no século seguinte.
[40] Além de Véry, Brillat-Savarin menciona os restaurantes Les Trois Frères Provençaux e Beauvilliers, este último notável por sua "adega bem cuidada" (p. 306).

Luxo, calma e volúpia

de Mont-sous-Vaudrey, durante o qual ele se deleita com um fricassé de frango com trufas, entre outros pratos. O "vinho leve de cor grená" (*ibid.*, p. 400) que abre a refeição é, sem dúvida, um *cru*; o Hermitage que vem a seguir é, evidentemente, destinado a acompanhar as trufas, e o vinho de palha servido no final valoriza as sobremesas e, provavelmente, um antigo condado.

Para muitos dos pratos que o entusiasmaram no decorrer de sua vida, ele indica o vinho que deve acompanhá-los, e podemos, assim, constatar a modernidade de suas escolhas. Alguns já saíram de moda, mas não resta dúvida de que os apreciadores de hoje ganhariam muito se os provassem de novo. Vejamos: um velho Sauternes para acompanhar as ostras (*ibid.*, p. 190); um madeira com a sopa, segundo o hábito introduzido pelo próprio Talleyrand (*ibid.*, p. 193) e que perpetua o costume de servir esse vinho no início da refeição, na época de Luís XVI (*ibid.*, p. 297);[41] e um málaga com o queijo (*ibid.*, p. 354).

Nessa última combinação, reconhecemos um hábito inglês e americano que se manteve até nossos dias e deveria ser retomado pelos franceses, em vez de desperdiçarem seus melhores bordôs e borgonhas com o camembert ou o roquefort.[42] Com a fondue de queijo, tão apreciada por Brillat-Savarin em sua viagem à Suíça, é preciso servir "o melhor vinho que será bebido sem maiores sofisticações" (*ibid.*, p. 384), mas não sabemos qual. Optemos pelo branco seco, segundo o costume atual.

Menos surpreendente em relação ao gosto atual é a recomendação de Brillat-Savarin dos vinhos franceses para o meio da refeição (*ibid.*, p. 297):[43] um vinho da Alta Borgonha, ou seja, da Côte d'Or, para acom-

---

[41] Brillat-Savarin recorda o prazer que sentiu ao beber o madeira gelado, durante uma caça organizada por Alexandre Delessert num dia de grande calor (p. 196). Também exalta os efeitos desse vinho na felicidade conjugal (p. 161): "Meia garrafa de madeira serve para prolongar a refeição e o encontro; logo o mesmo leito os recebe; e, depois dos enlevos do amor compartilhado, um doce sono os fará esquecer o presente e sonhar com um amanhã melhor". É pena que o madeira seja tão pouco conhecido e apreciado pelos franceses. Alain Huetz de Lemps (1989) dedicou a ele um belo livro.

[42] No café-taverna Little, em Nova York, Brillat-Savarin se deleita com "um ótimo clarete", logo, um bordô, mas também com um porto e um madeira (p. 341).

[43] Era assim que se fazia sob o reinado de Luís XVI; o madeira era servido no começo da refeição, que terminava com os vinhos da Espanha ou da África (p. 297).

panhar a receita de faisão recheado com galinhola e trufas (*ibid.*, p. 369); uma garrafa de Lafite ou Clos-Vougeot com a asa de perdiz, que deve ser "levada à boca com elegância" (*ibid.*, p. 152); um vinho de Orléans[44] ou um Médoc, límpidos, para o cordeiro cozido e os rins de Pontoise (*ibid.*, p. 188).[45] O autor menciona, ainda, a garrafa de "vinho de Grave" (*ibid.*, p. 366), que o senhor e a senhora de Versy degustam com uma galinha de Bresse, por ocasião de uma ceia servida em plena noite. Entretanto, não sabemos exatamente qual é o vinho que acompanha a ingestão de um peru inteiro por P. Sibuet no albergue Genin, em Belley (*ibid.*, p. 77); provavelmente, um pequeno *cru* de Bugey.

Uma menção especial deve ser reservada ao champanhe, consumido em todas as circunstâncias e cujos efeitos estupefacientes, devidos ao gás carbônico, são, afinal, mínimos (*ibid.*, p. 168). De fato, um dos maiores médicos da época usa e abusa dessa bebida: "O doutor Corvisart, que era muito gentil quando queria, somente tomava vinho de Champanhe gelado" (*ibid.*, p. 168). O champanhe alegra as pausas durante a caçada (*ibid.*, p. 197). Também permite esperar com paciência a comida, como fazem os ingleses do albergue de Montgeron, enquanto aguardam o cordeiro assado, que Brillat-Savarin trata de separar da gordura para utilizá-la nos ovos mexidos (*ibid.*, p. 337). E acompanha delicadamente o peru recheado (*ibid.*, p. 110).

Para terminar, ninguém duvidará da afeição sincera que devota Brillat-Savarin ao vinho ao ler o histórico que ele elabora, recordando o vinho servido durante o banquete de Aquiles (*ibid.*, p. 271),[46] o vinho envelhecido de Horácio (*ibid.*, p. 187), as canções que animam a beber, como aquela que ele cita de *Viagem do jovem Anacharsis* (*ibid.*, pp. 406-407) e as de Motin ou Racan. Sua meditação XXX é uma passagem curiosa, cheia de imaginação, na qual ele inventa o culto da décima musa, Gasterea, que "se regozija particularmente nas colinas onde a

---

[44] Único vinho do Loire citado com o de Anjou.
[45] A vitela de Pontoise, chamada também de Rivière, era nessa época uma das carnes mais apreciadas. Os animais eram alimentados com leite e biscoitos, como descreve Grimod de La Reynière (1978, p. 118).
[46] Mais adiante, ele avalia que os vinhos gregos eram excelentes (pp. 279-280), assim como os romanos, aromatizados e conservados em ânforas (pp. 282-283), embora beber deitado não fosse nada prático (p. 286).

vinha floresce" (*ibid.*, p. 322). Ela é venerada no dia 21 de setembro, durante um imenso banquete em que "jovens rapazes, tão belos quanto bem vestidos, percorrem o círculo externo, sempre trazendo suas taças repletas de vinhos deliciosos, ora brilhantes como o rubi, ora da cor mais modesta do topázio" (*ibid.*, p. 326).

Quase no final de *A fisiologia do gosto*, Brillat-Savarin alia seus talentos de gastrônomo aos de músico, compondo um poema que pode ser acompanhado pela ária do *vaudeville* de *Fígaro* (*ibid.*, p. 409). A primeira estrofe é soberbamente báquica e não podemos deixar de apreciar seus belos versos, destinados a acompanhar as últimas taças de um banquete e a afugentar qualquer rastro de melancolia:

> Não persigamos mais a glória:
> Ela vende caros seus favores;
> Esforcemo-nos por esquecer a história:
> Ela é uma trama de desgraças.
> Mas apliquemo-nos em beber
> Esse vinho que amavam nossos ancestres
> Porque ele é bom, quando envelhece! (bis)

9
Uma bebida universal

Com os grandes descobrimentos do fim do século XV, os europeus partem para a conquista do mundo. No que se refere ao vinho, as potências que participam desse movimento pertencem a duas categorias: os países viticultores do sul do continente (Espanha, Portugal e França) e os que se tornaram exclusivamente consumidores durante o Renascimento, quando o clima esfriava (Inglaterra e Países Baixos). São principalmente os primeiros que se preocupam em levar em seus navios as mudas de vinha e fazê-las reproduzir-se, desde sua instalação nas novas terras conquistadas. Nas regiões colonizadas pelos segundos, serão os europeus do Sul que, por vezes, tomarão a iniciativa de implantar a videira para a subsequente elaboração do vinho.

No entanto, mais tarde, alguns europeus do Norte participarão de aventuras vitícolas ou comerciais na Europa meridional ou além-mar. Os irlandeses mostram-se particularmente ativos no mundo do vinho e se instalam na França ou na Espanha. Além de dinastias inglesas, várias grandes famílias do tradicional bairro de Chartrons, em Bordeaux, são irlandesas (Lawton, Barton, Kirwan, Dillon, Phelan, Lynch, etc., quase todas protestantes). Devemos citar igualmente os Murphy, criadores da casa Domecq, em Jerez, e os Hennessy, em Cognac (Pitte, 2005). Quanto aos Martell, vêm de Jersey. Não esqueçamos também dos alemães, na Champanhe: os Heidsick, vindos da Vestfália; os Deutz, de

Aix-la-Chapelle; os Mumm, de Rheingau; os Bollinger, de Wurtenberg; os Krug, de Mainz, etc. Alguns chegam também a Bordeaux (os Cruse, originários do Holstein).

E como deixar de mencionar os Rothschild, originários de Frankfurt, cujos dois ramos se instalaram em Londres e em Paris? Eles possuem vários *châteaux* na região bordalesa, dos quais retiram há 150 anos uma produção que se situa panteão dos *grands crus*, ilustrando assim a tradição bíblica do amor pela videira e pelo vinho, a despeito da ziguezagueante peregrinação dos asquenazitas.* Foi um membro da brilhante família Rothschild, James Edmond, quem relançou a viticultura moribunda da Palestina com a criação, a partir de 1883, de uma exploração modelo em Rishon-le-Zion, perto de Tel Aviv, e outra em Zikhron-Yaacov, perto de Haifa.

Encontramos também outros europeus do Norte nas origens do desenvolvimento da viticultura norte-americana, asiática ou do hemisfério Sul, dando prova de que cada povo possui seu engenho vitivinícola próprio e que é conveniente praticar a conjugação dos talentos e dos *terroirs*, já que uns são tão diversos quanto os outros.

A civilização do vinho conquista o Novo Mundo e o hemisfério Sul

As premissas da viticultura americana são religiosas e se parecem nisso à história europeia do vinho. Os missionários que acompanham os conquistadores precisam de vinho para a celebração da missa, mas também para sua própria saúde e prazer. É significativo que Cristóvão Colombo ofereça vinho ao primeiro chefe local de Guanahani (Bahamas), ao recebê-lo a bordo (Bensoussan, 2006, p. 18). Na segunda viagem, ele traz mudas de vinha e de cana-de-açúcar, introduzindo com isso a concorrência entre o vinho dos colonos e o rum dos escravos, que estará durante muito tempo no centro da cultura latino-americana.

---

* Uma das duas grandes divisões do povo judaico, que inclui os judeus provenientes da Europa central e oriental, aos quais pertencia a família Rothschild. (N. T.)

Como governador da Nova Espanha, Hernán Cortés ordena, já em 1524, que cada colono plante ao menos mil pés de vinha. Desde Tenochtitlán, no México, uma difusão precoce da viticultura tem lugar em direção à Baixa Califórnia.

O leste dos Estados Unidos tem abundantes terras favoráveis à viticultura, mas as vinhas europeias sofrem com os insetos predadores locais, e a bebida obtida das espécies locais, não viníferas, não é muito sedutora; além disso, o vinho não desfruta de boa popularidade entre os colonos. Com efeito, os grupos puritanos, muito presentes, são frequentemente proibicionistas e reservam o vinho, em quantidades infinitesimais, para seus pastores celebrarem a Ceia, o que ocorre raramente. Com exceção dos italianos, e mais tarde dos hispânicos, as levas tardias de pioneiros, vindos das classes populares do norte da Europa e que não pertencem ao movimento puritano, preferem a cerveja e as bebidas alcoólicas feitas com cereais.

Os jesuítas e alguns colonos franceses haviam tentado cultivar a vinha (em Ohio, por exemplo), mas sem grande sucesso. Alguns haviam, desde o século XVII, cruzado as mudas de *Vitis vinifera* da Europa com as *Vitis rotundifolia* locais, obtendo resultados bastante medíocres (*ibid.*, pp. 25-37). A boa sociedade da Nova Inglaterra quase não bebe vinho nessa época,[1] exceto aquele trazido pelos navios – particularmente o madeira, muito apreciado.

Podemos, no entanto, assinalar algumas exceções mais felizes; por exemplo, a do suíço Jean-Jacques Dufour, originário de Vevey, no cantão de Vaud. Ele foi pioneiro da viticultura em pérgula sobre amoreiras, à moda lombarda, tendo em vista a criação do bicho-da-seda, primeiro a partir de 1796, no estado de Kentucky, depois em Vevay, que viria a se tornar o Condado de Switzerland, em Indiana (Dufour, 2000). Mencionemos também as experiências de Nicholas Longworth, na região de Cincinnati (Ohio), que explora um grande vinhedo entre 1803 e 1863, com grande êxito (Lukacs, 2000, pp. 10-19).

---

[1] Brillat-Savarin o comprova (*ibid.*, pp. 47-48).

Deve-se a um franciscano originário de Majorca, Miguel José Serra, em 1769, a paternidade do primeiro vinho californiano, produzido na missão de San Diego de Alcalá (Bazin, 1983, pp. 85-95). Nas décadas seguintes, os missionários criam 22 mosteiros ao longo do Pacífico, rodeados de vinhas cultivadas pelos indígenas. A cepa escolhida chama-se "missão", uma *vinifera* degenerada, que crescia como uma árvore e dava vários tons de uvas no mesmo pé.[2] Porém, o vinho que se obém dela é absolutamente medíocre.

Os domínios franciscanos e seus vinhedos desaparecem com a anexação dessas terras ao México. Desde então, os colonos vindos da Europa encarregam-se de cultivar as cepas trazidas de seu continente, especialmente da França, e colocar a Califórnia entre os grandes vinhedos de qualidade do planeta.

Entre esses colonos estão Jean-Louis Vignes, que chega a Los Angeles vindo de Bordeaux, em 1831, e planta as cepas europeias; o húngaro Agoston Haraszthy, em Sonoma (1856); Jean-Louis Sainsevin, primeiro produtor de "champanhe" californiano a partir de 1857; uma colônia de alemães em Anaheim, no mesmo ano; Charles Krug, no vale do Napa (1861), cujo vinhedo viria a ser comprado, no final dos anos 1930, pela família italiana Mondavi;[3] e o borgonhês Paul Masson, a partir de 1885.[4] Com alguns séculos de diferença, essa história vinícola reproduz aquela que teve lugar na Europa pós-romana: exclusivamente ligado à Igreja em sua origem, o vinho se torna aristocrático, depois comercial e burguês, antes de ser popular.

George Husman, professor de horticultura na Universidade do Missouri, explica o sucesso da vinha e do vinho nos Estados Unidos, em um texto de 1866: "Nossa nação está tomada pela febre da uva. Creio realmente que nosso continente chegará a ser o maior produ-

---

[2] É possível que a enorme videira que pude observar diante da Igreja de São Pedro da Martinica pertença a essa variedade. Sua cepa principal tem o tamanho de uma grande árvore e cobre uma casa inteira, dando sombra a um terraço do primeiro andar. A árvore floresce ao mesmo tempo em que produz uma vindima abundante, durante todo o ano. O proprietário elabora "seu vinho" macerando os bagos de uva que ele recolhe em um barril de rum!
[3] Antes que Robert Mondavi viesse a se estabelecer por sua conta, em 1966, no mesmo vale do Napa.
[4] Ver a extraordinária biografia que lhe consagra Jean-François Bazin (2002).

tor de vinho do mundo. Do Atlântico ao Pacífico, a América será um *Wineland* sorridente e feliz" (*apud* Bazin, 1983, p. 90). Depois, instalado na Califórnia a partir de 1881, ele diz: "Temos também o melhor clima do mundo. Podemos sempre fazer um bom vinho, mesmo durante as piores estações. Podemos oferecer os preços mais baixos. Temos o mundo inteiro como mercado".

É uma pena que ele não tenha pronunciado essas frases proféticas nos meios vitivinícolas da Europa, pois somente agora estes começam a compreender que o planeta dos vinhos mudou e que, inclusive no que se refere à elegância, o Velho Mundo e a França, em particular, não possuem mais o monopólio.

Também é uma pena que os europeus não tenham entendido que o refinado Jefferson, quando era embaixador em Paris, em 1784-1789, já prenunciava os inúmeros americanos de hoje que conhecem os vinhos do mundo inteiro melhor que ninguém e têm contribuído para levar certas produções californianas ao nível que conhecemos. Esse diplomata percorreu inúmeros vinhedos franceses e, quando se tornou presidente dos Estados Unidos, encomendava os melhores vinhos das melhores safras. Seu sonho era já, como o de Husmann um século mais tarde, que a América produzisse néctares igualmente bons (Ginestet, 1996).

A proibição das bebidas alcoólicas, que dura de 1920 a 1933, é mais severa em certos estados e constitui um sério problema para o desenvolvimento da viticultura nos Estados Unidos. Todos sabemos que essa medida de inspiração protestante, tomada com a louvável finalidade de combater as mazelas do alcoolismo, foi inútil e serviu apenas para dar asas à imaginação dos pequenos contraventores e dos grandes mafiosos. Além disso, a proibição teve o grave inconveniente de alienar o senso de responsabilidade dos cidadãos, um pouco como o fez o islã com respeito aos muçulmanos.

Ainda assim, como aconteceu durante as invasões bárbaras na Europa, foi o cristianismo, na sua versão católica, que salvou a vinicultura americana da total extinção. Georges de Latour, natural do Périgord e proprietário do grande vinhedo de Beaulieu, em Sonoma, manteve sua atividade, durante essa travessia do deserto, graças ao arcebispo de San Francisco, que protegeu sua missão de fornecer vinho de missa para as comunidades católicas americanas. Paul Masson também sobreviveu em virtude desse acordo piedoso com a absurda legislação.

Hoje, a viticultura dos Estados Unidos está dividida entre dois estilos principais. O primeiro é o da exaltação da cepa, que beira a caricatura. Esse estilo, ainda dominante, foi condenado em *Mondovino*, documentário de baixo orçamento lançado, em 2004, por Jonathan Nossiter, o Savonarola do vinho, que fez da vinícola Mondavi, junto com uma grande má-fé, o símbolo da *wine industry*.[5]

O segundo exalta o *terroir* e se desenvolve rapidamente. O filme de Alexander Payne, *Sideways – Entre umas e outras*, de 2005, mostra dois americanos fascinados pelos vinhos obtidos da *pinot noir*, que sabem diferenciar suas origens e, portanto, um *terroir* de outro.

É evidente que a Califórnia conhece hoje uma evolução à bordalesa; as *wineries* se hierarquizam cada vez mais e algumas atingem um grau inquestionável de qualidade. Embora alguns franceses sejam conscientes desse fenômeno desde 1976, data do famoso julgamento de Paris (Taber, 2008), os clichês subsistem. O que acontece atualmente é um verdadeiro terremoto no planeta dos vinhos.

Tudo começou em 1971, quando Steven Spurrier, um jovem herdeiro britânico elegante e excêntrico, teve a inspiração de comprar um pequeno comércio de vinho no bairro de Cité Berryer, em Paris: Les Caves de La Madeleine. No estabelecimento, ele vendia uma seleção de bons vinhos da França e de outras origens, particularmente da Califórnia. Ao contrário dos franceses, os ingleses são ecléticos e adoram surpreender seu paladar, degustando vinhos de todas as latitudes. Spurrier adquiriu uma bela reputação e conquistou ainda mais êxito ministrando cursos de enologia.

Em 1976, ele organizou uma degustação às cegas de grandes vinhos da França e da Califórnia, no hotel Intercontinental.[6] Os juízes eram, entre outros, o crítico Michel Dovaz, o grande *chef* Raymond Olivier, Au-

---

[5] Mensagem retomada em seu livro mais recente; cf. Nossiter (2007).
[6] Os participantes ignoravam, na verdade, que os vinhos franceses haviam sido misturados com os vinhos californianos (segundo Aubert de Villaine).

bert de Villaine (coproprietário da Romanée-Conti), Odette Kahn (chefe de redação de *Cuisines et vins de France*) e Jean-Claude Vrinat (proprietário do restaurante Taillevent). Para surpresa geral, o Chardonnay Montelena 1973 ultrapassou o Meursault Charmes de Roulot, seguido por dois californianos que venceramm o Clos des Mouches de Drouhin e o Bâtard-Montrachet de Ramonet-Prudhon. Entre os tintos, idêntica surpresa: o Stag's Leap 1973 derrotou o Mouton Rothschild 1970!

Em outubro de 2008, por ocasião da edição francesa do livro de Taber que relata o acontecimento, o embaixador dos Estados Unidos, Craig Stapleton, grande apreciador dos vinhos franceses e produtor de um excelente pinot noir na República Tcheca, convidou alguns aficionados para uma degustação de vinhos da Califórnia. Naquela tarde, alguns convidados esboçaram um sorriso sem graça ao ver certas caricaturas de vinhos brancos saturados, ultra-amadeirados ou tintos escuros como o nanquim, com a consistência do mercúrio e anunciando despreocupadamente 14°5, além de vários gramas de açúcar residual, o que não melhorava em nada o resultado. Ninguém era obrigado a comprá-los ou bebê-los e é provável que os próprios americanos se cansassem logo deles. Por outro lado, as três *cuvées* de Vérité de Pierre Seillan ou os genéricos de Mondavi, limpos e equilibrados, tiveram boa acolhida. Um golpe de mestre de Robert Mondavi, falecido em 2008.[7]

Por menor que seja o esforço dos produtores ou a demanda dos consumidores, o Napa Valley está naturalmente dotado de qualidades para a obtenção de belos vinhos complexos, que permanecem no paladar. É uma verdadeira maravilha o vivo e fino Cabernet Sauvignon 1999 dos vinhedos Mayacamas, que não tem mais de 12°5 e apenas 0,1% de açúcar residual. Degustando o amplo e elegante Chardonnay

---

[7] Além dos ataques pérfidos de Nossiter, a firma Mondavi foi, recentemente, objeto de um escandaloso ostracismo na França. Desejando adquirir terras e criar uma vinícola em Aniane, no Languedoc, a empresa chocou-se contra a heteróclita coligação do partido comunista e um rico viticultor local, instalado há algumas décadas na região, que não estava disposto a enfrentar nenhuma concorrência capaz de ensombrecer seus vinhos seletos e bastante onerosos, usando como pretexto a defesa da paisagem do maqui. A vinícola de Daumas-Gassac tornou-se mestre na arte de se autoproclamar a melhor da região e de convencer alguns críticos de que esse fato não se discutia. Sobre esse infeliz episódio que não enaltece a França, ver Torres (2005).

2006 do Château Montelena,[8] compreendemos por que seu antepassado conseguiu seduzir daquela maneira os jurados do julgamento de Paris. Quanto ao Cabernet Sauvignon 2004, da mesma vinícola, trata-se, incontestavelmente, de um excelente vinho.

George Taber coloca seu texto sob a epígrafe da frase profética do grande conhecedor que era Thomas Jefferson, que acertou ao escrever há apenas dois séculos: "Poderíamos produzir nos Estados Unidos uma variedade de vinhos tão grande quanto na Europa; não exatamente os mesmos, mas tão bons quanto os de lá". Missão cumprida. Devemos agradecer à América por ter ajudado os franceses a superar-se, apreciando e comprando seus melhores vinhos e sussurrando que eles estavam errados ao imaginar-se sozinhos no mundo.

O fato de que Pierre Lurton, diretor do Château Cheval Blanc, e Javier Ausas, diretor da vinícola Vega-Sicilia, na Ribera del Duero, dois dos melhores produtores da França e da Espanha, tenham recentemente aceitado participar de uma degustação semelhante, embora sem classificação, mas diante de testemunhas, mostra que o julgamento de Paris não foi inútil (Petronio, 2008).

A vinha e o vinho conhecem um sucesso um pouco mais evidente na América Latina, por herança dos hábitos espanhóis e portugueses. Entretanto, será preciso esperar até a segunda metade do século XX para que a parte sul do continente americano se oriente, pelo menos parcialmente, em direção à qualidade. Com efeito, se reproduz no Novo Mundo a situação da península Ibérica. Tanto na Espanha quanto em Portugal, o vinho foi durante muito tempo uma bebida cotidiana de qualidade medíocre; as melhores produções nasceram da demanda dos europeus do Norte e provinham então, como vimos, das cidades portuárias (Porto, Jerez, Málaga, Madeira). O fato de terem sido criados para viajar explica o motivo desses vinhos geralmente serem fortificados com álcool, chegando a 18º ou 20º em vez de 10º.

---

[8] Essa célebre vinícola acaba de ser comprada por Michel Reybier, proprietário do Château Cos d'Estournel, em Saint-Estèphe, e antigo proprietário de charcutarias industriais (Aoste, Cochonou, Justin Bridou). Outros investidores franceses estão presentes no Napa Valley: Philippine de Rothschild (Mouton) é coproprietária, com Mondavi, da Opus One, e Christian Moueix (Petrus) adquiriu a Dominus.

Sabemos que os primeiros vinhedos foram implantados já na época de Cortés, no México dos anos 1520. No entanto, a coroa da Espanha não encorajou sua propagação, preferindo proteger as exportações vindas da metrópole, restrição que desaparece com a independência, em 1821. Esta é, aliás, uma das motivações do movimento de libertação lançado por Miguel Hidalgo, em 1810. Será preciso ainda esperar um século para que a "missão", incapaz de dar bons vinhos, seja substituída pelas cepas europeias. Muitos vinhos respeitáveis procedem hoje da Baixa Califórnia e de algumas outras regiões, mas o potencial vinícola do país continua sendo imenso.

Outro fator foi determinante no México, como em outros lugares da América Latina: o apego dos ameríndios e de uma parte dos mestiços às bebidas sagradas de seus ancestrais: o pulque, feito de agave; a tequila, obtida pela destilação do pulque; e a chicha de milho. Mais tarde, a cerveja, o rum ou a cachaça tornam-se as bebidas preferidas dos escravos ou do povo, em lugar do vinho dos ricos colonos.

Isso explica por que a viticultura brasileira, que também tem origem nas missões, só tenha começado a se desenvolver após a chegada dos colonos italianos, depois da Primeira Guerra Mundial, especialmente na região meridional do Rio Grande do Sul. A qualidade de certos vinhos obtidos de cepas europeias (francesas ou italianas) é, sem dúvida, respeitável, embora os vinhedos tenham ainda muitas plantas híbridas.

Os vinhedos do Chile, da Argentina e do Peru possuem uma história semelhante. Sua origem nas missões (franciscanas ou jesuítas) remonta ao século XVI. Até o século XIX, esses vinhedos são de tamanho modesto.

No Chile, foi Silvestre Ochagavia que, a partir de 1851, iniciou o desenvolvimento de uma viticultura moderna e de qualidade, explorando terrenos de potencial admirável. Algumas vinícolas, favorecidas nas últimas décadas por investimentos estrangeiros, produzem bons vinhos originais, graças à cepa *carmenère*, originária da Gironda, onde quase não é mais cultivada. Devido às condições climáticas da costa ou do altiplano, os vinhedos peruanos apresentam um tamanho menor e precisam de mais irrigação. Quanto aos vinhedos da Argentina, somente adquiriram verdadeira importância no final do século XIX, com a chegada dos colonos italianos e franceses – estes últimos foram os que trouxeram as cepas atuais. O conjunto dos vinhedos da América Latina pode chegar a conhecer uma evolução comparável à da Califórnia, graças à rápida expansão global do gosto pelo bom vinho.

Os holandeses criaram o vinhedo da Cidade do Cabo (África do Sul) a partir de 1654, fazendo enxertos de *muscat*, de *green grape* e *steen*. Eles elaboraram seu primeiro vinho em 1659 e inventaram um circuito completo que ia desde a produção até o mercado consumidor, essencialmente instalado na Europa setentrional.

Em 1688, os huguenotes franceses, expulsos pela revogação do édito de Nantes, juntaram-se aos holandeses nesse empreendimento em Franschloek, Paarl, Drakenstein e Stellenbosch, onde fizeram maravilhas. O vinho mais célebre da Cidade do Cabo é o de Constance, ou *klein Constantia*, um licoroso produzido em um vinhedo criado por Simon van der Stel, em 1685, e exportado desde o fim do século XVIII a todos os países da Europa, incluindo a França, onde aparece em 1790 na carta de Véry, no Palácio Real (Pitte, 2006, p. 880).

No século XIX, os vinhos da África do Sul se beneficiaram das condições muito favoráveis de exportação ao mercado inglês, onde os consumidores demonstravam um gosto bastante eclético – ao contrário daqueles dos países produtores da Europa, que se limitavam, por excesso de prudência e patriotismo, às produções nacionais. Comportamento que, aliás, não mudou muito até hoje.

O vinhedo sul-africano conheceu períodos de crise, devidos à filoxera, à superprodução e ao embargo durante o *apartheid*. Hoje, encontra-se em pleno desenvolvimento quantitativo e qualitativo. Seus *terroirs* são soberbamente produtivos, o que sinaliza claramente a vontade do país de entrar com a cabeça erguida no cenário político, econômico e cultural das nações modernas.

A vinha chega à Austrália com os primeiros colonos que desembarcam em Sidney, em 1788, levados pelo capitão inglês Arthur Philip. Porém, os colonos mostraram mais entusiasmo pela pecuária ovina que pelo cultivo da vinha, e mais apreço pelo rum que pelo vinho (Johnson,

1990, pp. 342-352). É preciso dizer que os primeiros a se instalarem na colônia eram homens condenados, que provavelmente não haviam tido muita oportunidade de provar o vinho antes de saírem da Inglaterra.

O vinho tampouco fez sucesso entre os aborígenes, que o cuspiram quando o capitão e seu ajudante, Gidley King, ofereceram a eles a bebida em seu primeiro encontro. John Macarthur foi o primeiro grande proprietário de terras vinícolas prósperas, estabelecidas nos primeiros anos do século XIX em Camden Park, ao sul de Sidney. Ali ele plantou cepas que havia colhido em viagens à ilha da Madeira e Constantia. Os colonos que cultivaram cepas vindas do norte da Europa fracassaram, devido ao clima da Nova Gales do Sul. Adelaide foi o segundo centro vinícola estabelecido na primeira metade do século XIX, particularmente por luteranos vindos da Silésia – inexperientes, portanto, nesse cultivo –, seguidos por diversas levas de pioneiros provenientes da Suíça, da Escócia e da Áustria.

As origens da viticultura neozelandesa estão mais ligadas à religião. Em 1819, o pastor anglicano Samuel Marsden plantou os cem primeiros pés de vinha em Kerikeri, na ilha do Norte. A partir de 1838, o primeiro bispo católico do Pacífico, monsenhor de Pompallier, originário de Lyon, impulsionou e desenvolveu a viticultura em toda a ilha do Norte. No entanto, a proibição das igrejas protestantes e das ligas antialcoólicas freou com força a expansão dos vinhedos, no final do século XIX. Os pioneiros mediterrâneos católicos ou ortodoxos, porém, conseguiram formar belas plantações: Romeo Bragato, da Itália; os Babich, da Dalmácia; e A.A. Corban, do Líbano.

Os primeiros vinhedos da ilha do Sul foram mais tardios. Hoje, são bastante prósperos e sua qualidade é reconhecida no mundo inteiro, especialmente pela produção de vinhos brancos, obtidos a partir da uva *chardonnay* ou da *sauvignon*. A vinícola Cloudy Bay, propriedade da Moët-Hennessy, está entre as melhores e sua produção é particularmente apreciada pelos ingleses.

O lento, mas irresistível, progresso da cultura do vinho na Ásia

Na América, como vimos, o gosto pelo vinho foi restrito, durante muito tempo, inicialmente, por causa da concorrência das bebidas fermentadas locais e, depois, da cerveja e dos destilados, somada mais tarde à proibição ao álcool pelos protestantes, no norte do continente.

Na África, as populações foram, por um longo período, excluídas do consumo de vinho em razão da fé islâmica no norte e, mais ao sul, da pobreza e da segregação social e política, bem como do clima. Esses povos tinham sua própria bebida fermentada, o vinho de palma, associado à sua concepção do sagrado e do exercício do poder (Pitte, 2006, pp. 719-723). Muitos adotaram depois a cerveja, às vezes elaborada a partir do sorgo, sob a influência dos militares e funcionários coloniais franceses, ingleses, belgas ou alemães. O poder comercial da empresa Coca-Cola e seu papel na difusão dos refrigeradores a querosene ou elétricos fizeram o resto.

A viticultura africana ainda é bastante embrionária, exceto no Magreb, com seus grandes vinhedos coloniais destinados aos vinhos de corte e ao consumo de massa (Reboux, 1945; Sutton, 1990; Huetz de Lemps, 2000; Lefort, 2008) e na África do Sul, com sua produção voltada para os mercados do norte da Europa.

De maneira geral, a viticultura africana está limitada às comunidades cristãs do Egito, da Etiópia ou de Madagascar, bem como aos *petits blancs** da ilha Reunião ou ao recente desenvolvimento do turismo no Quênia. Entretanto, até agora todos esses vinhedos, mesmo os mais antigos, não brilham pela qualidade de seus vinhos.

Os mesmos fatores culturais e climáticos contiveram o desenvolvimento da viticultura no mundo melanésio e polinésio do Pacífico. Foi somente em 1996 que um ativo empresário do Taiti, Dominique Auroy, e um viticultor borgonhês, Bernard Hudelot, ousaram plantar

---

* Pequenos agricultores que habitam principalmente as montanhas. (N. T.)

Uma bebida universal

um vinhedo sobre os corais de Hao e Rangiroa, na região de Tuamotu, conseguindo produzir vinhos interessantes apesar do sal e do clima. Eles provaram assim que a civilização do vinho é, agora, realmente universal e que as técnicas vinícolas podem vencer todos os obstáculos do meio ambiente.

Como negá-lo, aliás, se existem vinhedos que produzem bom vinho na Amazônia, no deserto do Taklamakan ou a 1.000 metros de altitude, no vale de Aosta, na Itália? Recentemente, Dominique Auroy foi chamado pelo presidente Omar Bongo para criar um vinhedo no Gabão.[9]

A situação na Ásia, bem diferente, constitui um apaixonante terreno de estudo para a história da expansão do apreço pelo vinho. Com efeito, nas complexas civilizações da Ásia chinesa e indiana, o interesse por ideias e produtos vindos de fora é muito antigo. A resistência ao vinho foi grande, mas, recentemente, este se impôs como uma importante bebida ligada à cultura. O obstáculo da Rota da Seda foi finalmente vencido pela bebida vinda do Ocidente, com grande sucesso!

Os primeiros europeus chegaram ao Japão em 1543 e encontraram um país tumultado pelas incessantes batalhas entre os chefes militares. Os portugueses desembarcaram em Tanegashima, na ilha meridional de Kyushu, trazendo os primeiros fuzis. Um pouco mais tarde, em 1549, o jesuíta espanhol Francisco Xavier chegou a Kagoshima, também em Kyushu, com o projeto de implantar aí o cristianismo. Entre diversos presentes, ele traz uma garrafa de vinho português ao senhor de Yamagushi, Yoshitaka Ouchi.

Os cristãos, que se multiplicam rapidamente no arquipélago, encomendam mais vinho aos portugueses, pois, ao que parece, o que é obtido das uvas japonesas fermenta mal (demasiado diluído?) e não se conserva. Um texto escrito em Manila, em 1559, comenta o fato. É a primeira menção a uma tentativa de vinificação no Japão.[10]

---

[9] *Revue du vin de France*, dez. 2008-jan. 2009, p. 19.
[10] Todas as passagens a seguir se baseiam nos trabalhos eruditos de Joji Nozawa. Ver sua dissertação de 2003.

No começo do século XVII, quando da implantação da Companhia das Índias holandesas, o vinho espanhol parece bastante comum, especialmente em Hirado, feitoria situada perto de Nagasaki. Um documento de 1637, conservado nos arquivos reais neerlandeses, descreve a visita dos governadores japoneses de Nagasaki e Hirado, na data da inauguração do entreposto nesta última cidade:

> Depois de visitar o novo entreposto, eles entraram, beberam vinho tinto e outros vinhos e comeram o banquete preparado em sua honra. Suas excelências pareciam muito contentes e satisfeitas. O próprio governador de Hirado e sua corte voltaram alguns meses mais tarde ao lugar: visitaram tudo e ficaram gratamente surpresos. Foram acolhidos pelo presidente,[11] serviram-lhes vinho, água destilada[12] e compotas, que eles apreciaram muito. Em seguida, o senhor de Firando [*sic*] veio com seu cortejo ao alojamento da Companhia das Índias e visitou o novo entreposto detalhadamente. Depois, foi a uma das casas da Companhia e se instalou no salão japonês, onde foi de novo recebido com vinho, saquê e peixe preparado à maneira japonesa. (Nozawa, 2003, pp. 110-111)

Pouco tempo antes, em janeiro de 1634, o presidente da feitoria da Companhia, François Caron, foi a Edo (hoje, Tóquio), como fazia todo ano, com a finalidade de apresentar seus respeitos ao xógum. Ele se alojou num albergue ruim, onde recebeu a visita do senhor de Hirado, Matsuura Takanobu, no dia 27 de janeiro. Os dois beberam tanto vinho que se embriagaram.

Com a decisão dos xóguns de Tokugawa de fechar o Japão ao Ocidente, o vinho praticamente desaparece do arquipélago. A única janela que continua aberta ao comércio – exclusivamente com os holandeses – é a ilha artificial de Dejima, no porto de Nagasaki, que substitui Hirado em 1641. As escavações arqueológicas levadas a cabo atualmente permitiram encontrar fragmentos de jarras e de garrafas (mais tardias) de vinho, principalmente destinado ao consumo dos representantes da

---

[11] Chefe da concessão.
[12] Aguardente de cereais, talvez perfumada com zimbro (gim).

Uma bebida universal

Companhia das Índias, confinados nessas terras durante longos meses ou até anos.

No começo, os oficiais japoneses não estabelecem nenhuma relação entre o vinho e o cristianismo. Aliás, durante a revolta dos cristãos de Shimabara, em 1638, os funcionários do xogunato sobem a um navio holandês para pedir ao comandante que bombardeie o castelo onde estão refugiados os revoltosos e, nessa ocasião, aceitam de bom grado o vinho que lhes oferecem.

A partir de 1640, e durante todo o período Edo, a religião dos europeus é estritamente proibida e todos os elementos do cristianismo são erradicados: o calendário cristão, o feriado de domingo, os objetos de culto, bem como alimentos e bebidas. Em 1º de agosto de 1641, o governador de Nagasaki publica um decreto referindo-se especialmente a esses últimos itens, prova de que uma parte da população local se interessava por eles. O documento foi assinado também pelo presidente da Companhia em Dejima, Maximiliaen Le Maire, que o mandou afixar nos navios ancorados:

> Nenhum alimento, tal como a carne, o toucinho, o áraque, o vinho francês e o espanhol, o azeite de oliva e outros (que os cristãos têm o hábito de comer) que chegaram aqui com o primeiro e o segundo navios holandeses, durante a monção do sul, poderá ser vendido, trocado ou dado a pessoa alguma, sejam japoneses, chineses[13] ou outros estrangeiros. Se alguém for flagrado desobedecendo a essas ordens, o capitão que a assinou conosco será considerado responsável.

Na verdade, a proibição é aplicada com leveza e os poucos japoneses autorizados a ir a Dejima – funcionários, comerciantes, intérpretes... – infringem a regra, regalando-se com a comida e a bebida em companhia dos holandeses, que continuam vivendo segundo seus costumes. Em outubro de 1641, o senhor de Arima vem visitar a ilha acompanhado de importantes personagens. Ali ele bebe vinho e áraque, come

---

[13] Existe uma comunidade chinesa em Nagasaki, instalada desde o século XVII em terra firme, em frente à ilha de Dejima.

queijo e manteiga. Os casos de transgressão da interdição são inúmeros ao longo do período Edo; os próprios senhores de Kyushu mandam comprar vinho em Dejima. O de Arima e o de Saga são amantes desses produtos e tornam-se clientes regulares.

Os arquivos da Companhia das Índias registram as bebidas alcoólicas desembarcadas em Dejima, provenientes do oeste via Batávia, no final do século XVII e no começo do século XVIII. Entre elas, além da aguardente, encontramos o *Spaance wijin* (vinho da Espanha), o *Wijn tinto* (vinho tinto escuro espanhol), o *Sek wijn* (vinho seco, provavelmente de Jerez), o *Rinse wijn* (vinho do Reno), o *Franse wijn* (vinho da França), em menor quantidade, e o *Persiaance wijn* (vinho da Pérsia), raro também.

Essa última denominação mostra que o vinho de Shiraz se difundia muito além das missões cristãs da Índia. Por outro lado, a Batávia era uma plataforma giratória portuária, que redistribuía para o resto da Ásia os produtos trazidos pelos navios holandeses da Companhia das Índias, mas também de outras origens.

Documentos holandeses indicam que os felizes beneficiários dos acordos com a lei apreciavam os vinhos. Entre eles, naturalmente, estavam os senhores de Kyushu, de Arima e de Saga – estes últimos bastante prósperos, já que governavam os vilarejos de Imari e Arita, produtores de porcelana.

As famílias dos xóguns não desprezam os prazeres da bebida exótica. Vários membros do clã Tokugawa recebem vinho de presente das embaixadas anuais ou mandam comprá-lo. Eles fazem os holandeses abrirem as garrafas e beberem um pouco do conteúdo diante de seus emissários; quando não, são estes últimos que se arriscam a experimentá-lo. Os envenenamentos são, de fato, frequentes entre os poderosos!

Um personagem paradoxal da segunda metade do século XVII representa um importante papel no desenvolvimento do gosto pelo vinho nas altas esferas: Inoue Masashige, o Grande Inspetor da administração xogunal. Cristão até a idade de 40 anos, ele renega depois sua religião e torna-se o principal artífice do fechamento de seu país, assim como da erradicação do cristianismo. De sua vida anterior, ele conserva somente a inclinação pelo vinho e pela cozinha ocidental, que oferece, às vezes, aos emissários holandeses que visitam Edo.

Entre os presentes ofertados ao xógum, em 1707, observamos um *Franse wijn*, vinho da França – talvez um bordô vindo de Londres ou Amsterdã. De qualquer forma, os volumes são sempre ínfimos, pois, em virtude da vontade do governo japonês de reduzir o comércio, somente três navios por ano podem entrar no porto de Nagasaki entre 1641 e 1844. Pouquíssimos japoneses, portanto, molharam seus lábios com vinho durante esse período de fechamento.

Enfim, o jornal da Companhia com data de 1652 indica que alguns pés de vinha estavam sendo cultivados na ilha de Dejima. Tendo em conta a exiguidade do terreno (1,3 hectare), trata-se apenas de um ornamento, de uma pequena lembrança afetiva daquela que se tornara a planta, por excelência, da civilização cristã. Essas uvas eram consumidas frescas, pois a quantidade não era suficiente para a elaboração de vinho (Nozawa, 2003, p. 129).

A abertura internacional do Japão, nos últimos anos do período Edo e com a chegada do imperador Meiji, em 1868, atinge todos os aspectos da vida política, militar, econômica e cultural do país. Os primeiros embaixadores enviados à Europa ou aos Estados Unidos depois de 1850 descobrem com interesse o prazer do vinho. O diplomata Shibata Teitarô, em visita a Paris em 1862 e hospedado com sua delegação no hotel do Louvre, relata ao serviço das relações exteriores do xogunato os costumes alimentares franceses: "Habituamo-nos progressivamente a comer os pratos de carne e provamos um pouco a embriaguez produzida pelos vinhos estrangeiros. Vós rireis ao saber que nós, infelizes, temos feito rápidos progressos na absorção da comida sem saquê, convivendo com essa gente simples que ignora o seu uso (*apud* Hérail, 1974, pp. 52-53).

Fukuzawa Yukichi descobre o "champanhe" californiano, resfriado com gelo picado, durante a primeira missão diplomática japonesa aos Estados Unidos, em 1860. A cena tem lugar em San Francisco; ele a descreveu em suas memórias:

> Assim que o cântaro [*sic*] foi destampado, uma detonação inquietante se fez ouvir; o que nos havia parecido no primeiro momento bizarro era champanhe. Não sabíamos o que era aquilo que flutuava em nossas taças. Não podíamos imaginar que houvesse gelo no clima cálido do terceiro ou quarto mês; cada um tinha uma taça diante de si; o que dizer do espetáculo que demos ao beber esse vinho? Entre os japoneses sentados em fila, alguns levaram à boca o que flutuava em suas taças e o cuspiram, tomados de assombro; outros, em vez de cuspi-lo, mastigaram-no, rangendo os dentes; por fim, compreendemos que havia gelo nas taças. (Fukuzawa, 2007, p. 157)

O imperador Meiji decidiu abrir seu país às influências estrangeiras, não com a finalidade de reprimir sua cultura, mas para permitir que o Japão dialogasse em pé de igualdade com as potências ocidentais. Foi assim que promoveu o consumo de carne de boi, fazendo-a servir no palácio imperial, para ser o primeiro a dar o exemplo. Ele apreciava particularmente os vinhos europeus, sobretudo os franceses, inclusive o champanhe, que costumava oferecer nos banquetes oficiais. Também bebia muito em companhia de seu melhor amigo, o príncipe Ito Hirobumi, seu primeiro-ministro e autor da constituição, que se tornará mais tarde o vice-rei da Coreia, antes de ser assassinado em 1909.

O Japão não deve conhecer nenhum arcaísmo, nenhum atraso. Desde esse momento, deve produzir vinho, mesmo que as condições climáticas e as tradições de sua viticultura voltada para a uva de mesa não se prestem muito a isso. No final do século XIX, o país começa a elaborar um pouco de vinho, após o regresso de dois viticultores de Katsunuma de sua visita a Paris e à comuna de Troyes.

Ao voltarem, em 1893, Seishi Takano e Tatsunori Tsutsiya constroem uma adega moderna. As garrafas de sua produção são enviadas em 1900 à Exposição Universal de Paris, onde recebem várias medalhas. O verdadeiro nome japonês do vinho é *budoshu* (*putaoju*, em chinês), que quer dizer sumo de uva fermentado,[14] mas a proveniência

---

[14] A palavra *rurishu,* raramente usada, significa "vinho rubi" e data, sem dúvida, do primeiro contato com o vinho tinto, na época da presença portuguesa, no século XVI.

Uma bebida universal

estrangeira da técnica explica por que muitos japoneses utilizem desde essa época a palavra inglesa *wine*.

A boa sociedade japonesa começa a beber vinho. Prova disso é a extraordinária foto conservada na Sociedade de Geografia de Paris, tirada entre 1877-1878, talvez em Yokohama ou Kobe, na qual se vê uma cena surrealista em um restaurante (Pitte, 2007b, p. 101). Um jovem esnobe e triste, vestido à moda europeia, com chapéu coco, é atendido em um ambiente europeu por um solene *maître* japonês, de barba e cabelos longos, mas trajando fraque, que lhe serve o menu, provavelmente ocidental, em pratos de porcelana de Imari. Cinco taças, correspondendo a cinco garrafas, estão dispostas diante do rapaz; uma delas, dentro de um balde de gelo, contém champanhe, outra, bordô, e uma outra ainda, vinho ibérico (porto ou xerez).

Mais tarde, quando o imperador Taisho assumiu o poder, em 17 de novembro de 1916, o cozinheiro Akisawa Tozuko prepara no palácio imperial um menu francês no qual apenas um prato é ligeiramente misto (Sugimori, 1982). As carnes são abundantes: caldo de tartaruga, sopa de camarões, trutas ao vapor de saquê, frango ao vapor, filé de boi grelhado, perdiz fria, sorvete de laranja, peru assado, salada, aipo cozido e sobremesas. O banquete estava regado com os melhores vinhos e destilados europeus, particularmente franceses: *amontillado*, Château de Yquem 1900, Château Margaux 1877, Clos-Vougeot 1899, champanhe Pommery e conhaque.

Permitam-me um relato pessoal. Desejando ardentemente preparar um *boeuf bourguignon* em 1980, em Hamamatsu, cidade de meio milhão de habitantes da megalópole japonesa, tive grande dificuldade para encontrar a carne de boi adequada, cortada não em bifes de espessura milimétrica, mas em cubos. Mais difícil ainda foi encontrar um bom vinho forte e de preço acessível para a marinada e o molho. Contentei-me finalmente com um vinho de mesa francês bastante caro (1.200 ienes, na época), da inesquecível marca Préfontaine, vendido em garrafa bordalesa com uma rolha de cortiça e acondicionado num elegante estojo contendo também um saca-rolha, pois há um quarto de século quase ninguém no Japão possuía esse instrumento em casa.

Pouco apropriada para essa receita por falta de fibras, a carne desmanchou, restando apenas um pequeno fundo de panela que, ainda assim, produziu seu efeito: o prato foi apreciado. Depois disso, os convidados, jovens e velhos tornaram-se todos carnívoros e enófilos convictos. Em seu panteão, o imperador Meiji deve sentir-se satisfeito.

No templo Meiji Jingu de Tóquio, consagrado à memória do imperador e de sua esposa, um maravilhoso lugar de meditação no coração da maior metrópole do mundo, na Alameda Sagrada que leva ao templo principal, em frente à muralha habitual de tonéis de saquê, ergue-se há alguns anos uma muralha de barris de vinho da Borgonha. Estes foram ofertados pelos principais viticultores, reunidos por um apaixonado dessa região, o senhor Yasuhiko Sata, em homenagem à memória do imperador, que introduziu a comida ocidental no Japão e que amava o vinho. A decoração insólita desse recinto sagrado é dedicada ao espírito da paz, conquista de longos anos de amizade entre o Japão e a França.

A cultura do vinho se difunde rapidamente nas grandes metrópoles japonesas e mais lentamente fora delas. Assim, na província de Yamagata, a segunda produtora de uvas e de vinho depois de Yamanashi, os habitantes não adquiriram ainda o hábito de beber vinho com assiduidade (Sasaki, 1984). Por ocasião das festas dos bairros ou das cidades (*matsuri*), os japoneses bebem de preferência saquê. E, curiosamente, nas grandes lojas dessa região, é mais fácil encontrar vinhos importados que locais, apesar da existência de novas terras vinícolas. O arroz continua sendo a produção principal e a maior referência cultural, e os poucos milhares de hectares de vinha[15] não foram integrados à identidade local.

Hoje, no Extremo Oriente, o vinho adquiriu um valor simbólico que não havia jamais alcançado. Quem teria imaginado que os imperadores do Japão, herdeiros de uma dinastia sagrada de mais de dois mil anos, grandes sacerdotes do xintoísmo, religião profundamente ligada ao arroz e ao saquê, prefeririam, depois da restauração Meiji de 1868, servir vinho francês a seus hóspedes mais célebres? O impe-

---

[15] Contavam-se 3.550 em 1982, segundo Hiroshi Sasaki (1984).

rador Hirohito acompanhava com champanhe todos os petiscos dos banquetes de Estado que ele oferecia!

Na vizinha Coreia, o vinho está também muito em voga. Não é surpreendente que o protocolo do primeiro encontro entre o presidente da Coreia do Sul e o presidente da Coreia do Norte, no outono de 2007, após mais de meio século de guerra fria, haja previsto que os dois chefes de Estado brindassem com taças cheias de vinho tinto?

A profissão de *sommelier* é uma das mais nobres e respeitadas no Japão de hoje. As extraordinárias séries de mangás chamadas *Sommelier* ou *As gotas de Deus* são um exemplo disso. Na capa do primeiro volume da segunda série figura um jovem *sommelier*, herói de uma aventura palpitante, tendo como cenário de fundo... um vitral que representa o Cristo na cruz, justificando o título! Essa escolha não deixa de surpreender, já que o livro não trata de forma nenhuma o tema da religião. Porém, enquanto os europeus separaram totalmente o vinho de suas crenças religiosas, os japoneses confirmam o elo secular entre o vinho e o cristianismo, através do qual eles descobriram a bebida, no século XVI.

Isso pode parecer uma utilização mercantil duvidosa da religião, como fazem alguns fabricantes de queijo ou de licor europeus, mas tal escolha mostra, na verdade, o comovente respeito que esse povo de poetas e artistas, que são os japoneses, devota ao vinho, às suas origens e aos seus artesãos. E demonstra igualmente que os japoneses têm um conhecimento profundo das raízes cristãs da viticultura e veem nelas um símbolo positivo da grande nobreza do vinho.

Por outro lado, as mulheres japonesas também apreciam o vinho e o consomem regularmente; com moderação, é verdade, mas como verdadeiras conhecedoras da matéria, embora a tradição as exclua, se não formalmente, ao menos na prática, do consumo de saquê, cerveja ou uísque.

É estimulante ver no almoço, em alguns restaurantes refinados de cozinha ocidental do Japão, todas as mesas ocupadas por senhoras

---

* Expressão utilizada para assinalar a aparente incoerência entre a dieta rica em gordura dos franceses e a baixa incidência de obesidade e doenças coronarianas entre eles, devida, segundo indicam alguns estudos, ao consumo frequente de vinho. (N. T.)

elegantes conversando alegremente enquanto tomam um bom vinho. Este é de preferência tinto, em virtude do *paradoxo francês*[*] sobre o qual tanto se escreveu no país do Sol Nascente e nos Estados Unidos. Assim, deixando de lado a religião, os japoneses redescobrem a outra face da cultura antiga e medieval do vinho: a saúde.

Por fim, buscando um refinamento ainda maior, eles iniciam uma reflexão sobre a harmonização dos vinhos com sua própria cozinha, o que corresponde a encontrar "a quadratura do círculo". Com efeito, tradicionalmente, durante as degustações gastronômicas japonesas, serve-se ao mesmo tempo uma multidão de pratos em pequena quantidade, o que torna impossível o casamento alimento-vinho, inventado no começo do século XIX na França, no momento em que se abandonava o serviço à francesa pelo chamado serviço à russa.

Para melhor apreciar os vinhos, alguns *gourmets* empreendem uma revolução semelhante. A cozinheira Machiko Chiba e o enólogo J. K. Whelehan recomendam, por exemplo, o Tempranillo cintilante de Rioja com a berinjela frita ao molho de gergelim, o Sauternes com o porco ao missô (pasta de soja fermentada), o Chianti com o *yakitori* (espetinho de frango) e o champanhe com o *sushi* (fatia de peixe cru sobre arroz temperado com vinagre) (Chiba & Whelehan, 2005).

A própria China, com um pouco de atraso em relação ao Japão, está igualmente adotando o vinho com entusiasmo. No século XVII, os missionários cristãos chegaram ao país e, como no Novo Mundo, implantaram a viticultura para suprir as necessidades do culto. Dessa época datam os embrionários vinhedos das províncias de Hebei e Shanxi, da Mongólia, ao norte, ou ainda de Shandong e das fronteiras com o Tibet e a Birmânia (altos vales dos rios Mekong e Salween), ao leste (Trolliet, 1995, p. 302). Mas essas instalações eram muito modestas.

É preciso esperar até 1892 para que se instale a primeira adega comercial em Yantai, na costa norte de Shandong: a empresa Changyu Yantai. O pioneiro foi um chinês de Cantão emigrado à Malásia, Chang Bishi, que fez fortuna com a borracha e as estradas de ferro. O cônsul da França em Jacarta o aconselha e ajuda a escolher as cepas idôneas e o material necessário. Os vinhos brancos e tintos são aromatizados com canela, cardamomo e açafrão, além de diversas flores (Pimpaneau, 2000, p. 105; Giroir, 2001). Esse membro da diáspora faz uma brilhante carreira, chegando a tornar-se, em 1913, vice-ministro do comércio do governo chinês (Trolliet, 1995, p. 302). Assim como no Japão da era Meiji, o objetivo de tal operação é patriótico: convém favorecer a política de Sun Yat-sen, criando empresas modernas comparáveis às do Ocidente. O presidente chinês aprecia particularmente o vinho de Changyu Yantai, cuja adega ele visita, deixando ali uma inscrição elogiosa. O vinho de uva inscreve-se assim na era moderna e na primeira revolução chinesa.

Hoje, essa empresa continua sendo a mais importante da China. Sua sede está instalada num imenso edifício construído em madeira e alvenaria, batizado de castelo. Em breve, será inaugurada ao lado uma réplica de uma aldeia medieval francesa com sua igreja, destinada a atrair numerosos turistas. Podemos até rir, mas nunca ridicularizar essa tocante homenagem à França, uma das pátrias longínquas do vinho.

Outros vinhedos e adegas comerciais são abertos na China no começo do século XX. A sociedade Melchers é fundada no território do protetorado alemão de Shandong, em Qingdao. Os irmãos maristas abrem uma adega em Shangyi, perto de Pequim, em 1910. Uma adega é criada por Hua Guowen, um cristão chinês, em 1911, em Danfeng, na província de Shaanxi. Os colonos japoneses da Manchúria também abrem adegas e destilarias.

Durante o regime comunista, Mao também visita Changyu Yantai e deixa escrito: "É preciso deixar que o povo beba vinho". A partir de 1952, as produções dessa adega são declaradas "gloriosos vinhos de Estado" e obtêm inúmeras premiações em concursos e exposições na China (Giroir, 2001). No entanto, apesar do surgimento de novas adegas nos anos 1950, uma delas fruto da cooperação entre chineses e búlgaros, o período maoísta não foi muito favorável ao vinho. Três razões explicam isso: dá-se prioridade à produção de grãos, devido à ameaça de fome; o alcoolismo é combatido, por ser demasiado individualista; e, enfim, o vinho é considerado uma bebida ocidental e burguesa (*ibid.*). A maioria das vinícolas e adegas corre perigo até a nova abertura do país nos anos 1990.

Assistimos atualmente um extraordinário sucesso da viticultura e da produção de vinho em toda a China, que reencontra seu brilho do final do século passado. O país deve desenvolver-se nos mesmos setores que os ocidentais e produzir os mesmos itens que eles, com ou sem sua ajuda. As autoridades tomam o caminho oposto ao de Mao e incentivam novamente o povo a beber vinho: para sua evolução cultural e sua saúde. Esse fascínio toma às vezes aspectos surpreendentes, por exemplo, quando se oferece na mesma embalagem uma Coca-Cola a quem comprar o vinho Dynasty.[16] A China é hoje o sétimo produtor mundial de vinho (segundo a Organização Internacional da Vinha e do Vinho – OIV) e o consumo progride rapidamente: um litro por habitante em 2005, contra dois litros no Japão, que multiplicou por vinte seu consumo em um quarto de século!

O antigo vinhedo de Xinjiang conhece um novo crescimento com o desenvolvimento do turismo interno na China. A viticultura recorre a técnicas muito restritivas, impostas pela duração e pelo rigor do inverno. As vinhas são desfolhadas e podadas logo após a vindima, depois inclinadas, com os ramos enrolados ao redor do cepo e, por fim, recobertas de terra durante cinco meses. As casas uigures do oásis de Turfan são enfeitadas com parreiras, o que as torna muito agradáveis no verão. Elas dispõem de anexos com paredes vazadas, construídos com tijolos de barro cru, onde as uvas são colocadas para secar ao vento (Loubes, 1998).

O Desfiladeiro das Uvas é um dos lugares mais turísticos de Xinjiang, visitado por multidões de chineses vindos do leste e de estrangeiros, especialmente na época da vindima, que degustam maravilhados vários cachos de uvas – se possível, da variedade conhecida como "mama de jumenta", por sua forma (*manaize putao* em chinês, *saive üzüm* na língua dos uigures). Essa é a cepa geralmente usada para as parreiras domésticas. Os turistas que visitam a região levam para casa impressionantes quantidades das numerosas variedades de passas de todas as cores, mas consomem também no lugar os 50 mil hectolitros de

---

[16] Conforme mostra foto publicada na *Revue du vin de France*, dez. 2007-jan. 2008, p. 138.

vinho aí produzidos.[17] A festa do vinho, que acontece em todo outono, em Turfan é um verdadeiro bacanal: todos os habitantes degustam espetos de carneiro ou cabeças de carneiro grelhadas, bebendo vários copos cheios de vinho *cru*, principalmente da marca Loulan. É a mesma atmosfera que encontramos, também no outono, na província de Yamanashi, no Japão. Porém, como prova de que, na Rota da Seda, o vinho não é mais que um subproduto da uva, nessas ocasiões, tanto em Xinjiang como no Japão, bebe-se mais cerveja e destilados que vinho; mesmo porque este é muito mais caro. Entretanto, come-se muita uva. É exatamente o contrário do que acontece nos vinhedos europeus, onde a estética das videiras, de suas folhas e dos cachos de uva só causa emoção se encerrar a promessa de um bom vinho.

O vinho é consumido especialmente nas grandes cidades. A classe média toma vinho chinês nos restaurantes populares ou em casa, enquanto o importado é servido nos restaurantes de luxo das grandes cidades. Os novos-ricos chineses gostam do vinho que passaram a comprar e consumir, antes mesmo de serem capazes de apreciar todas as suas sutilezas. Uma vez mais, o processo é análogo ao conhecido pelo Japão nas últimas décadas e, naturalmente, pela alta burguesia de Hong Kong, Cingapura e Taiwan. Os verdadeiros entendidos começam a visitar os grandes vinhedos do mundo, a fim de conhecer melhor os produtores, compreender o espírito da bebida e planejar futuros investimentos (Cho Lee, 2008). A primeira vinícola bordalesa a tornar-se propriedade chinesa é o Château Latour-Laguens, adquirido em janeiro de 2008 pelo grupo Longhai International Trading Co., pertencente à família Cheng.

A Índia é o último país a aderir a essa paixão que a Ásia hoje devota ao vinho, embora não seja o menos original. No final do século XIX, sob a influência ocidental, o marajá de Caxemira ordena que os conselheiros franceses plantem as cepas que trazem consigo, as quais dão um vinho bastante bom, que se produz ainda hoje (Planhol, 1990,

---

[17] Informação comunicada por Abuduwaili Abudureheman, geógrafo da Universidade de Urumci, filho de vitivinicultores uigures... muçulmanos.

p. 78). Nos últimos anos, várias propriedades dedicadas à produção de qualidade apareceram na Índia, sobretudo no planalto do Deccan, cuja altitude é relativamente favorável à viticultura. Entre elas, a vinícola Pimpane que, com a colaboração da *maison* A. Charbaut, de Épernay, produz um vinho espumante em Jaulke Vani, perto de Pimpalgaon, no Maharashtra; no mesmo estado encontra-se a Sula Vineyards, propriedade de 120 hectares que produz mais de um milhão de garrafas a partir de cepas francesas e californianas. Atualmente, cada indiano bebe, em média, 10 ml de vinho por ano, o equivalente ao consumo japonês de trinta anos atrás. Estima-se que uma centena de milhões de indianos, os que formam a classe média, têm condições de consumir vinho de vez em quando. É possível imaginar as consequências para a viticultura local e mundial se o aumento do consumo fosse tão rápido quanto na Ásia chinesa, considerando que o número de habitantes na Índia ultrapassa a um bilhão!

Não podemos deixar de mencionar também a curiosidade tropical que representam os novos vinhedos da Tailândia (Roudié, 1990), onde se produzem vinhos muito agradáveis, como os da Siam Winery.

10

O futuro está nos *terroirs*

O universo do vinho está em rápida evolução. O norte da bacia do Mediterrâneo continua sendo a maior área vinícola do mundo, já que aí se encontram os três países mais significativos desse setor: a França, a Espanha e a Itália, aos quais se juntam Portugal e Grécia. Nessa região produz-se e bebe-se menos que no passado, mas, felizmente, sempre o melhor vinho. Cada francês bebia em média 135 litros por ano em 1965, 120 em 1970, 90 em 1980 e um pouco mais de 50 em 2007. Permitam ao autor destas linhas expressar o desejo de que essa queda vertiginosa se detenha. Resgatar a profundidade cultural do ato de beber vinho é um dos objetivos confessos do presente ensaio. A participação crescente nesse mercado dos Estados Unidos, da Argentina, do Chile, da África do Sul, da Austrália e, principalmente, da China representa uma concorrência séria para os países que, durante tanto tempo, viveram com a certeza que confere toda situação de monopólio. A mudança é fruto do número cada vez maior de consumidores de todo o mundo que, como vimos, se interessam pelo vinho, preocupados cada vez menos com sua subsistência e mais e mais em surpreender-se e deleitar-se. Neste começo do século XXI, cada habitante do planeta consome 5 litros de vinho anualmente, volume que, com certeza, tende a aumentar nos próximos anos, graças aos novos consumidores chineses e indianos.

O desejo do vinho conquistando o mundo

Mapa 16. Consumo de vinho em 2005

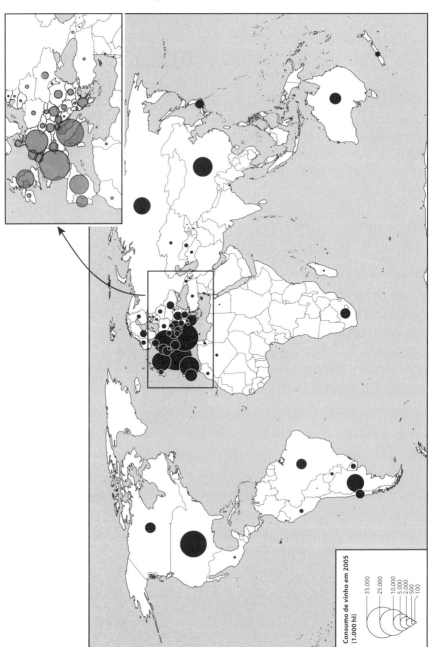

O futuro está nos terroirs

Mapa 17. Consumo individual de vinho em 2005

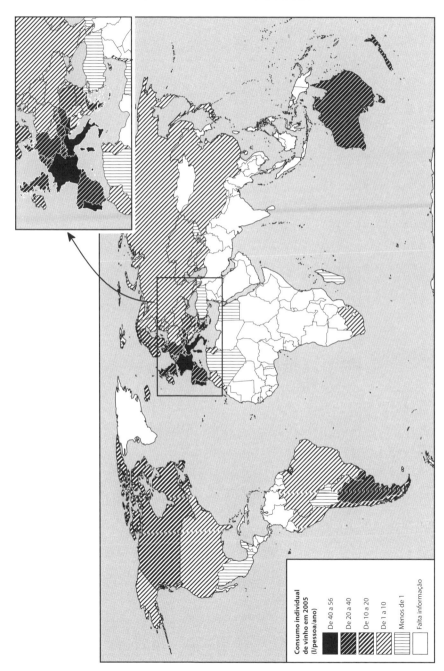

Fonte: OIV, 2005.

O desejo do vinho conquistando o mundo

Mapa 18. Produção de vinho em 2005

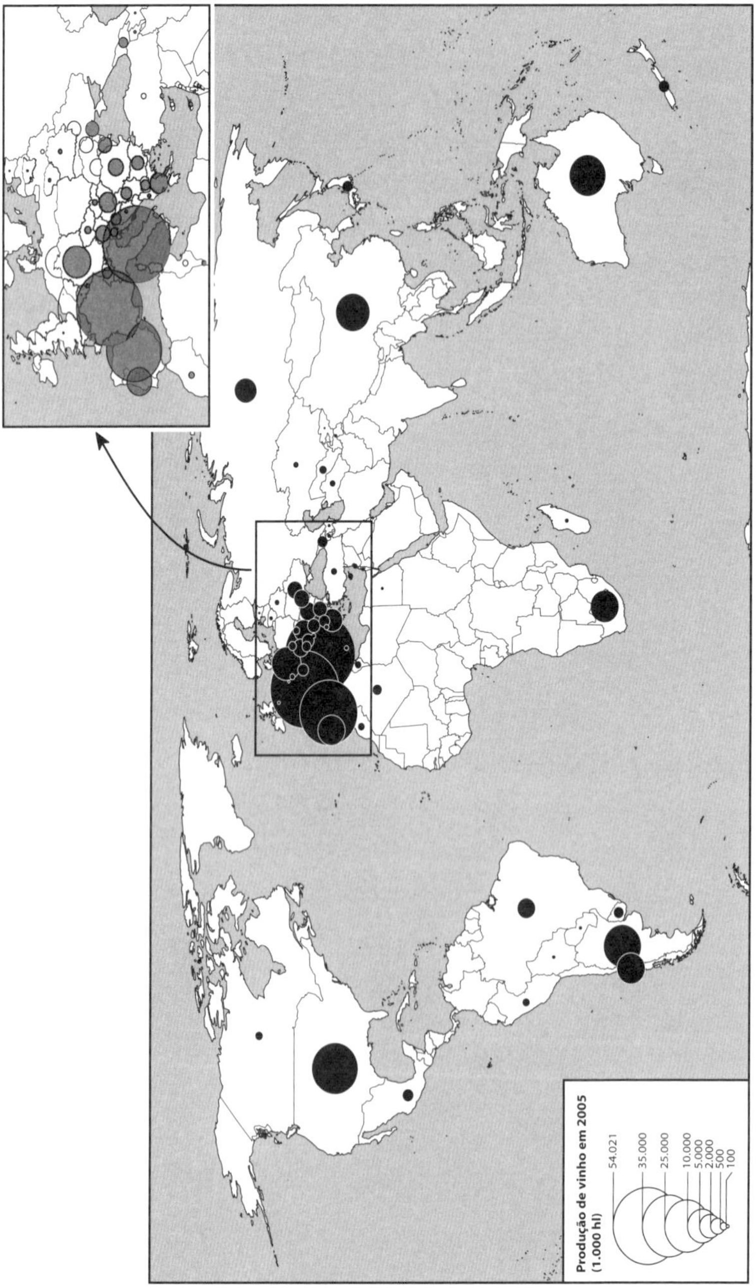

Fonte: OIV, 2005.

O futuro está nos terroirs

Mapa 19. Superfície das vinhas em 2005 – de vinho e de uvas de mesa

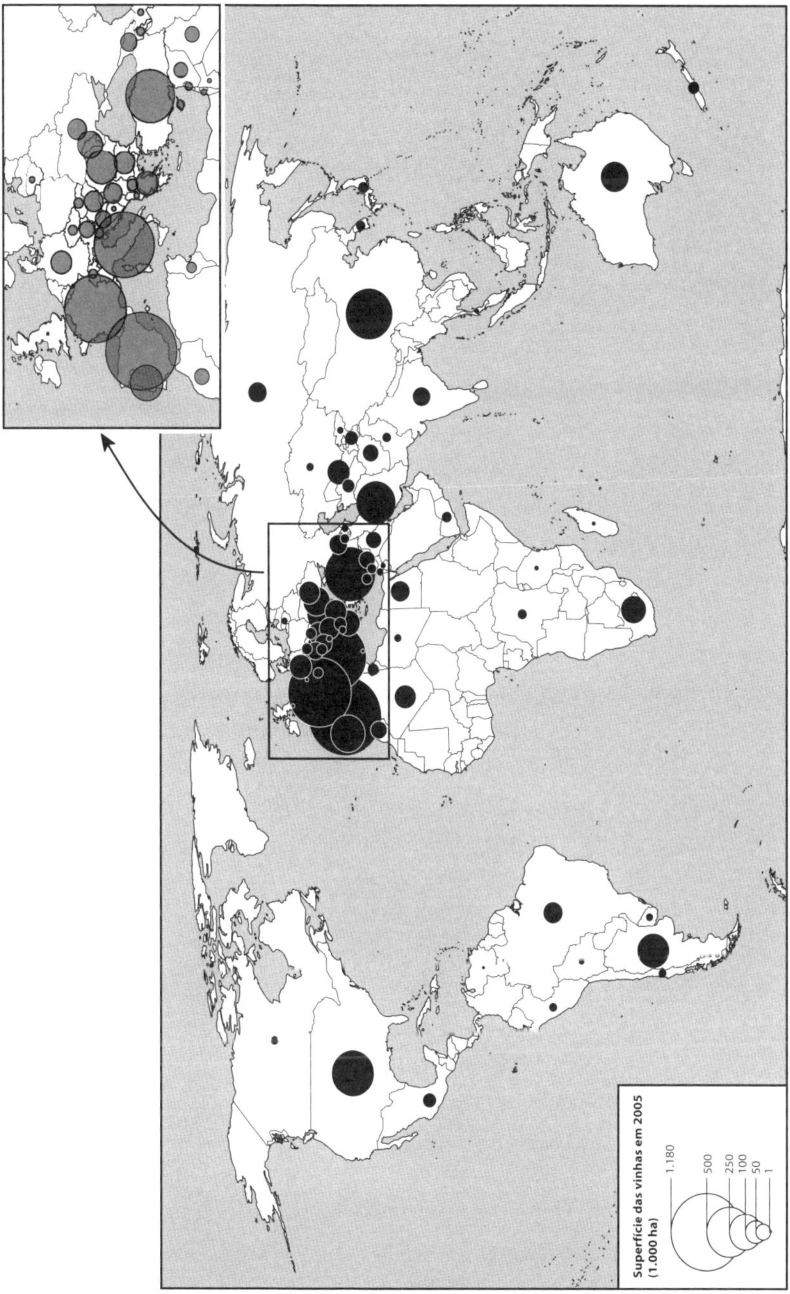

Superfície das vinhas em 2005 (1.000 ha): 1.180, 500, 250, 100, 50, 1

Fonte: OIV, 2005.

Do vinho da sede ao vinho do sonho

Está longe o tempo em que beber vinho tinto restaurava as forças dos camponeses, dos artesãos e dos operários da Europa latina, tanto quanto comer carne sangrenta, e em que o vinho de mesa sustentava o moral dos soldados nas trincheiras de Verdun, durante a Primeira Guerra Mundial. Quando os vinhateiros do Midi francês e da região de Champanhe se rebelaram, os governos logo se renderam a suas exigências, em vista da força da opinião pública, já que a população se recusava a abrir mão de seu vinho cotidiano, mesmo que este fosse medíocre.[1] Ninguém mais ousaria escrever como Zola, em 1877, em *L'Assommoir* (*A taberna*) (*apud* Mouret, 1999, pp. 27-28):

> E o vinho, então, minhas crianças! Ele escorria ao redor da mesa como a água escorre no Sena. Um verdadeiro riacho, como quando chove e a terra tem sede. [...] A gente honesta bebe água? Por acaso eles querem ter rãs no estômago? E os copos se esvaziavam de um trago, ouvia-se o líquido descer pela garganta, como o barulho da água da chuva correndo pelos canos do deságue, nos dias de tempestade. Chovia vinho, ora! Um vinho que tinha primeiro um gosto de barril velho, mas ao qual nos acostumávamos com gosto, a tal ponto que ele acabava tendo perfume de avelã? Ah! Bom Deus!, os jesuítas costumavam dizer; o sumo da parreira era uma bela invenção! A sociedade ria, aprovava; pois, enfim, o operário não poderia viver sem vinho...

A pena de Zola não buscava senão exacerbar a concepção popular do vinho, que fica bastante evidente nas canções de beber do generoso repertório francês ou italiano, nas quais o excesso de bebida espanta as preocupações, exorciza o espectro da morte, fortalece o amor e a amizade.

> Se eu morrer, quero que me enterrem
> Numa adega onde haja bom vinho,

---

[1] Não podemos esquecer que o aumento do preço do vinho e o dos impostos cobrados à entrada de Paris concorreram enormemente para o descontentamento que alimentou os inícios da Revolução Francesa.

Os dois pés contra o muro
E a cabeça debaixo da torneira.[2]

É verdade que, na mesma época, alguns romanceiros e poetas cantam o vinho de maneira mais requintada. É o caso, por exemplo, das magníficas canções compostas dentro do Caveau, sociedade báquica que perdurou de 1726 a 1939 (Level, 1988), como a que canta Armand Gouffé em 1805:

Vênus, seja favorável
Aos galantes trovadores.
Eu, para cantar à mesa,
Só recorro ao vinho.

Derramai, derramai sempre!
Muitas vezes adormecemos,
Deitados sobre veludos;
Estamos felizes debaixo da parreira
E é para lá que eu corro!
Derramai, derramai sempre!

Sem beber não podemos rir,
A gente é fria e tediosa,
Mas o bom vinho inspira
Os mais picantes discursos.
Derramai, derramai sempre!

O vinho, à velhice,
Procura belos dias.
O vinho, à ternura,
Oferece um potente socorro.
Derramai, derramai sempre!

---

[2] Extraído de *Chevaliers de la table ronde* [Os cavaleiros da távola redonda], canção de beber muito popular na França.

Recordemos, entre os milhares de poetas europeus que buscaram inspiração no vinho, o grande Raoul Ponchon, acadêmico de Goncourt, cuja obra é o melhor antídoto para a melancolia. A ele devemos o imortal apótema: "Quando meu copo está vazio, eu o lamento; quando meu copo está cheio, eu o esvazio". Ele combateu com uma argumentação sem falhas a usurpação do nome Borgonha pelos viticultores australianos:

> Vocês são uma grande piada,
> Australianos imensos!
> Metam em sua cabeça,
> Onde reinam as demências,
>
> Que não há outro vinho borgonhês
> – Creiam neste bêbado –
> Senão aquele dos borgonheses
> Nas terras da Borgonha.
>
> E a Borgonha está aqui,
> Não na Austrália.
> Assim como a Gasconha
> E também a bela Champanhe. (Ponchon, 2008, p. 35)

Foi durante muito tempo normal, e até necessário, que os governantes elogiassem as virtudes do vinho. Em 1931, um subsecretário de Estado de obras públicas e do turismo podia escrever, com grande inspiração lírica, as palavras que seguem (*apud* Lenfant, 2002, p. 67). É verdade que se tratava de Gaston Gérard, o prefeito glutão de Dijon, autor de uma deliciosa receita de frango que leva seu nome:

> Jamais daremos suficiente reconhecimento ao vinho. O francês lhe deve suas grandes qualidades morais, sua inteligência, sua alegria, seu sangue frio, sua coragem. [...] Beber vinho é alimentar o organismo com vitaminas, calorias, substâncias nutritivas e, ao mesmo tempo, prevenir-se contra certos vírus.[3] Beber vinho é evitar o alcoolismo. Beber vinho é prolongar a vida. Beber vinho é preparar

---
[3] Reconhece-se aqui a influência do pensamento de Louis Pasteur: "O vinho é a mais saudável e higiênica das bebidas".

uma geração inteligente, saudável e vigorosa. [...] Digamo-lo e repitamos sem cessar: o vinho cura, alimenta e fortalece.

A invenção das denominações de origem controladas

Iniciado o século XX, mantinham-se no sul da Europa imensos vinhedos produtores de vinho para consumo habitual. Passada a crise da filoxera (1870-1900),[4] estes haviam sido reconstituídos, mais vastos ainda e mais produtivos, embora sem ambições de maior qualidade. Esta se limitava à ausência ou à baixa taxa de volatilidade (acido acético), resultado obtido graças a uma dose significativa de enxofre que provocava intensas dores de cabeça àqueles que abusavam desses vinhos.

Mesmo na categoria dos vinhos finos, as coupages (lotações) eram frequentes, já desde o século XVIII. Acrescentar um pouco de Hermitage aos vinhos da Borgonha ou de Bordeaux, adicionar às safras mais suaves dos vinhedos setentrionais da Europa um pouco de vinho de Alicante, de Pouille, do Languedoc ou da Argélia, não chocava ninguém. Durante o período da filoxera e algumas décadas seguintes, chegou-se a elaborar vinho totalmente artificial com a ajuda de diferentes componentes químicos. As últimas condenações judiciais dessas práticas não são tão antigas. Se isso mudou, foi primeiro graças ao refinamento do gosto do consumidor e também ao fato de que os bons produtores fizeram de tudo para se proteger das falsificações. O controle da origem e da safra dos vinhos remonta à Antiguidade, como demonstram os rótulos colados às ânforas das melhores proveniências. Essa prática desaparece durante séculos, antes de renascer no século XVIII, a partir do momento em que se aprende a conservar e melhorar os vinhos graças ao engarrafamento e ao cuidadoso fechamento com rolhas de cortiça. Um cartaz florentino, datado de 1716, e que reproduz um édito do grão-duque da Toscana, define quatro zonas vitícolas precisamente delimitadas. Conhecemos algo equivalente em Portugal, na metade do século XVIII.[5]

---

[4] A melhor síntese sobre esse período é a de Gibert Garrier (1989).
[5] Informação proveniente de Philippe Roudié e relatada por Antoine Vialard (2007, p. 94).

O desejo do vinho conquistando o mundo

Mas é na França que surge uma legislação rigorosa, a partir de 1905 (Capus, 1947), destinada a proteger o consumidor das fraudes, em particular dos vinhos artificiais. Essa lei se insere no contexto do resgate das culturas regionais e dos produtos gastronômicos que as representam. Curnonsky (1872-1956) será, no período entre as duas grandes guerras, o talentoso defensor desses produtos, assim como dos restaurantes que os servem, quando o guia *Michelin* dos automobilistas se enriquece com uma classificação desses estabelecimentos.

Em 1919, uma nova lei autoriza o produtor a fazer constar do rótulo a proveniência exata do vinho. Essa lei é completada em 1927, mas é o decreto de 31 de julho de 1935 que institui finalmente a denominação de origem controlada (DOC). Os consumidores têm assim a garantia de que os vinhos, bem como outros produtos agroalimentares que se beneficiam dessa designação, provêm de uma zona estritamente delimitada[6] e foram elaborados respeitando os costumes locais, autênticos e permanentes. Pela primeira vez, o *terroir* é objeto de uma definição, de um reconhecimento, de uma proteção. Rapidamente, todos os vinhedos de qualidade entram nesse modelo regulamentar, o que permite grandes progressos: proíbem-se as *coupages* – mas não as *assemblages*, pois estas são tradicionais –, impõe-se a identificação das cepas, limita-se a produtividade e definem-se certos métodos de viticultura ou vinificação. Sem dúvida, a denominação de origem controlada se impôs como a melhor forma de garantir a autenticidade dos vinhos e, por conseguinte, sua qualidade gustativa.

O fato de que os comitês locais sejam constituídos por profissionais do meio acarreta alguns problemas, e o Institut National des Appelations d'Origine (Inao – Instituto Nacional das Denominações de Origem), ligado ao Ministério da Agricultura francês, tem dificuldade, às vezes, de exercer seu controle. Entretanto, os progressos que essa legislação permitiu são tão evidentes que a maioria dos países da Europa adotaram as mesmas medidas nas décadas seguintes. O fato de que alguns viticultores ou negociantes se beneficiem da DOC, embo-

---

[6] Para os vinhedos, segundo as dimensões da parcela.

ra o conteúdo de suas garrafas não esteja à altura do que indicam os rótulos, ainda é um problema. Mas este desaparecerá à medida que os críticos e compradores desempenhem melhor seu papel, rejeitando as falsificações e reconhecendo a tipicidade e a excelência dos produtos.

Esta é a grande lição a ser extraída da história do vinho, conforme nos ensinou Roger Dion: a qualidade dos vinhos depende do consumidor. Cabe a ele ser exigente: os vinhateiros e os comerciantes procurarão satisfazê-lo com prazer. Sua ignorância e falta de discernimento, ao contrário, são demasiado tentadoras para a mediocridade e mesmo para a desonestidade.

Atualmente, o Inao, que em 2006 passou a se chamar Institut National de l'Origine et de la Qualité (Instituto Nacional da Origem e da Qualidade), supervisiona 474 denominações de vinhos (80% do rendimento da produção francesa) e bebidas alcoólicas (sidras, destilados de vinho ou de frutas). Os primeiros representam uma produção de 11,7 bilhões e as segundas, 2 bilhões de hectolitros, dos quais 80% são dedicados à exportação.[7] Hoje, a maioria dos atores envolvidos no setor vitivinícola da França, mas também de outros países, tem consciência da necessidade de respeitar uma ética exigente.

Entre os fatores favoráveis que concorreram para o aprimoramento geral da qualidade, é preciso mencionar os progressos da enologia. Estes foram realizados, em primeiro lugar, na França, graças particularmente a Jean Ribéreau-Gayon e Émile Peynaud, que descobriram a importância do controle das temperaturas, do equilíbrio da acidez e da fermentação maloláctica.[8]

Devemos destacar, igualmente, Jacques Puisais, que revelou as potencialidades e qualidades dos *terroirs* do Loire; Max Léglise, que fez o mesmo com a Borgonha; Claude Bourguignon, que sublinhou a importância da microbiologia dos solos; Michel Rolland, divulgador controvertido, mas mundialmente consultado, da micro-oxigenação; e Denis Dubourdieu, especialista dos aromas, das leveduras e dos coloides.

---

[7] Isso representa o equivalente a 130 Airbus ou 288 TGV (trem de alta velocidade), conforme lembra Denis Saverot (2008, p. 27).
[8] De acordo com Michel Guillard, no prefácio ao livro de Émile Peynaud (1995).

Lembremos, ainda, estes vinhateiros perfeccionistas, inventivos, verdadeiros artistas, alguns dos quais já se foram, que fizeram evoluir as tradições que herdaram: Aubert de Villaine, Henri Jayer e Lalou Bize-Leroy em Vosne-Romanée; Vincent Dauvissat e Bernard Raveneau em Chablis; Jean-François Coche-Dury em Meursault; Nicolas Joly na Coulée de Serrant; Henri Marionnet em Touraine; Didier Dagueneau em Pouilly-sur-Loire; Marcel Deiss e Léonard Humbrecht na Alsácia; Jean-Paul Gardère no Château Latour; Claude Berrouet em Petrus; Éloi Dürrbach em Les Baux-de-Provence; Henri de Saint-Victor em Bandol; Marcel Guigal em Côte Rôtie; Jean-Pierre e François Perrin em Châteauneuf-du-Pape; Jules Chauvet e Marcel Lapierre em Beaujolais; Jean Macle em Château-Chalon; Henri e Remi Krug, ou Anselme Selosse na Champanhe; e tantos outros, dentro e fora da França.[9]

Cada vinhateiro, cada mestre de adega, é livre para fazer suas escolhas e possui, portanto, o poder de extrair as notas personalizadas do solo, do clima, da safra, do material vegetal e das uvas colhidas que são de sua responsabilidade. É exatamente igual ao que faz um escritor com determinada língua, um ator de teatro com a peça de um autor, um intérprete com uma partitura musical, ou um *chef* de cozinha com uma receita.

Tampouco podemos ignorar o papel da crítica enológica, que, embora inventada na Inglaterra e na França (Fernandez, 2004), prosperou nos Estados Unidos, onde os consumidores exercem plenamente sua arbitragem. O mais célebre e controvertido de seus representantes é, de modo incontestável, Robert Parker (McCoy, 2006; Agostini, 2007). Nascido em 1947, em Baltimore, ele se tornou, com o passar dos anos, o mais influente crítico de vinho do mundo. Seu *The Wine Advocate* é lido por todos os profissionais do setor, e seus veredictos são esperados com impaciência e paixão por muitos proprietários e conhecedores. No entanto, sua formação universitária não o destinava a essa carreira. Diplomado em história, história da arte e direito, pela Universidade de Maryland, exerceu por dez anos a profissão de advogado em Baltimore.

---

[9] A expressão "tantos outros" não é uma figura de linguagem...

Apaixonado pelo vinho, Robert Parker começou a escrever sobre o tema em 1975, adotando a partir desse momento o ponto de vista do consumidor. A primeira edição de seu boletim, inicialmente intitulado *The Baltimore-Washington Wine Advocate* e enviado a aproximadamente 600 assinantes, apareceu em 1978. Já no ano seguinte, passou a se chamar *The Wine Advocate* e hoje é distribuído para mais de 50 mil assinantes, a maior parte deles nos Estados Unidos, mas também em outros 37 países. Em colaboração com Pierre-Antoine Rovani, o crítico publicou na França o *Guide Parker des vins de France* (*Guia Parker dos vinhos da França*).[10]

O princípio de Parker consiste em fornecer copiosos comentários sobre os vinhos de determinada vinícola e conferir-lhes uma nota, safra por safra, que vai até 100. Somente os vinhos que recebem nota acima de 90 são considerados, por ele e pelos principais compradores americanos, de alta qualidade. Sua maior proeza foi ter sido o primeiro a reconhecer, contrariando a opinião geral, as grandes virtudes da safra de 1982 de Bordeaux.

Durante vários anos, Robert Parker recomendou os vinhos superconcentrados – *surextraits*, como dizem os enólogos –, obtidos a partir de uvas muito maduras e produzidos em pequena quantidade. Entre esses vinhos, Parker contribuiu para a celebridade e os preços estratosféricos dos vinhos chamados "de garagem" (Château Valendraud ou Le Pin, entre os bordôs, por exemplo). Como ele apreciasse muito os vinhos bastante amadeirados, alguns proprietários de diversas regiões chegaram ao ponto de envelhecer duas vezes seu vinho em barrica nova. A influência tornou-se tão grande que ele foi objeto de uma crítica caricatural no filme *Mondovino*, de Jonathan Nossiter.

Hoje, seu conhecimento dos vinhos é realmente enciclopédico. Parker refinou seu paladar e já não aprecia incondicionalmente a madeira e a concentração extrema, como antes. É um incansável propagandista do vinho nos Estados Unidos e no mundo anglo-saxão, e devemos agradecer-lhe por isso. Esse crítico inigualável continua afirmando que a

---

[10] Pela editora Solar.

França ainda é um país de referência para os grandes vinhos obtidos das cepas clássicas (*cabernet sauvignon* e *merlot*, no estilo Bordeaux, *pinot noir* e *chardonnay*, no estilo Borgonha, *syrah*, *grenache* e *mourvèdre*, no estilo Mediterrâneo). Não há dúvida de que ele ajudou toda a viticultura francesa a progredir em qualidade e exportar melhor sua produção.

Por todas as razões mencionadas, são poucos hoje os vinhateiros que confiam cegamente nos caprichos da natureza, aceitando o que ela queira lhes oferecer, esperando passivamente a safra do século. Graças aos progressos agronômicos e bioquímicos, à multiplicação das escolas e às ofertas de formação universitária vitivinícola, é cada vez menos provável que se produzam vinhos ruins. Como vimos, já é possível elaborar bons vinhos em todos os climas, desde o equador até as proximidades do círculo polar, devido ao aquecimento climático atual.

Hoje, as oportunidades são mundiais. Americanos ou australianos, homens ou mulheres, são mestres de adega em grandes propriedades vinícolas francesas. Da mesma forma, italianos, japoneses ou suecos conquistam o invejado título de "melhor *sommelier* do mundo", ao mesmo tempo que enólogos franceses aconselham produtores do mundo inteiro. A França não possui mais o monopólio, nem a superioridade em matéria de qualidade, e isso é muito bom, ainda que para alguns seja uma realidade difícil de admitir. Qualquer *terroir* pode produzir bons vinhos, e é o que devem fazer seus exploradores, se quiserem prosperar.

O turismo permitiu que vinhedos antes exclusivos, cujos vinhos destinavam-se apenas ao consumo dos próprios produtores e alguns raros compradores das cercanias, se revitalizassem ou passassem a investir na melhoria da qualidade. É esse o caso dos vinhedos de Savoia ou da Provença, por exemplo, que nos últimos anos conheceram uma enorme expansão com o desenvolvimento dos esportes de inverno e das férias à beira do Mediterrâneo.

É esse também o caso, de maneira geral, dos vinhos oriundos dos vinhedos mediterrâneos, que foram todos consideravelmente melhorados no decorrer das últimas décadas. Alguns deles, como vimos anteriormente, destinados aos mercados da Europa setentrional, são reconhecidos há vários anos. Outros se elevaram ao nível dos grandes tintos franceses (Rioja, Ribera del Duero, Priorat, Chianti, Barolo etc.). Outros ainda, em Israel, na Grécia, na Sicília, na Sardenha ou na Córsega, estão progredindo bastante e surpreendem os consumidores aficionados. Fora da área do Mediterrâneo, o turismo vitícola está em pleno desenvolvimento na Alemanha, na Áustria, na Suíça, na Hungria, nos Estados Unidos, na África do Sul, na Austrália e na Nova Zelândia, sem esquecer a China e o Japão. Os quatro maiores destinos do turismo enológico são, por ordem de importância, a região de Bordeaux, o Napa Valley, a Toscana e a Champanhe.[11]

Esse fenômeno, nascido na Champanhe e em alguns poucos *terroirs* vinícolas da Europa lotaríngia (Riquewihr, Bingen, Montreux, Beaune, Arbois, etc.), tem como consequência o desejo de produzir com qualidade e em todos os lugares, inclusive nos *terroirs* abandonados, onde ocorre uma reconquista (Ile-de-France, Grã-Bretanha, Holanda, Alemanha, Bélgica, Québec, Nova Inglaterra, Israel e até Dinamarca e Finlândia).[12] Em todos os lugares onde existe o consumo, a vontade de vindimar se revela; vontade esta que o aquecimento atual do clima está tornando, felizmente, possível.

O que é um *terroir*?

Desde o século XVI, Estienne menciona em seu dicionário os vinhos com *goust do terroir*. O que designa hoje essa expressão? Trata-se unicamente de um simulacro, de uma roupagem mercantil ou perversa de gostos arcaicos? Ou, ao contrário, é preciso ver nessa conexão o testemunho de um traço cultural constitutivo da identidade geográfica e, em escala planetária, de uma concepção original e profunda das relações entre a natureza e a civilização?

---

[11] Cf. *Revue du vin de France*, nov. 2008, pp. 13 e 36. O sucesso do enoturismo na Califórnia é tal que as degustações são agora pagas, a preços até bem caros (de 15 a 25 dólares), a fim de evitar o excesso de consumo. Fala-se até do fenômeno VIP, *very intoxicated person*, que tende a desenvolver-se e cuja imagem perigosamente sedutora foi difundida pelo filme *Sideways – Entre umas e outras*, no qual dois amigos, os heróis do filme, bebem vinho enquanto dirigem pelos sinuosos caminhos de um vinhedo, como contestação e conjuração, *a posteriori*, contra as leis de proibição!

[12] Onde é proibido chamar o vinho de suco de uva fermentado, pois... esse produto não existe, como tal, no conjunto da produção agroalimentar do país.

O latim *territorium* deu origem a várias palavras francesas, entre as quais *territoire* (território), que designa um espaço do qual se tem a posse, em particular do ponto de vista político, e *terroir* (terreno), que designa a terra destinada à agricultura. A propósito de *terroir*, o *Dictionnaire agricole* da Larousse cita "as aptidões agrícolas particulares devidas à natureza do solo, ao microclima local e à exposição das encostas", ponto de vista estritamente naturalista, frequente entre os agrônomos e os proprietários de parcelas que produzem *crus* reputados nos vinhedos de qualidade. Não é falso, mas é muito parcial. Para Roger Dion, "o papel do terreno na elaboração de um *grand cru* não ultrapassa o do material na elaboração de uma obra de arte" (Dion, 1952, p. 431). Em outras palavras, com uma tábua de pinho, podemos confeccionar um Stradivarius ou uma caixa de sabão.

Na composição de um *terroir* vitícola, entram certo tipo de solo, um microclima, a disponibilidade de água e, especialmente, um conhecimento específico do lavrador, aperfeiçoado de geração em geração ou recente, mas que revela sempre uma faceta das potencialidades desse espaço. O mercado de consumo tem igualmente um papel significativo. Se ele aceita pagar a bom preço uma mercadoria, a produção desta aumenta e vice-versa. O papel dos ingleses no surgimento de alguns vinhedos atlânticos e mediterrâneos de qualidade é um bom exemplo disso.

A ideia de Roger Dion, de que o *terroir* não é mais que uma espécie de página em branco, apesar de sua inegável importância, choca muitas pessoas, tanto entre os produtores quanto entre os acadêmicos. As dificuldades financeiras da produção de qualidade são tais que rebaixar o *terroir* físico equivale a questionar vários privilégios e, portanto, o valor do capital aplicado. Quando conhecemos o preço da terra em certas denominações de prestígio, compreendemos bem a situação. Se o preço do vinho que provém dessas terras é justificado por um prazer intenso, convém aceitá-lo. Entretanto, quando os *premiers* ou *grands crus* do negócio, vendidos a preço de ouro, decepcionam, o *terroir* perde sua auréola de natureza abençoada e passa a revelar a mediocridade de algumas práticas vinícolas e comerciais que arruínam tantas potencialidades e traem tantas promessas.

Jacques de Lanversin, um universitário vinhateiro do sul da França, ousa afirmar: "Creio sinceramente que os méritos imputáveis exclusivamente ao cultivador da vinha não representam mais de 10% do conjunto das qualidades que contribuem para a criação de um vinho excelente" (Lanversin, 1993, p. 8). O único fundamento para tal idolatria do valor ambiental do *terroir* é a vontade de preservar um capital natural. Esse sentimento é compartilhado por inúmeros viticultores das grandes denominações. Utilizando ainda a metáfora musical, seria possível imaginar um grande violinista declarando que sua inesquecível interpretação do concerto de Beethoven deve 90% a seu Stradivarius e 10% a seu talento?

Mais sedutora é a ideia de Aubert de Villaine, cogerente da Domaine de la Romanée-Conti, que produz alguns dos mais sutis e também mais caros vinhos do mundo. Para ele, tendo em conta os métodos comprovados de vinificação e envelhecimento utilizados em suas adegas, a qualidade dos vinhos e o valor das safras dependem essencialmente da excelência das uvas. É verdade que os *crus* que ele produz provêm das encostas de Vosne-Romanée, as mais propícias para produzir grandes vinhos, onde as micronuances do solo e do clima explicam as diferenças de personalidade entre eles, mas Aubert de Villaine não deixa de mencionar os séculos de experiência e de aperfeiçoamentos que precederam a atual vitivinicultura praticada na vinícola. A seleção massal dos melhores enxertos continua sendo matéria de estudo; a cultura é biodinâmica há muito tempo, com adubos compostos apenas de galhos oriundos da poda e de bagaços de uva; e o rendimento varia entre 20 e 30 hectolitros por hectare, ou seja, duas vezes menos que em outros lugares. Nada é negligenciado e nenhuma despesa é poupada para melhorar a qualidade da uva, considerando que existem aficionados que aceitam desembolsar as somas necessárias para produzir tais maravilhas. Esse exemplo extremo mostra por que não é razoável querer dividir em porcentagens a obra da natureza e a dos homens num produto que resulta de uma fusão tão intensa.

Em matéria agrícola, o homem nunca foi totalmente determinante, pois uma geada, uma seca ou uma frente fria pode comprometer irremediavelmente uma colheita, mas os elementos naturais raramente têm a última palavra. Os viticultores lançam mão de verdadeiros tesouros da imaginação e da sensibilidade para canalizar esses elementos, intensificá-los e, às vezes, controlá-los. É uma obra aleatória, tão complexa e empolgante quanto a educação de uma criança; requer tato, humildade, questionamento e reflexão permanentes. Essa é, de fato, uma boa imagem da própria condição humana, sempre oscilando entre vontade e resignação, entre êxitos e fracassos.

Admitindo-se essa abordagem imprecisa do *terroir*, surge o problema da doutrina francesa das denominações de origem controladas. Esta repousa, como já vimos, na necessidade garantida pela lei dos costumes *locais*, *legais* (as coisas boas) e *constantes* (nos perguntamos por que, a não ser que seja para gravar em mármore essas vantagens). A tradição da vocação de um *terroir* não é, em si, nem boa nem má. Objetivamente, ela é neutra, embora faça sonhar. Imaginar que, durante a Antiguidade, já se bebia um ótimo vinho – para o gosto da época – nas encostas do Vesúvio (falerno), nas colinas de Hermitage ou em Condrieu, produz um sentimento reconfortante de continuidade. Mas beber um delicioso vinho branco obtido da *pinot noir* das colinas de Maastricht, nos Países Baixos, onde ressurge uma viticultura de qualidade graças ao aquecimento climático, é também uma grande experiência; tanto quanto beber um bom vinho tailandês ou chinês.

Com efeito, o nomadismo das cepas e dos métodos da vitivinicultura é o melhor meio de buscar a diversificação dos vinhos. A uva *carmenère* está quase desaparecendo da região de Bordeaux; agora faz maravilhas no Chile. A *riesling* e a *gewurztraminer* podem dar interessantes resultados no Languedoc, como acontece no Domaine de l'Aigle, em Aude. Em matéria de regras de produção agrícola e de delimitação de *terroirs*, a lei não só pode como deve encorajar a excelência e a criatividade, condenando as imitações. Foi graças ao nomadismo das cepas e dos métodos que a viticultura se estendeu ao mundo inteiro ao longo da história. O único meio de manter vivo – ou melhor, conservar – um patrimônio é permitir que ele evolua, sem receio nem brutalidade ou provocação. Essa regra vale para as línguas, as catedrais, as receitas de cozinha ou as óperas.

É preciso compreender também que é perigoso insistir numa defesa tímida do *terroir* e, de maneira geral, da identidade cultural. Se os homens têm necessidade de criar raízes, eles são também nômades e aptos à mestiçagem cultural. Todos os *terroirs* mudaram sua delimitação e sua vocação no decorrer da história e, muitas vezes, de forma bastante significativa. Certos alimentos ou produtos agrícolas de grande qualidade são também, às vezes, oriundos de influências múltiplas. Assim, a excelência dos chocolates da Suíça ou de Bayonne deve-se à escolha criteriosa das favas de cacau, feita pelos fabricantes de todas as latitudes tropicais; à qualidade do creme obtido de diferentes tipos de leite; e ao paladar exigente dos consumidores, amantes, no inverno, dos alimentos calóricos e estimulantes.

A partir de agora, o futuro dos *terroirs* se desenha de maneira aberta. Se não é saudável fixá-los, pois são naturalmente evolutivos, é essencial mantê-los vivos e explorá-los com imaginação. Confrontada com a globalização, nossa época precisa reconhecer a todo instante as diferenças entre os lugares e os homens. Paisagens, línguas e costumes correm o risco da uniformidade, levando a humanidade ao tédio e à morte. A diversidade é a mãe da vida e o *terroir* é uma de suas livres expressões. Todos os profissionais do vinho deveriam meditar sobre os célebres versos que Antoine Houdart de La Motte escreveu em 1719: "Tem um grande encanto a diversidade [...] O tédio nasceu num dia de uniformidade".

A originalidade e a qualidade da produção são o único futuro da viticultura, o que não quer dizer luxo. Os vinhos com denominação de origem são hoje mais procurados que os vinhos de mesa, e os clientes aceitam pagar um valor a mais por mais sabor, tipicidade e prazer. Eles educam, assim, seu paladar e se comunicam melhor com o mundo dos produtores e o ambiente em que estes vivem – em uma palavra, o *terroir*.

A questão da qualidade passa pela diversificação dos circuitos de comercialização. Uma parte da produção pode e deve chegar diretamente ao consumidor local ou aos mercados próximos, sem intermediários. Outra parte pode circular, mas cada quilômetro e cada troca de mãos faz aumentar o preço, o que leva à redução do preço de custo e, portanto, da qualidade – a menos que se privilegie o luxo, pelo qual só um pequeno número de aficionados está disposto a pagar.

A França deveria acreditar mais em seus *terroirs*

Prantos e ranger de dentes se fazem ouvir há muito tempo no mundo vitícola francês ou, ao menos, em parte dele: os representantes dos produtores dos vinhos de mesa, dos vinhos regionais (*vins de pays*), das grandes denominações genéricas (Bordeaux, Bordeaux superior, Entre-deux-mers, Coteaux-du-Languedoc, Beaujolais, Touraine, Côtes-du-Rhône, etc.), com a única exceção de Champanhe, que não consegue satisfazer toda a demanda.

O que pleiteiam os vinhateiros? Naturalmente, e como é o hábito na França, subvenções, isenções fiscais, preços garantidos pelo Estado e investimentos institucionais, mesmo quando a baixa nas vendas obriga a destilar para utilizar os estoques. Pouco importam todos os esforços feitos durante décadas para aumentar os rendimentos (clones produtivos, adubos, etc.), pouco importa que ninguém queira mais consumir certos vinhos sem graça nem espírito: a nação toda deveria empenhar sua solidariedade e os contribuintes deveriam absorver os resultados das decisões econômicas absurdas que o Estado não foi capaz de evitar. Sob o pretexto de que os representantes das cooperativas do Languedoc têm o sangue quente e saem rapidamente às ruas de Béziers quando estão descontentes, a lógica qualitativa é ignorada e imensos vinhedos, completamente plantados com *aramon* e outras cepas medíocres, são considerados "produção protegida". Dos 18 milhões de hectolitros de vinho produzidos no Languedoc, 8,5 milhões são de vinhos regionais, muitos dos quais totalmente insípidos, e 4 milhões são vinhos para consumo cotidiano. É evidentemente impossível obter um bom vinho a partir de solos ricos e profundos, fazendo podas longas e colhendo mais de 100 hectolitros por hectare.

O futuro está nos terroirs

Dominique Bussereau, ministro da agricultura do governo Villepin, havia confiado em janeiro de 2006 uma missão de reflexão ao prefeito Bernard Pomel, antigo diretor dos serviços da região de Languedoc-Roussillon. O objetivo era definir "uma nova estratégia, indispensável para conservar o lugar de excelência que a viticultura francesa ocupa na economia nacional e a reputação do país". Em março do ano seguinte, Bernard Pomel entregou seu relatório, no qual sugeria reagir contra a globalização, dividindo os vinhos em duas categorias: aqueles que atendem ao "marketing da oferta", ou seja, que se destacam pelo *terroir* e pela tipicidade (subentenda-se aqui o luxo elitista) e aqueles que atendem ao "marketing da demanda", isto é, os vinhos regionais e os vinhos de mesa, "identificados, particularmente, por sua marca e pela cepa".[13]

Foi assim que surgiu, em 2007, a denominação "vin de pays vignobles de France", permitindo reunir vinhos de cepas de diversas regiões. Essa visão apoia-se na ideia de que uma parte dos novos consumidores do planeta é incapaz de apreciar as qualidades dos verdadeiros vinhos de *terroir* e, portanto, pagar por eles; trata-se então de responder a suas expectativas imediatas e propor-lhes alguns vinhos genéricos, caracterizados apenas pelo sabor de uma cepa, eventualmente "perfumados" com tanino de carvalho obtido de aparas da madeira introduzidas nos barris. Uma simplificação dos rótulos tornaria tudo muito mais fácil. Por exemplo, "vinho da França" de uma única marca, que todos pudessem memorizar sem esforço. A estratégia estaria montada e, essencialmente, não haveria grande diferença entre o vinho, a cerveja industrial e a Coca-Cola: seu sabor seria agradável, até estimulante, porém imutável. Que desprezo pela capacidade de discernimento gustativo do ser humano!

O que se propõe, realmente, é a negação do esforço empreendido, desde a Idade Média, por inúmeras regiões vitícolas, com o fim de promover a originalidade, a personalidade vigorosa dos vinhos, e destacar-se da concorrência, acentuando as diferenças e educando a clientela. O sucesso do borgonha, do bordô ou do champanhe se deve exclu-

---

[13] As conclusões do relatório apresentado em 2008 por Jean-Paul Bastian ao Conselho Econômico e Social são muito próximas das de Bernard Pomel.

sivamente a um processo de aperfeiçoamento constante da qualidade, de intensificação da tipicidade, de sedução dos mercados, inclusive pela criação de uma imagem que só pode atingir seu objetivo comercial apoiando-se em qualidades sólidas.

Seria ingênuo acreditar que a imitação dos métodos, praticados no Novo Mundo e no Hemisfério Sul, e já em vias de desuso, poderia salvar a porção da viticultura francesa que obtém maus resultados. Não é pela irrigação, por privilegiar as seis cepas "que mais vendem" (*merlot, cabernet sauvignon, syrah, pinot, sauvignon* e *chardonnay*), pela micro-oxigenação ou pela adição de baunilha nos barris de carvalho dos vinhos tintos que se salvará a produção do Languedoc. Ainda mais tendo em conta o custo da terra e da mão de obra na França, pouco competitivo em relação aos de outros países da Europa (Romênia e Bulgária, por exemplo) e, especialmente, de outros continentes. Que cooperativa ou negociante francês, por mais importante que seja, conseguirá introduzir no mercado americano, considerando os gastos de transporte e de alfândega, uma garrafa de vinho varietal a 2 euros? Esse é, no entanto, o preço afixado – exatamente 2 euros – em 2006, num pequeno mercado do centro de Paris, por uma garrafa belamente apresentada de *sauvignon* do Chile, sem refinamento, mas limpo e correto.

Por outro lado, observa-se que vários produtores do Novo Mundo e do Hemisfério Sul orientam-se hoje no sentido da qualidade e, por conseguinte, do vinho de *terroir*. Em todo o mundo, é cada vez maior o número de apreciadores bem informados, que sabem distinguir entre um vinho tecnológico e um vinho geográfico, que lembra as características de seu ambiente e expressa a sensibilidade de seus produtores. Muitos conhecedores dos Estados Unidos ou do Japão sabem reconhecer perfeitamente os *grands crus* de Gevrey-Chambertin, assim como o nome de seus proprietários – são mais numerosos, sem dúvida, que na França!

É um grande erro pensar que os vinhos varietais são suficientemente bons para os novos mercados de consumo e que tudo se resolverá simplificando a lista das DOC. É essa mesma ilusão, tão perigosa, que prega o abandono da língua francesa, alegando que poucas pessoas a utilizam e que a comunicação mundial será mais fácil quando todos os habitantes do planeta puderem usar um pobre *basic english*. Para visualizar melhor o quadro, acrescentemos a essa imagem do cidadão globalizado ideal uma alimentação asséptica, vestimentas uniformes e uma concepção única da condição humana, da moral e da política: o melhor dos mundos, enfim, o universo aterrador sonhado pelos grandes pensadores totalitaristas do século XX.

Um caso ocorrido no começo dos anos 1960 na indústria automobilística ilustra bem o tema. Constatando a presença de vários 4 CV Renault nas ruas de Tóquio, o jovem geógrafo François Doumenge, que negociava na época alguns acordos de pesca entre a França e o Japão, disse ao presidente da rede Renault, de passagem pela embaixada da França: "O senhor não acha que seria razoável construir uma fábrica para produzir o 4 CV no Japão?" A resposta do industrial vale seu peso em ouro: "O senhor não está refletindo bem, meu caro. Essas pessoas jamais saberão construir um carro. É melhor conservar nossa indústria e nossos empregos na França e continuar exportando nossa produção".

Apliquemos a lição ao mercado vitícola atual. Se a China planta vinhas por todo o seu território, a ponto de ter se tornado o sétimo produtor mundial de vinho, não vale a pena tentar vender aos amantes do vinho das grandes cidades do Leste os varietais franceses, inevitavelmente mais caros e em nada melhores que os vinhos chineses. É preciso admiti-lo e chegar rapidamente a algumas conclusões. O melhor será caminhar pacientemente, como um peregrino, e ensinar aos chineses a arte de degustar o vinho com sensibilidade, formar *sommeliers*, exportar nossa produção, especialmente os vinhos que são únicos e, portanto, inimitáveis, mesmo a preços moderados, e organizar visitas de importadores chineses aos nossos vinhedos: eis um investimento útil e uma tática ofensiva inteligente.

O que propor então, alguém objetará, aos pobres produtores franceses, que não sabem como dar vazão a sua produção? Não há solução mais razoável que ajudá-los a transferir-se para outra atividade ou instalar-se em *terroirs* propícios à qualidade. Eles existem em abundância, frequentemente nas proximidades dos maus; um exemplo são as encostas do Languedoc, onde um fantástico esforço foi levado a cabo nas últimas décadas. Nas zonas de denominação genérica, podem-se obter resultados magníficos com a drástica redução dos rendimentos – modificação das cepas com clones melhorados (seleção clonal) ou plantas vindas da seleção massal, eliminação dos adubos, controle severo da poda, colheita da fruta verde se necessário, etc. –, a utilização de métodos os mais naturais possíveis (solos vivos, leveduras nativas) e a elaboração de vinhos semelhantes aos das melhores safras.

Alguns produtores já estão fazendo isso em Beaujolais, Mâconnais, Touraine, Côtes-du-Rhône, na Provence, e até na região bordalesa: geralmente, eles não encontram nenhuma dificuldade para vender seu vinho, não importando qual seja o tamanho de sua plantação. Naturalmente, os melhores ganhos são obtidos quando os próprios viticultores comercializam o vinho engarrafado, mas isso requer um trabalho adicional significativo.

Não, ao contrário do que afirma o relatório de Bernard Pomel, o *terroir* não representa um luxo e nem deve significar apenas "uma produção excepcional"; ele está ao alcance de todos. A melhor prova disso é que existem atualmente ótimos vinhos de *terroir* por 5 euros ou menos, se comprados diretamente do proprietário (Gerbelle & Maurange, 2008): *gros-plant, muscadet, anjou, saumur, bourgueil, aligoté* da Borgonha, deliciosos pequenos bordôs, *bergerac, jurançon, gaillac, corbières, coteaux-du--languedoc* ou *côtes-du-luberon, friand beaujolais, gentil mâcon*, etc.

É verdade que, além desses belos vinhos, existem também excelentes garrafas cujo preço atinge várias centenas de euros. Há um mercado mundial para esses vinhos e os produtores não pedem nada a ninguém. Eles são a locomotiva da profissão, como os grandes costureiros o são do *prêt-à-porter*, estes também com uma extraordinária variedade no leque de suas marcas, o que não parece incomodar sua clientela.

A França está associada à qualidade e à criatividade cultural. O país das catedrais, dos castelos do Loire, dos milhares de museus e festivais, de inúmeros escritores geniais deve uniformizar-se e empobrecer seu patrimônio vitícola sob o pretexto de que assim ele será mais fácil de ser compreendido?

Châteauneuf-du-Pape é um exemplo muito bem-sucedido, no decorrer do século XX, de um *terroir* que durante muito tempo esteve esquecido. Todos se alegraram pela família Avril quando, em 2008, o júri da revista americana *Wine Spectator* conferiu o primeiro lugar, num concurso mundial, a seu Clos des Papes 2005. Os juízes mencionaram a variedade dos *terroirs* de uma propriedade que se estende sobre calcários, a argila vermelha e o molasso, os famosos seixos redondos, grandes como ovos. Também foram ressaltadas as condições climáticas ideais da safra 2005, que combinou harmoniosamente o sol, a chuva e o vento que seca o orvalho da manhã. E foi elogiado o talento dessa família que elabora vinho há, pelo menos, quatrocentos anos e o engarrafa desde o começo do século XX.

Não se sabe como as quinze mil garrafas degustadas às cegas durante essa competição foram selecionadas. É possível que faltassem as principais vinícolas mundiais, que deixaram de participar desse tipo de evento, seja porque desfrutam de reputação global, seja porque, como na Borgonha, sua produção é insuficiente para atender à demanda. No entanto, entre os cinquenta primeiros classificados, encontram-se quatro Châteauneuf-du-Pape e um Vacqueyras elaborado em Châteauneuf, o que não deixa de surpreender quando levamos em conta a paradoxal história desse vinhedo.

O *du pape* do nome significa apenas que a propriedade já pertenceu ao papa João XXII, que cultivava ali alguns acres que produziam, no século XIV, o módico volume anual de cinco tonéis! Seu predecessor, Clemente V, havia, sem dúvida, provado o Graves quando era bispo de Bordeaux e possuía as terras do futuro Château Pape-Clement, mas certamente não havia bebido nenhuma gota de Châteauneuf. Os papas de Avignon se deleitavam com os vinhos de Saint-Pourçain e da Borgonha, mas não tomavam os vinhos das redondezas de sua cidade, pois estes serviam apenas para abastecer seus humildes servidores. Ao mudar-se para Roma, os sumos pontífices lembrarão com nostalgia a delicadeza do vinho de Beaune.

O vinhedo não desfruta de nenhum prestígio até meados do século XVIII, quando alguns proprietários começam a exportar. Entretanto, durante todo o século XIX, e a primeira metade do século XX, os negociantes bordaleses e, especialmente, os borgonheses continuam a viajar a Châteauneuf para se abastecer, bem como a Tain-l'Hermitage, para adquirir seus vinhos de corte, destinados a fortalecer o corpo e a cor de suas safras mais pálidas e corrigir-lhes a acidez.

Um comerciante borgonhês, tentando agradar madame Le Saint, proprietária do Château Fortia, disse-lhe um dia: "A senhora veio a Châteauneuf, nossa sucursal". Ao que a elegante dama respondeu, com malícia: "O senhor se engana, meu caro, nós somos a casa mãe". Somente por obra do futuro cofundador do Inao, o barão Le Roy, genro de madame Le Saint, a partir de 1919, o Châteauneuf começa a ser consumido por suas próprias qualidades. Estas são reconhecidas por uma denominação em 1929 e pela adoção, em 1939, da garrafa estampada com o brasão papal.

Assim avança o mundo dos vinhos, como também o dos restaurantes e o de todas as obras humanas. As reputações se constroem e se destroem em função dos talentos demonstrados. Os consumidores são versáteis e seguem algumas vezes os modelos lançados pela crítica, mas um dia ou outro todos terminam reconhecendo a excelência de uma vinícola ou de uma denominação, ainda que lhe falte notoriedade. Por outro lado, também a mediocridade acaba sendo descoberta, por maior que seja o prestígio do rótulo. Essa dinâminca é gratificante para o público e exigente para os produtores, que são permanentemente obrigados a dar o melhor de si para extrair as mais afinadas notas de seus *terroirs*.

No mundo inteiro, o *terroir* vai de vento em popa

Ao contrário do que pensam muitos franceses, os novos consumidores aprendem rapidamente a reconhecer a qualidade dos vinhos e se apaixonam por sua complexa geografia. É verdade que os gigantes mundiais do negócio (Pernod-Ricard, Diaego, Castel, etc.) se mantêm ainda no topo, com seus vinhos de cepas "genéricas", sem grandes nuances nem complexidade, ainda que evoluam depressa pela diversificação de sua oferta.

O mercado dos vinhos varietais corre o risco de desmoronar tão rapidamente quanto apareceu, pois a cultura do vinho progride a grande velocidade em todos os continentes. O vinho é cada vez menos uma bebida utilizada para embriagar-se a baixo custo, salvo na Geórgia e em algumas poucas das antigas regiões vitícolas ainda afastadas do processo de globalização. Ele se tornou uma bebida de cultura, que se degusta entre conhecedores e da qual se fala com prazer. Essa evolução é parecida com a da gastronomia, a da moda criativa e a da ópera.

Alguns novos aficionados, na tentativa de se afirmar entre os chamados *happy few*, caem no preciosismo, que é perdoável no começo de uma moda e que os produtores perspicazes sabem bem aproveitar. De fato, o fenômeno "butique" foi o responsável pelo sucesso dos "vinhos de garagem" em todos os lugares de moda das metrópoles de todos os continentes. O melhor é divertir-se agradavelmente, sem se preocupar com esses fatores passageiros.

A globalização cria um contexto favorável ao conhecimento mútuo dos habitantes do planeta, indivíduos ou sociedades. Alguns desconfiam da capacidade imaginativa humana e temem a uniformização. Mas o risco é pequeno, visto que o espírito humano está dotado de grande criatividade. A biodiversidade cultural não está de forma alguma em perigo e o mundo vitícola ilustra bem essa verdade. Os consumidores principiantes se satisfazem com vinhos de sabor acentuado e constante. Estes são, em relação aos verdadeiros vinhos de *terroir*, o que uma interpretação musical sensível representa diante do som de um piano mecânico, no qual só o ritmo da passagem da placa perfurada pode variar. Para aqueles cujo paladar foi habituado à uniformidade desde a infância pelo leite em pó, pelos potinhos de comida pronta, pelos alimentos congelados industriais, os hambúrgueres e a Coca-Cola, uma pequena educação amistosa é necessária. Mas ela não é tão difícil assim e, rapidamente, para aqueles que fazem o esforço de abandonar a facilidade e arriscar-se, chega-se ao esplendoroso caminho de Damasco.[*]

---

[*] Onde ocorreu a conversão de São Paulo. (N. T.)

Uma vez que tenhamos provado a complexidade e as nuances, não poderemos mais viver sem elas.

É verdade que os produtores e os consumidores parecem dividir-se em dois mundos: um, de inspiração anglo-saxônica, está apegado às marcas, às empresas que as exploram, aos vinhos facilmente reconhecíveis, enquanto o outro se apega à latinidade e exalta a infinita diversidade dos *terroirs* e de suas produções matizadas. É mais ou menos o que acontece com a cultura no planeta em relação à alimentação, à música, à arquitetura, à língua, à moda e também em relação aos valores morais, sociais e políticos. É bem provável que essa uniformização não seja duradoura, nem é desejável que o seja. Quando as identidades culturais são defendidas de maneira temerosa ou arrogante, elas levam ao comunitarismo e, portanto, ao choque de civilizações.* A diversidade dos vinhos, ao contrário, na medida em que se expressa dentro de um mercado internacional, conduz ao intercâmbio, à descoberta do outro, ao enriquecimento mútuo.

O grande valor do vinho autêntico reside na mescla única de personalidade reconhecível e de variabilidade de um produtor a outro, de uma safra a outra. Da mesma forma que um músico jamais toca sua partitura da mesma maneira, o vinho nunca é o mesmo. Enquanto o vinho de *terroir* é uma iniciação à complexidade, um vinho tecnológico, uma cerveja, uma bebida destilada ou um refrigerante industrial tem sempre o mesmo sabor e cria um costume ao qual logo não se presta mais nenhuma atenção. O imaginário, próprio do cérebro humano, precisa ser estimulado permanentemente. Ou, então, para que serve ter uma longa vida?

Qual é o interesse de associar o automatismo ao exercício das faculdades sensoriais, à reflexão e à ação, em todos os âmbitos da vida humana? Todos apreciamos o desaparecimento progressivo do degradante trabalho repetitivo, em cadeia, substituído por robôs que fazem mais rápido, melhor e mais barato. Mas seria um progresso sujeitar-se

---

* Referência a Huntington e sua teoria sobre o choque de civilizações, publicada em um artigo na revista *Foreign Affairs*, em 1993. (N. T.)

a um universo sensorial banalizado, uniformizado? O risco existe em todos os aspectos: na paisagem, na vestimenta, na língua, na música, no olfato, entre tantos outros. Trata-se de uma ameaça ao bom gosto, pois certos industriais, ainda fascinados pela famosa lei da economia de escala, pensam que há mais lucro em colocar no mercado produtos estandardizados em grande quantidade. No que concerne aos serviços (transportes, bancos, hotéis, ensino, etc.), vemos a mesma situação. Em face da concorrência mundial, a única solução consiste em valorizar a originalidade, em aperfeiçoá-la para que se torne sedutora e desejável.

Para aqueles que tiveram o privilégio de provar um vinho em seu lugar de origem e na companhia de seus autores, qualquer degustação desperta lembranças de atmosferas, paisagens, encontros e momentos compartilhados. Rememorar as terras vinícolas que viram nascer o vinho que agitamos diante de nossos olhos, sob nosso olfato e em nossas papilas, é empreender uma viagem que aumenta consideravelmente o prazer.

As paisagens vitícolas são fascinantes. Desde a crise da filoxera e do abandono do cultivo disperso,[14] elas constituem os espaços agrícolas mais ordenados, embora sejam nuançadas pelos movimentos do terreno, que fazem ondular as fileiras de vinhas ou até impedi-las de crescer, quando se encontram numa encosta demasiado íngreme e em subsolo muito acidentado, como acontece em Banyuls, por exemplo. Nos velhos vinhedos, o parcelamento é muito entrecortado, o que confere à paisagem uma composição de grande efeito estético, ressaltado pelo contraste de cores entre o solo nu e as folhas que trocam de cor, segundo a estação. A satisfação e a emoção nascem de uma natureza elegantemente trabalhada, de um jardim com personalidade. Além do mais, na maior parte dos vinhedos do mundo, tanto do antigo quanto do novo, a prosperidade e a valorização turística permitiram a manutenção do patrimônio arquitetônico ou a criação de magníficas arquiteturas contemporâneas.

É natural, portanto, que a Unesco tenha aprovado a solicitação apresentada por alguns países para classificar, como patrimônio mun-

---

[14] Referência a um método de cultivo antigo que consiste em plantar as vinhas usando a técnica da mergulhia e, assim, deixá-las invadir toda a parcela.

dial da humanidade, alguns de seus belos vinhedos e os tesouros arquitetônicos que ali se encontram. Sete lugares foram aceitos até o momento: o vale da Loire (França), o vale do Alto Douro (Portugal), Cinque Terre (Itália), Ferto Neusiedler See (Áustria e Hungria), a jurisdição de Saint-Émilion (França), Tokaj (Hungria) e o alto vale do Reno (Alemanha).

É preciso agora ir mais longe e criar um elo ainda mais forte entre todos os vinhos e as paisagens de seu lugar de nascimento. Não que se deva renunciar às inovações, às mudanças no cultivo da vinha e às novas construções, visto que um patrimônio deve ser vivo. Mas não podemos deixar que alguns vinhateiros de visão estreita, com o pretexto de utilizar tratores-aranha, eliminem os parapeitos dos terraços de Banyuls, provocando graves riscos de erosão e de destruição do prodigioso desenho traçado por essas estruturas ancestrais. Da mesma forma, seria absurdo permitir que ao pé da Côte d'Or, da montanha de Reims ou de Château-Chalon, construa-se um entreposto qualquer, uma fábrica qualquer, um loteamento qualquer, sem a mínima preocupação estética, a ponto de fazer com que esses símbolos da França só possam ser vistos, tristemente, de baixo para cima. Os documentos que estão sendo preparados para solicitar a classificação dos vinhedos da Champanhe e da Côte d'Or como patrimônio mundial, apresentarão soluções para evitar alguns arranjos um tanto drásticos e oferecerão garantias para o futuro. Essas medidas são necessárias para que perdure a cumplicidade do vinho e da beleza.

Conclusão:
A felicidade de beber vinho

As últimas décadas transformaram a geografia da vinha e do vinho. O primeiro fator desse fenômeno é a adoção, por quase todos os países, de vários hábitos culturais próprios do Ocidente – no terreno da indumentária, da habitação, do ócio, da alimentação e da bebida.

Enquanto a cerveja e os refrigerantes de fabricação americana foram impostos entre os jovens e os pobres, o vinho tornou-se a bebida requintada da elite adulta globalizada. O aparecimento, nos restaurantes, de cartas de vinhos repletas e ecléticas, a multiplicação das adegas e dos bares de vinho em Nova York, Los Angeles, Hong Kong, Tóquio ou Seul são símbolos dessa extraordinária paixão pelo vinho.

Os velhos países produtores do sul da Europa bebem menos, mas bebem melhor. Os novos consumidores esclarecidos não bebem senão os vinhos bons ou muito bons. Mas eles são infinitamente mais curiosos e experimentam tudo, enquanto a maioria dos franceses, dos italianos ou dos espanhóis bebe somente o vinho de seus países ou de sua própria região.

A outra explicação dessa voga irresistível reside nos progressos da viticultura, da vinificação e do cultivo da vinha. O triunfo do vinho de *terroir* sobre o vinho varietal industrial – que, como já dissemos, pode ser benfeito e até agradável – é inegável. Assim que o novo consumidor esgota os prazeres elementares do vinho de mesa, ele procura descobrir novas emoções e passa às produções originais, que refletem o sol, o clima, a safra e os vinhateiros que os fizeram ver a luz, relegando a um segundo plano as características demasiado evidentes da cepa e da madeira de carvalho do barril ou das aparas e até mesmo dos aditivos aromáticos artificiais. Mais ainda, o consumidor determina o gosto do vinho e, com suas compras, influencia os viticultores, como o faziam no passado os ingleses em relação ao bordô ou ao porto.

Esse fato nos remete a um debate bem mais amplo. O bom vinho de *terroir* se revela como um meio de fugir da uniformidade, que é um dos riscos da globalização. É por essa razão que seu futuro está assegurado. As profissões de vinhateiro, comerciante de vinho e *sommelier* têm belos dias pela frente, ainda que nem todos se destaquem pelo talento e pela imaginação. O prazer de beber um bom vinho tende a se decuplicar nos próximos anos. Os aficionados curiosos não sabem mais como excitar suas papilas; é um movimento que não cessa de se intensificar.

O fenômeno da globalização do vinho obriga os velhos países produtores da Europa ocidental a se questionarem. Algumas empresas vitícolas, modestas ou gigantes, deixaram-se persuadir de que a produção de vinhos varietais, simples e limpos, atende a uma demanda mundial. Elas se aferram a essa ideia, bastante confortável, como a uma boia salva-vidas. Sim, talvez isso seja verdade hoje, mas não corresponde às perspectivas de mercado, consideradas a médio e a longo prazo.

Todos os bens culturais cansam quando se tornam homogêneos, ainda que a facilidade ofereça bons resultados, à primeira vista. A partir do momento em que adquirem mais conhecimento, os consumidores se tornam mais exigentes e optam pela qualidade, pela complexidade e pelas nuances, em lugar de se contentarem com a quantidade e as sensações fortes. Toda a história cultural e artística da humanidade demonstra esse fato, em todas as civilizações e em todas as épocas.

A França perderia sua reputação e, portanto, seus mercados, se pretendesse imitar os novos países produtores. Essa seria uma política retrógrada, enquanto produzir vinhos de *terroir* autênticos permite manter a admiração dos conhecedores de todo o mundo. A Itália e a

Espanha já o compreenderam, bem como a Suíça, a Alemanha e a Áustria; seria muito triste se o vinho francês perdesse sua alma.

O amor pelo vinho é hoje capaz de aproximar os homens. É um belo remédio, o mais agradável de todos, contra os mitos do choque de civilizações e do fim da história. Quando elaborado com sensibilidade e sabedoria, o vinho é um meio maravilhoso de tecer um forte elo entre a humanidade e seu meio ambiente, assim como de facilitar a compreensão de suas imensas faculdades e das melhores formas de utilizá-las.

Se o vinho for único, ele permitirá, mesmo não sendo caro, o estabelecimento de frutuosos fluxos econômicos e intercâmbios culturais intensos. É bem verdade que o vinho constitui uma barreira entre o mundo muçulmano e o resto do planeta, a menos que se transfira o diálogo para a esfera poética, na qual o islã se mostrou durante muito tempo incomparável. Infelizmente os cantores do vinho místico tornaram-se raros ao sul do Mediterrâneo e no Oriente!

O vinho utiliza uma linguagem que vem das profundezas da natureza, assim como de nossa alma; ele tem o poder, quando é franco e generoso, de expressar a natureza humana com grandeza. Como disse Colette, em *Prisons et paradis* (*Prisões e paraíso*, 1936), "a vinha torna inteligível o verdadeiro sabor da terra" (*apud* Orizet, 1984, p. 107).

O imenso cortejo dos vinhos do mundo nasce da biodiversidade terrestre, mas também da infinita diversidade cultural das sociedades humanas. A liturgia cristã evoca o "fruto da terra e do trabalho do homem". Trabalho é exato, mas arte seria mais justo. Evidentemente, o vinho tem muito de arte, da mesma forma que a gastronomia. E, ainda assim, surpreende-nos ver que a Academia de Belas Artes francesa, que admitiu em seu seio cineastas, costureiros e fotógrafos, não tenha ainda considerado os cozinheiros e os vinhateiros.

Existe tanta criatividade, requinte e emoção num grande vinho quanto num quadro ou numa escultura magistrais, numa ópera ou num balé. O fato de que a emoção que ele suscita seja fugidia, não o desmerece em nada; ao contrário, só o engrandece. O mesmo ocorre com as interpretações musicais ou a dança, às quais os registros audiovisuais não asseguram mais que uma pobre sobrevivência.

Não devemos negligenciar um aspecto do desenvolvimento "durável": a prosperidade material, condição insuficiente, mas muito propícia ao bem-estar. Hoje, o vinho permite essa prosperidade, quase no mundo inteiro, àqueles que o produzem e comercializam. Podemos até nos arriscar a dizer que o vinho proporciona esse bem-estar aos seus amantes cultivados, estimulando neles a imaginação e o otimismo, sem os quais não se cumpre o destino humano.

Da mesma forma que a cultura geográfica, o vinho ajuda a melhor compreender o outro e seu lugar. Ele opera, portanto, a favor da paz entre os povos. Todos os aficionados que descobrem a complexidade única do bom vinho que vem de outro lugar, esquecem seus preconceitos sobre os estrangeiros. E, quando não compreendem totalmente o que bebem – porque o sabor é novo –, não se sentem tentados a nenhuma reação de repúdio; ao contrário, admitem o mistério do vinho e evocam todas as suas faculdades para decifrá-lo, para aproximar-se mais da sua essência.

O verdadeiro vinho é tão marcado pelo lugar que o viu nascer que pode falar de sua geografia tanto quanto uma paisagem. Citando uma vez mais a conhecedora Colette: "É proveitoso para o espírito e para o corpo – creiam-me – provar o vinho em sua casa, na paisagem que o enriqueceu" (*ibid.*). Mas beber um bom vinho longe de "sua casa" é uma experiência que também pode ser emocionante.

Resta a questão do alcoolismo. Proibir as bebidas alcoólicas, particularmente o vinho, significa abdicar da educação para a responsabilidade. Essa interdição não é, de forma alguma, comparável à que existe contra as drogas "leves" ou "fortes" que, esta sim, corresponde aos poderes públicos, atentos ao bem de sua população, devido à dependência infinitamente mais acentuada e aos efeitos fisiológicos e psicológicos, incontroláveis e, algumas vezes, terríveis, que elas acarretam.

O maior problema está em esclarecer os bebedores compulsivos – principalmente os jovens, ávidos de sensações fortes – acerca dos benefícios de consumir um bom vinho; bebida que não produz efeitos perversos se cada um aprender a conhecer seus limites e habituar-se a não ultrapassá-los, a fim de evitar consequências desagradáveis.

Conclusão: A felicidade de beber vinho

As bebidas fortes produzem embriaguez imediata naquele que não está acostumado, especialmente se estiver em jejum. Essa sensação é atraente para os jovens, pois representa uma espécie de rito de passagem da adolescência à idade adulta. Entretanto, o dia seguinte ao da bebedeira não tem nada de excitante! É preciso, então, criar toda uma pedagogia para ensinar a beber menos e melhor, sem se privar das sensações mais intensas e agradáveis.

Moralizar de maneira negativa é muito contraproducente; por isso, a melhor solução é propor um substituto culturalmente enriquecedor. Uma vez que aprendemos a distinguir um vinho de outro, a exercer o senso crítico e a dominar as sensações, o risco de consumo excessivo diminui consideravelmente. É urgente, portanto, iniciar os jovens na degustação moderada do bom vinho – que não é, necessariamente, caro. Os mais aptos a fazê-lo são os jovens vinhateiros talentosos, que são muito numerosos hoje, em todas as regiões do mundo. Essa missão essencial só cabe a pessoas que falem a mesma linguagem dos jovens e possam mostrar-lhes que o vinho não é uma bebida de "velhos". Basta lançar a moda. O que está em jogo é o futuro desses produtores, que, portanto, deveriam desenvolver sua imaginação para assegurá-lo. Ver os jovens de Nova York, Tóquio ou Pequim bebendo vinho com deleite durante o aperitivo, em bares da moda, deveria fazer refletir.

As seções lúdicas de degustação, organizadas após as aulas nos liceus e nas universidades, como se faz nas grandes escolas ou em certas universidades francesas (HEC,[*] Sciences-Po, Polytechnique, UFR[**] de Geografia de Paris-Sorbonne, etc.), são perfeitamente possíveis, ao menos para os jovens com mais de 18 anos.

Os cantores e atores que apreciam o vinho – eles existem – poderiam também fazer um esforço. Restam os publicitários, aos quais não falta talento, mas seria preciso mudar algumas leis. No caso da França, a lei Évin, muito simplista e ultrapassada, infantiliza e não protege a população mais do que o fez a proibição americana.

---

[*] Escola de Altos Estudos Comerciais de Paris. (N. T.)
[**] Unidade de Formação e Pesquisa. (N. T.)

Durante a maior parte de sua história, o vinho esteve ligado às religiões nascidas no Crescente fértil. Com o decorrer dos séculos, tornou-se uma bebida requintada e universal. Aos poucos, a parte de mistério divino se perdeu, embora não a sacralidade do vinho. É preciso reconhecer que Jonathan Nossiter, o narcisista realizador de *Mondovino*, possui também um paladar educado, além de contar com o dom da palavra, quando se trata de expressar o que o vinho representa para ele:

> O combate pela defesa da individualidade do vinho, pela sobrevivência do sabor singular frente às forças de nivelamento do poder impessoal (especialmente quando este é exercido por um punhado de indivíduos), é, sem dúvida, um combate... que diz respeito a todos. [*E de forma mais explícita ainda:*] Estou absolutamente convencido da faceta religiosa do vinho. É um ato de fé... sejamos crentes ou não. Mas, como em todo ato de fé, há muitas coisas, digamos, "pouco prováveis", que devemos aceitar. Desde o começo até o fim, é preciso ter confiança, e supor que o vinhateiro não trapaceia. (Nossiter, 2007, pp. 16-17, 55)

Além de sua função sagrada, em vias de *aggiornamento*, o vinho sempre foi apreciado como alimento benéfico, como fator de sociabilidade e como fonte de prazer, o que não é pouco. Quanto melhor bebemos, mais descobrimos a riqueza do vinho, mais nos sentimos convidados a respeitar a beleza de nosso planeta e dos talentos humanos que nela se desenvolvem. O vinho ajuda, simplesmente, a amar a condição humana com alegria, e essa não é uma virtude menor.

Mais de sete milênios depois de sua entrada no destino humano, ele não perdeu nada de seu poder de evocação. Conheceu altos e baixos, realizando seus grandes progressos nos períodos de paz, de prosperidade, de graça no campo das belas artes, enquanto seus momentos de decadência coincidiram com as guerras, os períodos de fome, as epidemias, o retrocesso à ignorância e à barbárie. O vinho é um sensível revelador dos estados da civilização, tanto na história quanto na geografia da terra dos homens.

Bibliografia

ABÛ-NUWÂS. *Le vin, le vent, la vie*. Sinbad-Actes Sud, 2003.
AGOSTINI, Hanna. *Robert Parker. Anatomie d'un mythe*. Paris: Scali, 2007.
ALGAZE, Guillermo. "Fourth millenium B. C. Trade in Greater Mesopotamia: did it included wine?". Em Patrick E. McGovern *et al.* (orgs.). *The Origins and Ancient History of Wine*. Amsterdã: Gordon & Breach, 2000.
AMBROSI, H. *et al*. *Guide des cépages. 300 cépages et leurs vins*. Stuttgart: Eugen Ulmer, 1997.
ANDO, Valeria. "Vin et mania". Em Dominique Fournier & Salvatore D'Onofrrio (orgs.). *Le ferment divin*. Paris: Éditions de la MSH, 1991.
ARGOD-DUTARD, Françoise *et al.* (orgs.). *Voyage aux pays du vin. Histoire, anthologie, dictionnaire*. Paris: Robert Laffont, 2007.
BARRELET, J. *La verrerie en France de l'époque gallo-romaine à nos jours*. Paris: Larousse, 1953.
BARRÈRE, Christian. "Un processus évolutionnaire de création institutionnelle d'une convention de qualité". Em *Economie Appliquée*, nº 3, número especial, 2003.
BARRIÈRE, Hélène & PEYREBONNE, Nathalie (orgs.). *L'Ivresse dans tous ses états en littérature*. Arras: Artois Presses Université, 2004.
BARTHES, Roland. *Mythologies*. Coleção Points. Paris: Seuil, 2007.
BASTIAN, Jean-Paul. *La vigne, le vin: atout pour la France*. Relatório apresentado ao Conseil Économique et Social, Paris, 2008.

BATTISTINI, Olivier. "Aristote, le vin pur et la mélancolie". Em Françoise Argod-Dutard *et al.* (orgs.). *Voyage aux pays du vin. Histoire, anthologie, dictionnaire.* Paris: Robert Laffont, 2007.

BAZIN, Jean-François. *Le vin de Californie.* Paris: Denoël, 1983.

_____. *Paul Masson. Le français qui mit en bouteilles l'or de la Californie.* Saint-Cyr-sur-Loire: Alan Sutton, 2002.

_____. *Le vin bio, mythe ou réalité?* Paris: Hachette, 2003.

_____ & MIGNOTTE, Alain. *Pour le meilleur et pour le kir. Le roman d'un mot-culte.* Mâcon: JPM, 2002.

BELLANGER, Jacquelin. *Verre d'usage et de prestige. France 1500-1800.* Paris: Les Éditions de L'Amateur, 1998.

BENSOUSSAN, Maurice. *Vineland. Une histoire du vin aux États-Unis.* Paris: L'Arganier, 2006.

BIENMILLER, D. "Château-Chalon. Clavelin". Em Claude Royer *et al.* (orgs.). *Gamay noir et savagnin.* Belfort: France-Régions, 1988.

BIHAUT, Sylvain. *Le vin authentique.* Paris: Sang de la Terre, 1993.

BILLIARD, Raymond. *La vigne dans l'Antiquité.* Lyon: Lardanchet, 1913.

BLANCHON, Flora (org.). *Savourer, goûter, Asie III.* Paris: PUPS, 1995.

BONAL, François. *Anthologie du champagne.* Langres: Dominique Guéniot, 1990.

_____. *Dom Pérignon, vérité, légende.* Langres: Dominique Guéniot, 1995.

BONAVIA, Judy. *Route de la soie de Xi'an à Kashgar.* Genebra: Olizane, 1995.

BOTTÉRO, Jean. "La plus vieille histoire du vin". Em *L'Histoire du vin. Une histoire de rites*, Paris, OIV, 1997.

_____. *Au commencement étaient les dieux.* Paris: Tallandier, 2004.

_____. *La plus vieille cuisine du monde.* Paris: Louis Audibert, 2002.

BOUCHER, François. "Le vin sauvage de Duan (Chine)". Em *La Tribune*, 24-08-2001.

BOUDAN, Christian. *Géopolitique du goût. La guerre culinaire.* Paris: PUF, 2004.

BOUVIER, Michel. *Les saveurs du vin antique.* Paris: Errance, 2001.

_____. *Les vins de l'Antiquité. À la recherche des saveurs d'autrefois.* Paris: Jean-Paul Richer, 2007.

BRÈTHES, Jean-Pierre. "Alexandre et Dionysos". Em Françoise Argod-Dutard *et al.* (orgs.). *Voyage aux pays du vin. Histoire, anthologie, dictionnaire.* Paris: Robert Laffont, 2007.

BRILLAT-SAVARIN, Anthelme. *Physiologie du goût.* Paris: Julliard, 1965.

BROSHI, Magen. "Wine in ancient Palestine: introductory notes". Em *The Israel Museum Journal*, nº 3, 1984. Reimpresso em Magen Broshi, *Bread, wine, walls and scrolls*. Londres: Sheffield Academic Press, 2001.
_____. "Date beer and date wine in Antiquity". Em *Palestine Exploration Quarterly*, 139 (1), 2007.
BRUN, Jean-Pierre, POUX, Matthieu & TCHERNIA, André (orgs.). *Le vin. Nectar des dieux. Génie des hommes*. Gollion: Infolio, 2004.
CAPUS, J. *L'Évolution de la législation sur les Appellations d'Origine. Genèse des Appellations Contrôlées*. Paris: INAO, 1947.
CARBONNEAU, Alain & CARGNELLO, Giovanni. *Architectures de la vigne et systèmes de conduite*. Paris: Dunod, 2003.
CARIOU, Alain. *Le jardin saccagé. Anciennes oasis et campagnes de l'Ouzbékistan*. Tese de doutorado em geografia, Université Paris-Sorbonne, 2002.
CAVIGNAC, Jean. "Le vin dans les caves et les caves et les chais des négociants bordelais au XIXe siècle". Em *Les boissons: production et consommation aux XIXe et XXe siècles*. Col. Actes du 106e Congrès national des sociétés savantes, Perpignan 1981, section Histoire moderne et contemporaine, vol. 1. Paris: CTHS, 1984.
CHAFETZ, Morris E. *Du bon usage de l'alcool*. Paris: Robert Laffont, 1966.
CHAMPENOISES. CHAMPAGNE 2000. Fourmies, Écomusée de la région de Fourmies Trélon, Atelier-musée du verre de Trélon, 2000.
CHARACHIDZÉ, Georges. *Le système religieux de la Géorgie païenne*. Paris: La Découverte, 2001.
CHEBEL, Malek. *Anthologie du vin et de l'ivresse en Islam*. Paris: Seuil, 2004.
CHIBA, Machiko & WHELEHAN, J. K. *Japanese dishes for wine lovers*. Tóquio: Kodansha, 2005.
CHO LEE, Jeannie. "L'Asie a la fièvre des grands vins français!". Em *Revue du Vin de France*, jul.-ago. 2008.
CHOPINET, Marie-Hélène. "Évolution des mélanges vitrifiables et de la composition chimique des bouteilles de Champagne". Em *Verre*, 6 (5), set.-out. 2000.
CLAVEL, Jean. *Mondialisation des vins. Vins INOQ ou vin OMC*. Bordeaux: Féret, 2008.
CLÉMENT, J.-F. "Les obligations de boire du vin dans l'islam". Em *Bulletin de la Société Française d'Alcoologie*, nº 3, 1982.

COULON, Christian. "L'ivresse des soufis: les ambiguïtés du vin dans la civilisation arabo-musulmane". Em *Le vin dans ses oeuvres*. Talence: Cepdivin, 2004. Reproduzido em ARGOD-DUTARD, Françoise *et al.* (orgs.). *Voyage aux pays du vin*. Paris: Robert Laffont, 2007.

COURTOIS, Martine. "Les ferments interdits dans la Bible". Em Dominique Fournier & Salvatore D'Onofrio (orgs.). *Le ferment divin*. Paris: Éditions de la Maison des Sciences de l'Homme, 1991.

CREIGNOU, Michel. "Épaule à la bordelaise". Em *L'amateur de bordeaux*, nº 66, dez. 1999.

DARBY, H.C. *Domesday England*. Cambridge: Cambridge University Press, 1977.

DASPET, Françoise. "La cité latine". Em Françoise Argod-Dutard *et al.* (orgs.). *Voyage aux pays du vin*. Paris: Robert Laffont, 2007.

DAUTREMER, J. "Situation de la vigne dans l'empire du Japon". Em *Transactions of the Asiatic Society of Japan*, nº XIV, 1886.

DE KONINCK, Rodolphe. "La géographie de la vigne et du vin: quoi lire?". Em *Cahiers de géographie du Québec*, 37 (102), dez. 1993.

DEMIÉVILLE, Paul. *Anthologie de la poésie chinoise classique*. Paris: Gallimard, 1962.

DEPROST, Michel. *Beaujolais. Vendanges amères*. Villeurbanne: Golias, 2004.

DERMENGHEM, Émile. *L'Éloge du vin (al khamriya). Poème mystique d'Ibn Al Fâridh*. Paris: Véga, 2002.

DETIENNE, Marcel. *Dionysos à ciel ouvert*. Col. Pluriel. Paris: Hachette, 1998.

DEVROEY, Jean-Pierre. *L'Éclair d'un bonheur. Une histoire de la vigne en Champagne*. Paris: La Manufacture, 1989.

DICKENSON, J. P. & SALT, J. "In vino veritas: an introduction to the geography of wine". Em *Progress in Human Geography*, 6 (2), 1982.

DION, Roger. "Querelles des anciens et des modernes sur les facteurs de la qualité du vin". Em *Annales de géographie*, nº 328, nov.-dez. 1952.

_____. *Histoire de la vigne et du vin en France des origines au XIXe siècle*. Paris: Chez l'Auteur, 1959.

_____. *Le paysage et la vigne, études réunies par Jean-Robert Pitte*. Paris: Payot, 1990.

DOMINÉ, André. *Le vin*. Paris: Éditions Place des Victoires, 2003.

DUFOUR, Jean-Jacques. *Le guide du vigneron américain*. Vevey: Éditions La Valsainte, 2000.

DUMAS, Alexandre. *Voyage au Caucase*. Paris: Hermann, 2002.

DUPONT, Pierre. *Kveri. Regards sur la culture du vin en Géorgie*. Ambérieu: Château des Allymes, 2000.

DUPUY, Bernard. "L'Eucharistie et le Seder pascal juif". Em *La table et le partage*. Paris, La Documentation Française (Rencontres de l'École du Louvre), 1986.

ENJALBERT, Henri. *Histoire de la vigne et du vin. L'avènement de la qualité*. Paris: Flammarion, 1975.

EURÍPIDES. *Les Bacchantes*. Paris: Éditions de Minuit, 2005.

FEREDJ, Roland. *O. P. A. sur la viticulture. Entre fatalité et espoir*. Bordeaux: Féret, 2007.

FERNANDEZ, Jean-Luc. *La critique vinicole en France*. Paris: L'Harmattan, 2004.

FISCHLER, Claude. *Du vin*. Paris: Odile Jacob, 1999.

FLOURETZOS, Pavlos. "La production de vin chypriote à l'époque préhistorique". Em Jean-Pierre Brun *et al.*, *Le vin. Nectar des dieux. Génie des hommes*. Gollion: Infolio, 2004.

FRONTISI-DUCROUX, Françoise. "Qu'est-ce qui fait courir les ménades?". Em Dominique Fournier & Salvatore D'Onofrio (orgs.). *Le ferment divin*. Paris: Éditions de la Maison des Sciences de l'Homme, 1991.

FUKUZAWA, Yukichi. *La vie du vieux Fukuzawa racontée par lui-même*. Paris: Albin Michel, 2007.

GADILLE, Rolande. *Le vignoble de la côte bourguignonne*. Paris: Les Belles Lettres, 1967.

GALAS, Jacques. *Vignes et vins dans la Méditerranée gallo-romaine*. Le Pontet: Éditions Barthélémy, 2003.

GALET, Pierre. *Dictionnaire encyclopédique des cépages*. Paris: Hachette, 2000.

GARRIER, Gilbert. *Le phylloxera. Une guerre de trente ans. 1870- 1900*. Paris: Albin Michel, 1989.

_____. *Histoire sociale et culturelle du vin*. Paris: Bordas, 1995.

_____. *Les mots de la vigne et du vin*. Paris: Larousse, 2001.

GAUTIER, Jean-François. *Histoire du vin*. 2ª ed. Paris: PUF, 1996.

GENTELLE, Pierre. "Alcools et eaux de vie en Chine". Em Alain Huetz de Lemps & Philippe Roudié (orgs.). *Eaux de vie et spiritueux*. Bordeaux: Éditions du CNRS, 1985.

GERBELLE, Antoine & MAURANGE, Philippe. *Les meilleurs vins à petits prix 2009*. Paris: La Revue du Vin de France, 2008.

GINESTET, Bernard. *Thomas Jefferson à Bordeaux et dans quelques autres vignes d'Europe*. Bordeaux: Mollat, 1996.

GIRARD, René. *Achever Clausewitz: entretiens avec Benoît Chantre*. Paris: Carnets Nord, 2007.

GIROIR, Guillaume. "Vin, mondialisation et civilisation en Chine". Comunicação no simpósio *A vinha e o vinho na cultura europeia*, Faculdade de Letras da Universidade do Porto, 2001.

GIVELET, Jacques. "L'évolution de la verrerie champenoise". Em M. André & M. de Paepe (org.). *La verrerie champenoise. Charbonneaux BSN. Reims, de 1870 à nos jours*. Die: La Manufacture, 1984.

GLASSNER, Jean-Jacques. "Les dieux et les hommes. Le vin et la bière en Mésopotamie ancienne". Em Dominique Fournier & Salvatore d'Onofrio (orgs.). *Le ferment divin*. Paris: Éditions de la Maison des Sciences de l'Homme, 1991.

GOBIEN, Charles de. *Lettres édifiantes et curieuses écrites des Missions étrangères. Mémoires du Levant*, vol. 3. Lyon: Vernarel & Cabin, 1819.

GODINOT, Jean. *Manière de cultiver la vigne et de faire du vin en Champagne, et ce qu'on peut imiter dans les autres provinces pour perfectionner les vins*. Reims, 1718.

GOETHE, *La Fête de Saint Roch à Bingen (16 août 1814)*. Paris: Allia, 1996.

GORNY, Ronald L. "Viticulture and ancient Anatolia". Em Patrick E. McGovern *et al.* (orgs.). *The Origins and Ancient History of Wine*. Amsterdã: Gordon & Breach, 2000.

GRIMOD DE LA REYNIÈRE, Alexandre Balthazar Laurent). *Écrits gastronomiques*. Paris: 10/18, 1978.

GRÜN, Anselm. *Petite méditation sur les fêtes de Noël*. Paris: Albin Michel, 1999.

GUASCH-JANÉ, Maria Rosa *et al.* "First evidence of white wine in ancient Egypt from Tutankhamun's tomb". Em *Journal of Archeological Science*, nº 33, 2006.

GUILAINE, Jean. *La mer partagée. La Méditerranée avant l'écriture*. Paris: Hachette, 1994.

GUY, Kolleen M. *When champagne became French*. Baltimore/Londres: John Hopkins University Press, 2003.

HAFEZ DE SHIRAZ. *Le Divân*. Trad. Charles-Henri de Fouchécour. Lagrasse: Verdier, 2006.
HANI, Jean. "Nourriture et spiritualité". Em Simone Vierne, *L'Imaginaire des nourritures*. Grenoble: Presses Universitaires de Grenoble, 1989.
HELL, Bertrand. "La force de la bière. Approche d'une récurrence symbolique dans les systèmes de représentations de l'Europe nord-occidentale". Em Dominique Fournier & Salvatore D'Onofrio (orgs.). *Le ferment divin*. Paris: Éditions de la Maison des Sciences de l'Homme, 1991.
HÉRAIL, Francine. "Lettres d'Europe". Em *Le Japon et la France. Images d'une découverte*. Paris: Publications Orientalistes de France, 1974.
HOVHANNISYAN, Ara. "Le vignoble d'Arménie: production emblématique". Em *La Géographie*, 1527, dez. 2007, edição especial nº 2.
HUCHON, Mireille. *Édition commentée du Gargantua de Rabelais*. Paris: Le Livre de Poche, 2007.
HUET-BRICHARD, Marie-Catherine. *Dionysos et les bacchantes*. Paris: Éditions du Rocher, 2007.
HUETZ de LEMPS, Alain. *Vignobles et vins d'Espagne*. Bordeaux: PUB, 1993.
_____ (org.). *Géographie historique des vignobles*. 2 vols. Bordeaux: Éditions du CNRS, 1978.
_____ & ROUDIÉ, Philippe (orgs.). *Eaux de vie et spiritueux*. Bordeaux: Éditions du CNRS, 1985.
_____. *Le vin de Madère*. Grenoble: Glénat, 1989.
_____. *Vignobles et vins d'Espagne*. Bordeaux: PUB, 1993.
_____. "La diversité des vins liquoreux". Em *Os vinhos licorosos e a história*. Funchal: Centro de Estudos de História do Atlântico, 1998.
_____. "Essor et déclin du vignoble d'Algérie". Em *Actes de l'Académie de Bordeaux*, XXIV, 1999 2000.
JEANMAIRE, Henri. *Dionysos. Histoire du culte de Bacchus*. Paris: Payot, 1991. [1ª ed. 1951.]
JENNAR, Raoul Marc. *Menaces sur la civilisation du vin*. Bruxelas: Les Éditions Aden, 2007.
JOFFRIN, Laurent. *La Gauche caviar*. Paris: Robert Laffont, 2006.
JOHNSON, Hugh. *Une histoire mondiale du vin de l'Antiquité à nos jours*. Paris: Hachette, 1990.
_____ & ROBINSON, Jancis. *L'Atlas mondial du vin*. Paris: Robert Laffont/Flammarion, 1985/2002.

JOUANNA, Jacques & VILLARD, Laurence (orgs.). *Vin et santé en Grèce ancienne*. Série Bulletin de Correspondance Hellénique, vol. 40. Paris: de Boccard, 2002.

KAUFFMANN, Jean-Paul. *Le Bordeaux retrouvé*. Edição independente, 1989.

_____. "Le liège du temps". Em Claude Fischler (org.). *Manger magique*. Paris: Autrement, 1994.

KAZAMA, Keïchi. "Nihon no wine". Em Ami Guichard. *Le grand livre du vin*, edição japonesa. Lausanne: Edita, 1969.

KEHREN, Lucien. *La route de Samarkand au temps de Tamerlan. Relation du voyage de l'ambasssade de Castille à la cour de Timour Beg par Ruy Gonzalez de Clavijo (1403-1406)*. Paris: Imprimerie Nationale, 2006.

KOSLER, Rainer. *Flasche, Bottle und Bouteille. Faszination eines Hohlgrases*. Ismaning: WKD, 1998.

KOURAKOU-DRAGONA, Stavroula (org.). *Le Santorin de Santorin*. Atenas: Fondation Fany Boutari, 1995.

_____. *Un cratère rempli d'euphorie*. Atenas: Éditions Lucy Bragiotti, 1999.

KRAU, E. *Le vin dans la Bible*. Dijon: Librairie L. Venot, 1939.

KUSTER, Raymond. *Les bouteilles de Frédéric l'Ancêtre*. Nancray: Éditions du Folklore Comtois, 2005.

LABRUYÈRE. Aurélie, SCHIRMER, Raphaël & SPURR, Marjorie. *Les vins de France et du monde*. Paris: Nathan, 2006.

LACHIVER, Marcel. *Vin, vigne et vignerons en région parisienne du XVIIe au XIXe siècle*. Pontoise: Société Historique du Val d'Oise, 1982.

_____. *Vins, vignes, vignerons. Histoire du vignoble français*. Paris: Fayard, 1988.

LAGRANGE, Marc. *Le vin en fêtes de Dionysos à saint Vincent*. Bordeaux: Féret, 2003.

_____. *Le vin et la médecine. À l'usage des bons vivants et des médecins*. Bordeaux: Féret, 2004.

LANVERSIN, Jacques de. "Lettre d'un vigneron iconoclaste". Em *La Revue du Vin de France*, nov. 1993.

LAUBENHEIMER, Fanette. *Le temps des amphores en Gaule. Vins, huiles et sauces*. Paris: Errance, 1990.

_____. "Amphores et dolia". Em Jean-Pierre Brun *et al.* (orgs.). *Le vin. Nectar des dieux. Génie des hommes*. Gollion: Infolio, 2004.

Bibliografia

LAUFER, Berthold. *Sino-iranica. Chinese contributions to the history of civilization in ancient Iran. With special reference to the history of cultivated plants and products.* Taipei: Ch'eng-wen Publishing Company, 1967.

LAVAUD, Sandrine. "Ferments d'une civilisation viticole". Em Françoise Argod-Dutard *et al.* (orgs.), *Voyage aux pays du vin*. Paris: Robert Laffont, 2007.

LEFORT, Corinne. "Algérie, 1830-1962. Les pieds-noirs rois de la vigne". Em *La Revue du Vin de France*, set. 2008.

LE GARS, Claudine & ROUDIÉ, Philippe (orgs.). *Des vignobles et des vins à travers le monde*. Bordeaux: Presses Universitaires de Bordeaux, 1996.

LÉGLISE, Max. *La vigne et le vin entre ciel et terre*. Paris: Les Éditions du Vin, 2007.

LEGOUY, François. "Terroirs, AOC et qualité". Atas do simpósio internacional *Les Terroirs*, Aix, Ceramac, 2007.

LE GRIS, Michel. *Dionysos crucifié. Essai sur le goût du vin à l'heure de sa production industrielle*. Paris: Syllepse, 1999.

LELONG, Maurice. *Le pain, le vin et le fromage*. Forcalquier: Robert Morel, 1972.

LENFANT, Dominique. "Le vin dans les stéréotypes ethniques des Grecs (du rôle de la norme en ethnographie)". Em Jacques Jouanna & Laurence Villard (orgs.). *Vin et santé en Grèce ancienne*. Série Bulletin de Correspondance Hellénique, vol. 40. Paris: de Boccard, 2002.

LEVEL, Brigitte. *Le Caveau. Société bachique et chantante. 1726-1939.* Paris: Presses de l'Université de Paris-Sorbonne, 1988.

LIGNON-DARMAILLAC (Sophie). *Les grandes maisons du vignoble de Jerez (1834-1992)*. Madri: Casa de Velasquez, 2004.

_____. *Vignobles et tourisme en France*. Dissertação de pós-graduação, Paris, Université Paris-Sorbonne, 2008.

LISSARAGUE, François. *Un flot d'images. Une esthétique du banquet grec.* Paris: Adam Biro, 1987.

LOMBARDI SATRIANI, Luigi. "Un itinéraire du vin. Via-Verità-Vite". Em Dominique Fournier & Salvatore D'Onofrio (orgs.). *Le ferment divin*. Paris: Éditions de la Maison des Sciences de l'Homme, 1991.

LONGO, Oddone. "Le liquide qui ne fermente pas". Em Dominique Fournier & Salvatore D'Onofrio (orgs.). *Le ferment divin*. Paris: Éditions de la Maison des Sciences de l'Homme, 1991.

LOUBES, Jean-Paul. *Architecture et urbanisme de Turfan. Une oasis du Turkestan chinois*. Paris: L'Harmattan, 1998.

LUKACS, Paul. *American Vintage. The Rise of American Wine*. Boston/Nova York, Houghton Mifflin, 2000.

MCCOY, Elin. *The emperor of wine. The rise of M. Parker Jr and the reign of American taste*. Nova York: Harper, 2006.

McGOVERN, Patrick E. *et al.* (orgs.). *The origins and ancient history of wine*. Amsterdã: Gordon and Breach, 2000.

_____. *Ancient Wine. The search for the origins of viniculture*. Princeton: Princeton University Press, 2003.

MARGALIT, Yair. *Concepts in wine technology*. San Francisco: The Wine Appreciation Guild, 2004.

MARINVAL, Philippe. "Vigne sauvage et vigne cultivée dans le bassin méditerranéen. Émergence de la viticulture. Contribution archéobotanique". Em *L'Histoire du vin. Une histoire de rites*, Paris, OIV, 1997.

MARLIÈRE, Édith. *L'Outre et le tonneau dans l'Occident romain*. Montaganc: Éditions Monique Mergoil, 2002.

MARTY, Alain. *Ils vont tuer le vin français*. Paris: Ramsay, 2004.

MATTHEWS, Patrick. *Real Xine. The rediscovery of natural winemaking*. Londres: Mitchell Beazley, 2000.

MAUDUIT, Christine. "Les raisins de la colère: vin, humeurs et tempéraments dans la littérature grecque". Em Jacques Jouanna & Laurence Villard (orgs.). *Vin et santé en Grèce ancienne*. Série Bulletin de Correspondance Hellénique, vol. 40. Paris: de Boccard, 2002.

MAURY, Dr. M. A. *Soignez-vous par le vin*. Paris: Jean-Pierre Delarge, 1974.

MESLIN, Michel. "Le symbolisme de la vigne dans l'ancien Israël et je judaïsme ancien". Em Françoise Argod-Dutard *et al.* (orgs.). *Voyage aux pays du vin*. Paris: Robert Laffont, 2007.

MEZGHANI-MANAL, Mounira. "En pays d'Islam". Em Françoise Argod-Dutard *et al.* (orgs.). *Voyage aux pays du vin*. Paris: Robert Laffont, 2007.

MICHEL, Guy-Jean. *Verriers et verreries en Franche-Comté*. Vesoul: Erti, 1989.

MONTEIL, Vincent-Mansour. "Introduction critique à Abû Nuwâs". Em Abû Nuwâs, *Le Vin, le vent, la vie*. Sinbad-Actes Sud, 1998.

MOURET, Jean-Noël. *Le vin des écrivains. Vins de France*. Paris: Mercure de France, 1999.

MUSSET, Benoît. *Vignobles de Champagne et vins mousseux. Histoire d'un mariage de raison. 1650-1830*. Paris: Fayard, 2008.

NOËL, Marie-Pierre. "Vin, ivresse et démocratie chez Platon". Em Jacques Jouanna & Laurence Villard (orgs.). *Vin et santé en Grèce ancienne*. Série Bulletin de Correspondance Hellénique, vol. 40. Paris» de Boccard, 2002.

NOSSITER, Jonathan. *Le goût et le pouvoir*. Paris: Grasset, 2007.

NOURRISSON, Didier. *Le buveur du XIXe siècle*. Paris: Albin Michel, 1990.

NOZAWA, Joji. *Le Bordeaux, les Hollandais et le shogun*. Dissertação de mestrado inédita, sob a orientação de Jean-Pierre Poussou, Université Paris-Sorbonne, 2003.

ORIZET, Louis & ORIZET, Jean. *Les cent plus beaux textes sur le vin*. Paris: Le Cherche Midi, 1984.

ORSINI, André. "Le dialogue des maisons de négoce et des maîtres des verreries au XIXe siècle, entre 1800 et 1965". Em *Verre*, 6 (5), set.-out. 2000.

PATURET, Jean-Bernard. "Le vin du Déluge (diluvium)". Em *L'Histoire du Vin. Une histoire de rites*, Paris, OIV, 1997.

PAUL, Harry W. *Bacchus sur ordonnance*. Paris: PUF, 2005.

PERARD, Jocelyne & PERROT, Maryvonne (orgs.). *Le vin et les rites*. Atas dos *1ères Rencontres du Clos-Vougeot 2007*, Dijon, Chaire Unesco Culture et Traditions du Vin, 2008.

PERDUE (Lewis). *Le paradoxe français*. Avignon: A. Barthélémy, 1995.

PETERS-DESTÉRACT, Madeleine. *Pain, bière et toutes bonnes choses. L'alimentation dans l'Égypte ancienne*. Paris: Éditions du Rocher, 2005.

PETRONIO, Roberto. "Deux géants dans l'arène. Vega-Sicilia face à Cheval Blanc". Em *La Revue du Vin de France*, nov. 2008.

PEYNAUD, Émile. *Le goût du vin*. Paris: Dunod, 1980.

_____. *Oenologue dans le siècle. Entretiens avec Michel Guillard*. Paris: La Table Ronde, 1995.

_____. *Le vin et les jours*. 2ª ed. Paris: Payot, 1996.

PIJASSOU, René. *Le Médoc*. 2 vols. Paris: Tallandier, 1980.

PIMPANEAU, Jacques. *Célébration de l'ivresse*. Arles: Philippe Picquier, 2000.

PIOVANO, Irma. "Les aliments et les boissons dans le Ramayana". Em Flora Blanchon (org.). *Savourer, goûter, Asie III*. Paris: PUPS, 1995.

PITTE, Jean-Robert. "Remarques sur la formation du vignoble du Bugey". Em Alain Huetz de Lemps (org.). *Géographie historique des vignobles,* vol. 1. Bordeaux: Éditions du CNRS, 1978.

_____. *Histoire du paysage français.* Paris: Tallandier, 1983. Reproduzido em J.-R. Pitte, *Géographie culturelle.* Paris: Fayard, 2006.

_____. "Vignobles et vins du Japon" (1983). Reproduzido em J.-R. Pitte, *Géographie culturelle.* Paris: Fayard, 2006.

_____. "Vin des brumes. La renaissance de la viticulture dans les îles britanniques" (1988). Reproduzido em J.-R. Pitte, *Géographie culturelle.* Paris: Fayard, 2006.

_____. "Un géographe du vouloir humain. Préface à Roger Dion". Em Roger Dion. *Le Paysage et la vigne.* Paris: Payot, 1990.

_____. *Gastronomie française.* Paris: Fayard, 1991. Reproduzido em J.-R. Pitte, *Géographie culturelle.* Paris: Fayard, 2006.

_____. "La marche vers la qualité des vignobles du sud de la Nouvelle- Zélande" (1992). Reproduzido em J.-R. Pitte, *Géographie culturelle.* Paris: Fayard, 2006.

_____ (org.), "La nouvelle planète des vins". Em *Annales de Géographie,* nº 614-615, jul.-out. 2000.

_____. "Les espaces de la bonne chère à Paris à la fin du XVIIIe siècle" (2001). Reproduzido em J.-R. Pitte, *Géographie culturelle.* Paris: Fayard, 2006.

_____. "La nouvelle géographie des vins français" (2004). Reproduzido em J.-R. Pitte, *Géographie culturelle.* Paris: Fayard, 2006.

_____. *Le vin et le divin.* Paris: Fayard, 2004. Reproduzido em J.-R. Pitte, *Géographie culturelle.* Paris: Fayard, 2006.

_____. *Bordeaux Bourgogne. Les passions rivales.* Paris: Hachette, 2005.

_____. "Les formes de bouteilles en Europe du XVIIIe siècle à leur diffusion mondiale". Em Christophe Bouneau & Michel Figeac (orgs.). *Le verre et le vin de la cave à la table du XVIIe siècle à nos jours.* Bordeaux: Maison des Sciences de l'Homme d'Aquitaine, 2007a.

_____. "Regards sur un monde qui change". Em Olivier Loiseaux (org.). *Trésors photographiques de la Société de Géographie.* Grenoble: Glénat, 2007b.

PIVOT, Bernard. *Dictionnaire amoureux du vin.* Paris: Plon, 2006.

PLANHOL, Xavier de. "Grandeur et décadence du vignoble de Trébizonde". Em Huetz de Lemps *et al. Les vins de l'impossible.* Grenoble: Glénat, 1990.

_____. "Le vin de Chirâz". Em Huetz de Lemps *et al. Les vins de l'impossible.* Grenoble: Glénat, 1990.

_____. "Le vin de l'Afghanistan et de l'Himalaya occidental". Em Huetz de Lemps *et al. Les vins de l'impossible.* Grenoble: Glénat, 1990.

_____. *L'Eau de neige. Le tiède et le frais.* Paris: Fayard, 1995.

PONCHON, Raoul. *Spirilège.* Lyon: CapAxios, 2008.

POWELL, Marvin A. "Wine and the vine in ancient Mesopotamia". Em Patrick E. McGovern *et al.* (orgs.). *The Origins and Ancient History of Wine.* Amsterdã: Gordon & Breach, 2000.

QUELLIER, Florent. *La table des français. Une histoire culturelle (XVe-début XIXe siècle).* Rennes: PUR, 2007.

RAGACHE, Gilles. *Vignobles d'Île-de-France.* Etrepilly: Presses du Village, 2005.

REBOUX, Paul. *Et voici les vins d'Algérie.* Argel: Agence Française de Librairie, 1945.

REHBY, Hervé. "Le vin et la vigne dans la tradition juive". Em Françoise Argod-Dutard *et al.* (orgs.), *Voyage aux pays du vin.* Paris: Robert Laffont, 2007.

RÉZEAU, Pierre. *Le dictionnaire des noms de cépages en France.* Paris: Éditions du CNRS, 1997.

RIBÉREAU-GAYON, Pascal (org.). *Atlas Hachette des vins de France.* Paris: Hachette, 2000.

RICHER, Adrien. *Nouvel essai sur les grands evenemens par les petites causes, tiré de l'histoire.* Amsterdã, 1759.

RIGAUX, Jacky. *Le terroir et le vigneron.* Clémencey: Terre en Vues, 2006.

ROBERT, Philippe de. "La viticulture et sa symbolique dans l'ancien Israël: les 'Vignes du Seigneur'". Em Bernard Charlery de La Masselière (org.). *Fruits des terroirs, fruits défendus.* Toulouse: Presses Universitaires du Mirail, 2004.

ROBINSON, Jancis. *The Oxford Companion to Wine.* 3ª ed. Oxford: Oxford University Press, 2006.

ROTHSCHILD, Edmond de. *Le culte du vin.* Paris: Gallimard, 1997.

ROUDIÉ, Philippe. "La mystérieuse bordelaise". Em *L'Amateur de Bordeaux,* ago. 1984.

_____. "Vignes et vins des tropiques et du tiers-monde. Une vieille histoire, une expansion récente". Em *Pauvreté et développement dans les pays tropicaux. Hommage à Guy Lasserre*. Bordeaux: CEGET/CRET, 1989. Reproduzido em Alain Huetz *et al. Les vins de l'impossible*. Grenoble: Glénat, 1990.

_____. *Vignobles et vignerons du Bordelais (1850-1980)*. Paris: Éditions du CNRS, 1988. [2ª ed. Bordeaux: PUB, 1994.]

ROYER, Claude. *Les Vignerons. Usages et mentalités des pays de vignobles*. Paris: Berger-Levrault, 1980.

_____ *et al.* (org.). *Gamay noir et savagnin*. Belfort: France-Régions, 1988.

RUSISHVILI, Nana. *The grape vine culture in Georgia on basis of paleobotanical data*. Tbilissi: Mteni Association, 2007.

SASAKI, Hiroshi. "Viticulture in Yamagata, Japan". Em *Tsukuba Studies in Human Geography*, nº 3, 1984.

SAVEROT, Denis & SIMMAT, Benoist. *In vino satanas*. Paris: Albin Michel, 2008.

SCHIRMER, Raphaël. "Le regard des géographes français sur la vigne et le vin (fin XIXe-XXe siècle)". Em *Annales de Géographie*, nº 614-615, 2000.

_____. "Le Chili, un vignoble à la conquête du monde". Em *Cahiers d'Outre-Mer*, nº 231-232, 2005.

SEWARD, Desmond. *Les Moines et le vin*. Paris: Pygmalion, 1982.

SHAFER, Edward E. *The golden peaches of Samarkand, a study of T'ang exotics*. Berkeley/Los Angeles, University of California, 1963.

SILLIÈRES, Pierre. "La viticulture et le vin dans l'Antiquité". Em Françoise Argod-Dutard *et al.* (orgs.), *Voyage aux pays du vin*. Paris: Robert Laffont, 2007.

SMITH, Andy, MAILLARD, Jacques de & COSTA, Olivier. *Vin et politique. Bordeaux, la France, la mondialisation*. Paris: Presses de Sciences-Po, 2007.

SOETENS, Johan. *In glas verpakt. Packaged in glass. European bottles. Their history and production*. Amsterdã: De Bataafsche Leeuw, 2001.

STÉTIÉ, Salah. *Le vin mystique et autres lieux spirituels de l'Islam*. Paris: Albin Michel, 2002.

STRONACH, David. "The imaginary of the wine bowl: wine in Assyria in the early first millenarium B.C.". Em Patrick E. McGovern *et al.*

(orgs.). *The Origins and Ancient History of Wine*. Amsterdã: Gordon & Breach, 2000.

SUGIMORI, Hisahide. *Tenno no ryoriban*. Tóquio: Shueisha, 1982.

SUTTON, Keith. "Algeria's vineyards: An islamic dilemna and a problem of decolonisation". Em *Journal of Wine Research*, nº 1, 1990.

SYS, Jacques. "De l'ivresse de Noé au corps du Christ". Em Hélène Barrière & Nathalie Peyrebonne (orgs.). *L'Ivresse dans tous ses états en littérature*. Arras: Artois Presses Université, 2004.

TABER, George M. *Le jugement de Paris*. Paris: Gutenberg, 2008.

TALLET, Pierre. *Le vin en Égypte ancienne à l'époque pharaonique*. Tesde de doutorado sob a orientação de Nicolas Grimal. Paris: Université Paris-Sorbonne, 1998.

_____. "Une boisson destinée aux élites: le vin dans l'Égypte ancienne". Em Jean Leclant *et al*. *Pratiques et discours alimentaires en Méditerranée de l'Antiquité à la Renaissance*. Col. Cahiers de la Villa Kérylos, vol. 19. Paris: de Boccard, 2008.

TCHERNIA, André. "Quand le tonneau remplaça l'amphore". Em *L'Histoire*, 36, jul.-ago. 1981.

_____. *Le vin de l'Italie romaine*. Roma: Befar 261, 1986.

_____ & BRUN (Jean-Pierre). *Le vin romain antique*. Grenoble: Glénat, 1999.

_____. "Qu'est-ce qu'un grand vin au temps des Romains?". Em *Histoire et nourritures terrestres. Les rendez-vous de l'Histoire. Blois 1999*. Nantes: Éditions Pleins Feux, 2000.

TESTARD-VAILLANT, Philippe. "Un nectar de 7 500 ans d'âge?". Em *Le Journal du CNRS*, nº 188, set. 2005.

TCHAURELI, V. *et al*. *Gruzinskoe vino. Georgian wines* (em russo e inglês). Tbilissi: Merani, 1989.

TORRES, Olivier. *La guerre des vins et l'affaire Mondavi. Mondialisation et terroirs*. Paris: Dunod, 2005.

TROLLIET, Pierre. "Les vins de la mousson". Em Flora Blanchon (org.). *Savourer, goûter, Asie III*. Paris: PUPS, 1995.

TSAI, Jacqueline. *La Chine et le luxe*. Paris: Odile Jacob, 2008.

TUTUOLA, Amos. *L'Ivrogne dans la brousse*. Paris: Gallimard, 2006.

UNWIN, Tim. "Saxon and early norman viticulture in England". Em *Journal of Wine Research*, 1 (1) 1990.

_____. *Wine and the vine. An historical geography of viticulture and the wine trade.* Londres/Nova York: Routledge, 1991.

VAN DEN BOSSCHE, Willy. *Antique glass bottles.* Woodbridge: Antique Collector's Club, 2001.

VIALARD, Antoine. "Indications géographiques et appellations d'origine". Em *La Géorgie et la France: deux civilisations du vin*, Tbilissi: Université d'État, 2007.

VIZETELLY, Henry. *A history of Champagne, with notes on other sparkling wines of France.* Londres: Henry Sotheran, 1882.

WEINSINCK, A. J. & SADAN, J. "Khamr". Em *Encyclopaedia of Islam.* Leiden: Brill, 2007.

WOODHAMS, John. *Have you got the bottle. A basic guide to bottle collecting and digging.* Londres: London League Publications, 1998.

ZETTER, Richard L. & MILLER, Naomi F. "Searching for wine in archeological record of ancient Mesopotamia of the third and second millenia B.C.". Em Patrick E. McGovern *et al.* (orgs.). *The Origins and Ancient History of Wine.* Amsterdã: Gordon & Breach, 2000.